Psicología

PARA

DUMMIES™

Psicología

PARA

DUMMIES™

Dr. Adam Cash

Obra editada en colaboración con Centro Libros PAPF, S.L.U. – España

Edición publicada mediante acuerdo con Wiley Publishing, Inc.
© ...For Dummies y los logos de Wiley Publishing, Inc. son marcas
registradas utilizadas bajo licencia exclusiva de Wiley Publishing, Inc.

© 2011, Adam Cash

Traducción: Parragón Ediciones S.A. (sello Granica)

© 2011, Centro Libros PAPF, S.L.U.
Grupo Planeta
Avda. Diagonal, 662-664
08034 – Barcelona, España

Reservados todos los derechos

© 2012, Editorial Planeta Mexicana, S.A. de C.V.
Bajo el sello editorial CEAC M.R.
Avenida Presidente Masarik núm. 111, 2o. piso
Colonia Chapultepec Morales
C.P. 11570 México, D. F.
www.editorialplaneta.com.mx

Primera edición impresa en España: enero de 2012
ISBN: 978-84-329-2165-0

Primera edición impresa en México: junio de 2012
ISBN: 978-607-07-1216-6

Impreso en los talleres de Litográfica Ingramex, S.A. de C.V.
Centeno núm. 162, colonia Granjas Esmeralda, México, D.F.
Impreso en México – Printed in Mexico

¡La fórmula del éxito!

Tomamos un tema de actualidad y de interés general, añadimos el nombre de un autor reconocido, montones de contenido útil y un formato fácil para el lector y a la vez divertido y ahí tenemos un libro clásico de la serie ...para Dummies.

Millones de lectores satisfechos en todo el mundo coinciden en afirmar que la serie ...para Dummies ha revolucionado la forma de aproximarse al conocimiento mediante libros que ofrecen contenido serio y profundo con un toque de informalidad y en lenguaje sencillo.

Los libros de la serie ...para Dummies están dirigidos a los lectores de todas las edades y niveles del conocimiento interesados en encontrar una manera profesional, directa y a la vez entretenida de aproximarse a la información que necesitan.

www.paradummies.com.mx

¡Entra a formar parte de la comunidad Dummies!

El sitio web de la colección ...para Dummies está pensado para que tengas a mano toda la información que puedas necesitar sobre los libros publicados. También te permite conocer las últimas novedades antes de que se publiquen.

Desde nuestra página web, también, puedes ponerte en contacto con nosotros para resolver las dudas o consultas que te puedan surgir.

Asimismo, en la página web encontrarás muchos contenidos extra, como por ejemplo los audios de los libros de idiomas.

También puedes seguirnos en Facebook (facebook.com/dummies.mx), un espacio donde intercambiar tus impresiones con otros lectores de la colección ... para Dummies.

10 cosas divertidas que puedes hacer en www.paradummies.com.mx y en nuestra página de Facebook:

1. Consultar la lista completa de libros ...para Dummies.
2. Descubrir las novedades que vayan publicándose.
3. Ponerte en contacto con la editorial.
4. Recibir noticias acerca de las novedades editoriales.
5. Trabajar con los contenidos extra, como los audios de los libros de idiomas.
6. Ponerte en contacto con otros lectores para intercambiar opiniones.
7. Comprar otros libros de la colección en línea.
8. ¡Publicar tus propias fotos! en la página de Facebook.
9. Conocer otros libros publicados por Grupo Planeta.
10. Informarte sobre promociones, presentaciones de libros, etc.

El autor

El doctor en psicología **Adam Cash** se graduó en la Universidad de Loma Linda y ha trabajado como psicólogo clínico en una gran variedad de campos. En la actualidad es profesor de psicología tanto a nivel preuniversitario como universitario y trabaja en el área de la psicología forense con delincuentes perturbados mentalmente. Ejerce la práctica privada en Pomona, California y se ha especializado en enfermedades mentales crónicas, tratamiento del estrés y problemas masculinos.

Dedicatoria

Dedico este libro a mi bella esposa, Liyona, agradeciéndole su amor y su apoyo. También lo dedico a mis familiares, amigos y colegas.

Sumario

Introducción

¿Así que usted ha comprado el libro *Psicología para Dummies*? Espero que se sienta bien al respecto porque, al fin y al cabo, está a punto de descubrir aspectos básicos de la conducta y los procesos mentales del ser humano.

A todo el mundo le interesa la psicología. Somos criaturas fascinantes, ¡incluido usted! Pero entender a la gente no es una tarea fácil. Tan pronto como creemos que terminamos de comprender a alguien, ¡pum!, esa persona nos sorprende. Sé que algunos de ustedes deben de estar pensando: "En realidad yo soy bastante bueno juzgando a los demás. Tengo una especie de sexto sentido". Si eso es así, ¡excelente! Algunas personas parecen más intuitivas que otras a la hora de comprender a sus congéneres. Sin embargo, para quienes no son tan intuitivos, la psicología es muy útil.

Acerca de este libro

Este libro es una introducción al campo de la psicología. He procurado escribirlo en un lenguaje sencillo e ilustrar los distintos temas con ejemplos cotidianos, a fin de que el lector le encuentre sentido y aplicación en su vida diaria. Siempre he creído que abordar un tema nuevo es más agradable cuando tiene relación con la vida real. La psicología tiene tanta jerga que hasta existen diccionarios de psicología. Sin embargo, este libro es para quienes estén interesados en lo que la gente hace, piensa, dice y siente y quieran obtener la información de una manera clara y fácil de comprender.

La información que contiene este libro no pretende reemplazar el consejo o el tratamiento médicos. Su propósito es ayudar al lector a tomar decisiones con conocimiento de causa. Como todos los seres humanos somos diferentes, al médico le corresponde diagnosticar los problemas de salud y supervisar el tratamiento para cada dolencia. Si el lector está recibiendo atención médica y alguna indicación del profesional de la salud contradice la información de este libro, deberá seguir el consejo de su médico, porque se basa en sus características y condiciones particulares.

Convenciones utilizadas en este libro

El lenguaje convencional que utilizan los psicólogos puede sonar como un verdadero embrollo a quienes nunca han asistido a una clase de psicología. Como he dicho antes, he procurado evitar la jerga y el lenguaje técnico. Aunque es posible que los lectores no se den cuenta, en varias ocasiones he intentado parecer gracioso porque tengo tendencia a ver el lado divertido de la vida. Por favor, no me juzguen duramente cuando no salga bien parado de alguno de esos intentos. Después de todo, soy psicólogo y quienes compartimos esta profesión no nos distinguimos precisamente por nuestro sentido del humor. Tampoco quiero parecer insensible o arrogante ya que ésa no es mi intención.

Como hablar de psicología puede ser un poquito pesado, he incluido ejemplos e historias personales para que el lector encuentre amena la lectura de los diferentes temas. No hago referencia a ninguno de los pacientes que he atendido en terapia. Cualquier parecido es pura coincidencia. De hecho, soy muy respetuoso de la vida privada de la gente con la que he trabajado.

Algunas suposiciones

El mercado está lleno de libros de psicología. La mayoría son demasiado técnicos o se especializan en un solo tema. Algunas de las razones por las que considero que éste es el libro que usted necesita son las siguientes:

✔ Usted se hace muchas preguntas acerca de la gente.

✔ También se formula muchas preguntas acerca de sí mismo.

✔ Está pensando estudiar psicología.

✔ Está estudiando psicología o una disciplina relacionada, como trabajo social o relaciones laborales.

✔ Le interesa la psicología, pero no tiene ni el tiempo ni el dinero para asistir a un curso.

✔ Ya tiene clasificada a la gente que lo rodea y quiere comprobar si yo estoy en lo correcto.

Cómo está organizado este libro

Psicología para Dummies está dividido en siete secciones. Cada sección versa sobre una de las grandes áreas o temas de la psicología. Un aspecto positivo de los libros que forman la colección ...para Dummies es que son agradables de leer. Usted no tiene que leer todo el libro de principio a fin para encontrar lo que busca. Sencillamente vaya a la sección que le interesa y páselo bien.

Parte I: De qué depende nuestro comportamiento

La primera parte presenta una definición de la psicología y una visión general de este campo. Explica lo que es un psicólogo aficionado y expone el concepto de que todos somos psicólogos "en ejercicio" ya que constantemente analizamos y evaluamos el comportamiento de los demás.

Esta parte también se refiere a la práctica profesional de la psicología. Habla acerca de la naturaleza científica de esta rama del saber y da a conocer los diferentes enfoques que guían a los psicólogos en sus investigaciones y en su tarea de comprender la conducta y los procesos mentales del ser humano. Por último, examina brevemente las distintas áreas de aplicación del conocimiento psicológico, desde el tratamiento de problemas hasta la psicología aplicada.

Parte II: Cómo funciona el cerebro

La segunda parte versa sobre las estructuras básicas del sistema nervioso y el papel decisivo de la biología en el conocimiento psicológico. Después de examinar el cerebro y algunas de sus partes, introduce el concepto de conciencia y explica su importancia para la psicología. Para terminar, trata sobre las facultades que nos ayudan a permanecer en contacto con el mundo que nos rodea: nuestros sentidos.

Parte III: Pensamiento y emoción

La tercera parte se refiere al pensamiento, que los psicólogos llaman cognición. Explora tanto el contenido del pensamiento como el proceso de pensar. También expone el concepto de inteligencia y da un vistazo a varias teorías sobre este tema. Asimismo, trata sobre la emoción y la motivación. Si quiere aprender sobre el amor y la ira, no deje de leer esta parte.

Parte IV: ¿Cómo aprendemos? Condicionamiento clásico y condicionamiento operante

La cuarta parte da a conocer los importantes aportes que hizo a la psicología Iván Pavlov, el "padre" del condicionamiento clásico. Explica cómo llevó a cabo sus experimentos clásicos y da algunos buenos ejemplos que ilustran los principios básicos del aprendizaje en el ser humano. A continuación presenta la segunda teoría tradicional del aprendizaje, el condicionamiento operante, e incluye algunas definiciones de este concepto y varios ejemplos que a mí me parecen interesantes.

Parte V: Personalidad, sexo, desarrollo y mucho más

La quinta parte introduce al lector al psicoanálisis y al trabajo de Sigmund Freud. Comienza con la estructura básica de la psique y continúa con la teoría del desarrollo psicosexual de Freud, junto con una explicación de los famosos mecanismos de defensa, entre ellos, la negación y la represión. Además, familiariza al lector con algunos psicoanalistas de la segunda generación, como Anna Freud y Erik Erikson.

Esta parte también revisa algunas teorías de la personalidad y los tipos más comunes de personalidad. Toca temas como el conocimiento de uno mismo, el desarrollo de la identidad, la formación de las relaciones y la comunicación. Asimismo, analiza la influencia que los demás ejercen en nuestra conducta y las distintas maneras en que nos comportamos cuando formamos parte de un grupo. Por último, echa una mirada a la psicología del desarrollo y resume la evolución del individuo desde la concepción hasta la adolescencia.

Parte VI: ¿Estaré chiflado?

La *psicopatología* moderna (el estudio de las enfermedades mentales y de la conducta y los procesos mentales anormales) comenzó básicamente a principios del siglo XX con las teorías de Eugene Bleuler y Sigmund Freud. La sexta parte del libro presenta algunos conceptos contemporáneos sobre la psicología anormal e incluye explicaciones de la neuropsicología y la teoría cognitiva de los problemas psicológicos. Aborda también algunas de las alteraciones psicológicas más comunes y serias, como los trastornos de ansiedad, la depresión, la esquizofrenia y el trastorno de estrés postraumático.

Parte VII: Buenas noticias: usted puede curarse

La séptima parte explica qué son la evaluación y las pruebas psicológicas y se centra en la inteligencia y la personalidad, las áreas que la psicología evalúa con más frecuencia (sí, en esta parte encontrará información sobre el famoso test de Rorschach, que se practica con manchas de tinta). También se refiere a las psicoterapias "habladas" tradicionales, como el psicoanálisis, la terapia conductual, la terapia cognitiva y otras conocidas modalidades de tratamiento psicológico. Además, explica el enfoque, las metas y el desarrollo de los encuentros psicoterapéuticos en cada una de esas modalidades. Por último, examina el tema del estrés y la relación entre la salud psicológica y la salud física.

Íconos utilizados en este libro

El libro contiene una serie de íconos que sirven al lector para ubicar fácilmente cierto tipo de información. Están colocados en el margen izquierdo y son los siguientes:

Significa que hay que hacer un pequeño experimento psicológico. Cuando encuentre este ícono, usted se convertirá en un conejillo de Indias. ¿Qué sería de la psicología si nadie colaborara sometiéndose a observación o experimentación? Pero no se preocupe, los experimentos a los que se someterá son totalmente inocuos. Le prometo que no habrá *electroshocks*.

Este ícono significa que deseo hacer hincapié en un dato que podría serle útil algún día.

Esta creativa obra de arte destaca información que por ningún motivo debe pasar por alto quien tenga la intención de estudiar psicología.

No lo olvide: este ícono resalta lo más importante de una determinada sección. Equivale a decir: "Si sólo va a aprender una cosa de este capítulo, que sea ésta".

¿Hacia dónde nos dirigimos?

Aunque la psicología es un campo muy vasto, la manera en que está organizado este libro le permitirá revisar los temas que le interesen y dejar de lado el resto, si así lo prefiere. No es necesario que lo lea de principio a fin. Pero si yo fui capaz de escribir un libro entero sobre psicología, no veo por qué no va a ser capaz usted de leer un libro entero sobre este tema. Además, estoy seguro de que lo disfrutará. La psicología es fascinante.

Parte I
De qué depende nuestro comportamiento

The 5th Wave   **Rich Tennant**

"NO TOQUES NADA. NO TE METAS EN LA BOCA LAS COSAS DEL SUELO. NO TE HURGUES LOS OÍDOS. NO TIRES DEL PELO A NADIE. NO TE OLVIDES DE DECIR 'POR FAVOR' Y 'GRACIAS'. NO TE METAS EL DEDO EN LA NARIZ, NO HABLES A LOS GRITOS Y NO JUEGUES CON TODOS LOS JUGUETES A LA VEZ. ¡Y QUE TE DIVIERTAS MUCHO EN LA FIESTA!".

En esta parte...

*L*a primera parte ofrece una definición de la psicología y da un vistazo general a esta disciplina. Habla sobre los psicólogos aficionados y expone el concepto de que todos somos psicólogos "en ejercicio" porque continuamente analizamos y evaluamos la conducta de los demás.

Esta parte del libro también presenta un resumen sobre la práctica profesional de la psicología. Además, explica la naturaleza científica de esta rama del saber y las diversas modalidades de investigación y análisis de la conducta y los procesos mentales. Para terminar, examina brevemente las áreas de aplicación, desde los diversos tratamientos hasta la psicología aplicada.

Capítulo 1

¿Por qué nos comportamos así?

asi todo el mundo tiene una idea sobre lo que es la psicología. Yo soy psicólogo. Pero ¿qué significa eso? Desde luego, saber psicología. Pero ¿es eso todo? Cuando me reúno con mis familiares y amigos, me da la impresión de que todavía no saben exactamente cómo me gano la vida. Algunos de mis pacientes me han dicho: "Lo único que usted hace es hablar. ¿No podría recetarme algún medicamento?" Otros aparentemente me atribuyen conocimientos sobrenaturales y el poder de curar. He escrito *Psicología para Dummies* con el propósito de aclarar qué es la psicología.

¿Qué ideas tiene la gente en relación con la psicología? Eso depende de la persona a quien uno pregunte. A veces me imagino que estoy participando en un programa de televisión en vivo y en directo. El público me bombardea con preguntas que no puedo responder. El corazón me late apresuradamente. Empiezo a sudar y a incorporarme para salir corriendo, cuando alguien se acerca a mí e impide que me levante del asiento. Entonces pregunto a los asistentes qué creen que es la psicología y por qué piensan que un psicólogo puede responder preguntas sobre ese tema.

Antes de definir la psicología, quisiera que usted dedicara unos minutos a revisar algunas de las ideas que tiene al respecto. ¿Por qué le llamó la atención este libro? ¿Estaba buscando alguna explicación? ¿O algún consejo? ¿Cuál es la pregunta cuya respuesta quisiera conocer?

"¿Por qué nos comportamos así?" es la pregunta que se oculta tras muchísimas de las inquietudes que la gente plantea a los psicólogos. Trátese de un psicólogo, un investigador o cualquier persona, esta sencilla pregunta es una de nuestras grandes inquietudes.

¿Por qué ha ocurrido ese accidente?

¿Por qué no puedo dejar de sentirme triste?

¿Por qué terminó él (o ella) nuestra relación?

¿Por qué es tan malintencionada la gente?

Éstos son ejemplos de las preguntas que han impulsado el desarrollo de la psicología. A un nivel básico, la psicología es una rama del conocimiento. Pero esta explicación es demasiado superficial. El interés fundamental de esta disciplina es la gente, individualmente o en grupo. Por eso el título de este capítulo no es "¿Por qué los elefantes marinos se comportan así?". No obstante, muchos psicólogos estudian el comportamiento de los animales y, por lo tanto, podrían formularse esta pregunta.

Hasta aquí, podemos afirmar que la psicología busca fundamentalmente explicar por qué los seres humanos hacemos las cosas que hacemos. Pero también se interesa por otro aspecto esencial de la conducta humana: "cómo" hacemos lo que hacemos.

¿Cómo podría obtener una nota mejor en el examen final?

¿Cómo puedo lograr que mi hijo de dos años deje de hacer berrinches?

¿Cómo funciona la mente?

Otro aspecto crucial para la psicología tiene que ver con el "qué":

¿Qué son las emociones?

¿Qué es una enfermedad mental?

¿Qué es la inteligencia?

Estas preguntas sobre el porqué, el cómo y el qué son el núcleo intelectual y filosófico de la psicología. Así pues, la *psicología* se puede definir como el estudio científico del comportamiento y los procesos mentales del ser humano. Esta ciencia busca explicar lo que hacemos, por qué lo hacemos y cómo lo hacemos.

El papel del psicólogo aficionado

Los psicólogos profesionales no son los únicos a quienes les interesa entender al ser humano. De hecho, todo el mundo es una especie de psicólogo aficionado. Cuando empecé a estudiar psicología yo tenía ciertas ideas sobre la gente. En algunas ocasiones estaba de acuerdo con las teorías de Freud y otros teóricos, pero había veces en que disentía francamente. Estoy seguro de que no soy el único que ha pasado por esta experiencia. La mayoría de las personas tienen sus propios puntos de vista sobre lo que impulsa a los demás a actuar.

Uno de los aspectos más apasionantes de la psicología es que estudia un tema con el que todos tenemos contacto: las personas. Es muy difícil decir lo mismo de la química o de la astronomía. Desde luego, todos los días tenemos contacto con alguna sustancia química; sin embargo, no puedo recordar cuándo fue la última vez que me pregunté: "¿Cómo han conseguido que este enjuague bucal tenga sabor a menta?"

Para encontrar psicólogos aficionados en plena acción no hay mejor lugar que las cafeterías. Alrededor de las mesas siempre hay gente discutiendo sobre el porqué de la conducta de los demás. "Y entonces dijo..." "Tendrías que haberle dicho que...". Es como estar en una gran sesión de terapia de grupo. Siempre estamos listos para interpretar y emitir juicios sobre la conducta de los demás.

Los psicólogos se refieren a esta actividad como *psicología popular*, que se define como el conjunto de principios que guían a la gente común a tratar de comprender, explicar y predecir tanto su comportamiento y sus estados mentales como los de los demás. En la práctica, utilizamos diversas nociones o conceptos psicológicos para explicar la personalidad, las circunstancias y los estados mentales ajenos. Dos conceptos muy utilizados para este fin son las creencias y los deseos. Todos pensamos que la gente tiene creencias y que actúa con base en ellas. ¿Por qué nos comportamos así? Por nuestras creencias.

Cuando practicamos la psicología popular, suponemos que la gente se comporta de ciertas maneras impulsada por sus pensamientos y procesos mentales, es decir, por sus creencias y deseos. Pero la psicología popular no es la única herramienta que utilizan los psicólogos aficionados. Con frecuencia, la causa de la conducta ajena se atribuye a la buena o la mala suerte, a los maleficios, las bendiciones, el karma, el destino o cualquier otro término no psicológico de los muchos que existen. No pretendo desprestigiar este tipo de explicaciones. Es bastante difícil entender desde una perspectiva psicológica por qué alguien ganó la lotería. Pero ¿por qué tanta gente sigue comprando lotería a pesar de que siempre pierde? Esto sí lo explica la psicología.

Una ciencia entre muchas

Diversas áreas del conocimiento recurren a sus propios puntos de vista para hallar respuesta a las mismas preguntas básicas que la psicología intenta responder. De una u otra forma, la biología, la física, la química, la historia, la economía, la ciencia política, la sociología, la medicina y la antropología tienen que ver con la gente. La perspectiva psicológica, que es sólo una voz en medio de ese coro de disciplinas, utiliza el método científico como instrumento para comprender la realidad y validar sus hallazgos.

La psicología es una disciplina entre muchas otras, con las cuales interactúa. Así como todos formamos parte de una comunidad, la psicología forma parte de la comunidad del conocimiento, a la que contribuye con su saber. Es una herramienta para entender al ser humano. Algunas veces sus teorías y sus hallazgos de investigación constituyen herramientas útiles, pero otras veces no. Aunque no todo se puede reducir a la perspectiva psicológica, la realidad es que se necesitan instrumentos para poner orden en medio del caos del comportamiento y los procesos mentales humanos y, de ese modo, poderlos comprender.

Desde hace mucho tiempo, los psicólogos han formulado *metateorías*, o "grandes teorías", para guiar el trabajo en este campo. Esas teorías proporcionan al complejo mundo de la conducta y los procesos mentales una estructura, o marco organizativo, que permite comenzar a comprenderlo. De vez en cuando, mis alumnos me preguntan: "¿Qué le hace pensar que la psicología tiene todas las respuestas?" Invariablemente les respondo: "Los psicólogos sólo tratan de encontrar una pieza del rompecabezas, no todas las respuestas".

Las metateorías como marco organizativo

Las grandes teorías que se mencionan a continuación constituyen un marco dentro del cual se efectúa la mayor parte de la investigación psicológica. (Aunque hay enfoques híbridos, como la neuropsicología y la ciencia cognitiva, por ahora me centraré en los más básicos). Al abordar las preguntas fundamentales de por qué, cómo y qué, cada una de esas metateorías enfatiza aspectos diferentes. Gran parte de las teorías y del trabajo de investigación se basa en una o en varias de estas grandes teorías. Cuando un psicólogo desea investigar una conducta o un proceso mental que ha despertado su interés, por lo regular empieza a trabajar con base en alguna de las siguientes teorías:

✔ **Biológica:** Se centra en los fundamentos biológicos del comportamiento y en los efectos de la evolución y la genética. Su premisa es que la fisiología y la anatomía permiten explicar la conducta y los procesos mentales. Los psicólogos de orientación biológica estudian principalmente el cerebro y el sistema nervioso (para mayor información sobre la psicología biológica, ver el capítulo 3).

Todos hemos visto cómo se comporta la gente cuando está bajo los efectos del alcohol. Las fiestas de las oficinas sirven de laboratorio para aplicar la perspectiva biológica. Imagínese que usted está en una de esas reuniones sociales cuando de pronto ve que Alberto, ese funcionario relativamente callado y tranquilo del departamento de contabilidad, se está contorsionando como si fuera John Travolta y está coqueteando descaradamente con las mujeres. Está ebrio. ¿Cree usted que Alberto se acordará después de todo lo que hizo?

✔ **Psicoanalítica:** Enfatiza la relación que hay entre los procesos mentales inconscientes y el desarrollo durante los primeros años de vida, por una parte y los impulsos inmaduros y las exigencias de la realidad en que vivimos, por otra parte. Sigmund Freud creó el psicoanálisis y, desde entonces, cientos de teóricos han hecho aportes a esta perspectiva teórica. Las teorías más modernas se denominan *psicodinámicas* porque destacan la interacción dinámica que existe entre los diversos componentes de la personalidad (para mayor información sobre el psicoanálisis, ver los capítulos 10, 11 y 19).

Una vez leí un artículo sobre la conveniencia de que los hijos les ganen a sus padres en alguna actividad. ¿Deben permitir esto los padres? Los psicoanalistas sostienen que la competencia es inherente a la relación entre padres e hijos y que aceptar su existencia es necesario para el sano ajuste psicológico del niño.

✔ **Conductista:** Se centra en la influencia de las experiencias previas de aprendizaje en la conducta. Los conductistas desestiman los procesos mentales por considerarlos prácticamente imposibles de observar y de cuantificar con objetividad.

Observar a los demás influye poderosamente en nuestro comportamiento. Los psicólogos llaman a este proceso *aprendizaje observacional.* En años recientes ha habido una gran controversia en torno a la influencia que ejerce en los niños la violencia en la televisión y en los videojuegos. Los resultados de investigación muestran, casi sin excepción, que los niños que ven programas violentos y dedican mucho tiempo a esa clase de juegos tienen más probabilidad de presentar conductas violentas.

✔ **Cognitiva:** Se centra en el procesamiento mental de la información, incluyendo funciones como el razonamiento, la solución de problemas y la memoria. A los psicólogos cognitivos les interesan principalmente los esquemas mentales y los pensamientos que guían y generan la conducta.

Cuando alguien me dice que mire el lado positivo de las cosas, sé que me está hablando desde una perspectiva cognitiva. Si me ocurre algo malo, obviamente me siento mejor cuando el problema se resuelve. Pero ¿cómo nos debemos sentir si todo sigue igual? Cuando nuestras circunstancias no cambian, ¿tenemos que seguir sintiéndonos mal eternamente? Claro que no. La razón es que podemos cambiar nuestra manera de pensar en la situación. ¡Podemos ver el lado positivo!

✔ **Humanística y existencial:** Destaca la singularidad de cada individuo y tanto su capacidad de tomar decisiones como su responsabilidad de hacerlo. ¡No somos víctimas de las circunstancias! Tenemos opciones. Los humanistas atribuyen la mayor importancia al libre albedrío, a la libertad en la toma de decisiones y a la comprensión del significado de los acontecimientos de la propia vida.

¿Alguna vez ha notado que no es más que un ser anónimo en medio de la multitud? ¿O que la suerte controla su vida? ¿Qué le pareció esa vivencia? Probablemente no muy agradable. Tomar decisiones y hacer buenas elecciones nos hace sentir conscientes de nosotros mismos y reafirma nuestra existencia.

✔ **Sociocultural:** Su interés primordial son los factores sociales y culturales que influyen en nuestro comportamiento.

No hay que subestimar la poderosa influencia de los grupos y la cultura en el porqué, el cómo y el qué de la conducta y los procesos mentales. El fenómeno del tatuaje en los años 90 es un buen ejemplo. Antes de esa década, quienes se hacían tatuar parecían fuera de lugar. Pero hoy los tatuajes son aceptados ampliamente e incluso personas muy conservadoras tienen uno o más.

✔ **Feminista:** Su interés principal son los derechos políticos, económicos y sociales de la mujer y la influencia de esas fuerzas en la conducta tanto de los hombres como de las mujeres. La perspectiva feminista se originó en el movimiento de liberación femenina de la década de los años 60.

Un problema que ha captado la atención de los investigadores y los clínicos feministas son los trastornos de la alimentación. Desde su punto de vista, esos trastornos se deben, en gran medida, a la excesiva presión que la cultura y los medios de comunicación de masas ejercen para que las jóvenes sean delgadas. Los feministas advierten que hay que ser cautelosos con las revistas de moda y con la noción de femineidad que ha impuesto la cultura popular.

✔ **Posmodernista:** Pone en tela de juicio la esencia de la psicología científica, desafiando su aproximación a la verdad y su enfoque en el individuo. Los posmodernistas proponen, por ejemplo, que para entender el pensamiento y el razonamiento humanos es necesario examinar los procesos sociales y comunitarios del medio en que vive el individuo.

Los posmodernistas defienden una visión *social constructista* de la realidad, según la cual la sociedad define, o construye, los conceptos de "realidad" y "verdad". Además, argumentan que quienes están en posiciones de poder dictan en gran medida lo que es "real" y "verdadero" en psicología. Esos conceptos no tienen ningún significado distinto del que les atribuyen la sociedad y sus "expertos".

El modelo biopsicosocial

Pero ¿cómo elegir entre esas metateorías? Hay una manera más sencilla de entender la conducta. Cada una de esas grandes teorías tuvo su momento de gloria antes de ser desplazada por la siguiente. Para abordar este tema de los marcos explicativos conviene adoptar un enfoque integracionista. Y el *modelo biopsicosocial* de la psicología busca justamente eso.

La idea básica de este modelo es que el comportamiento y los procesos mentales son producto de factores biológicos, psicológicos y sociales y de su interacción. Cualquier explicación de la conducta y los procesos mentales que no tome en consideración estos tres factores es incompleta.

El papel que desempeña el organismo

Somos seres materiales. Estamos hechos de carne y hueso. Cualquier discusión sobre los pensamientos, los sentimientos u otros conceptos psicológicos que no tome en consideración al organismo, especialmente al cerebro y al sistema nervioso, hace caso omiso de la realidad de nuestra existencia. Pensemos, por ejemplo, en la mente. Nadie duda de que todos los seres humanos tenemos una mente. Pero ¿dónde se encuentra? Hoy en día los psicólogos coinciden en que la mente se halla en el cerebro —esa masa de tejido en el interior del cráneo— y que mente y cerebro son lo mismo. Gracias a este componente, la metateoría biológica forma parte del modelo biopsicosocial.

El papel que desempeña la mente

La mayoría de la gente piensa que la psicología se reduce al aspecto mental del modelo biopsicosocial, es decir, a los pensamientos, los sentimientos, los deseos, las creencias y muchos otros conceptos mentales. ¿Qué pasaría si este libro fuera sobre botánica? ¿Seguiría siendo útil el modelo biopsicosocial? Sólo si el lector cree que las plantas tienen mente y que el componente "social" se refiere al nicho ecológico de las plantas. Lo que sería llevar las cosas demasiado lejos.

Lo anterior ilustra la singularidad del modelo biopsicosocial en psicología. La mente es crucial para entender la conducta humana y los procesos mentales. Mientras que los conductistas la dejan de lado y los psicólogos de orientación biológica la equiparan con el cerebro, los psicólogos sociales se centran especialmente en el tercer componente del modelo biopsicosocial.

El papel que desempeña la sociedad

El cerebro y la mente estarían bastante aislados sin el tercer componente del modelo: el aspecto social de la conducta y los procesos mentales. Ni el cerebro ni la mente trabajan en el vacío. Nuestro comportamiento y nuestros procesos mentales se dan en un contexto formado por las demás personas y por el medio que nos rodea. El componente social del modelo también incluye aspectos no humanos de nuestro entorno, como la naturaleza y la tecnología.

En la determinación de la conducta y los procesos mentales, los demás ejercen una influencia que no se puede subestimar. Todos sabemos que ciertas experiencias o acontecimientos sociales negativos, como el abuso físico o sexual, tienen consecuencias tremendamente nocivas para las víctimas. Negar el aspecto social es negar la realidad.

No hay que olvidar la cultura

¿Varían las conductas y los procesos mentales según la cultura? Le haré la pregunta de otra forma. Si yo realizara mis investigaciones únicamente con estudiantes universitarios de raza blanca y clase media, ¿podría afirmar que los resultados se pueden aplicar a todo el mundo? Definitivamente no. Este tema ha sido motivo de debate entre los psicólogos durante los últimos treinta años. A medida que los avances tecnológicos hacen de nuestro planeta un lugar más pequeño y acercan a los pueblos, comprender el papel de la cultura en la psicología reviste cada vez mayor importancia.

La psicología debe abordar el problema de la influencia cultural tanto por razones científicas como humanísticas. La ciencia busca la objetividad y la verdad. Como todos somos vulnerables a los prejuicios culturales, conviene que la psicología estudie la influencia de la cultura y proporcione una visión completa y objetiva de la realidad. De lo contrario, tendremos un montón de "psicologías regionales" que resultan inútiles e incorrectas más allá del medio cultural en que se desarrollan.

Por último, desde una perspectiva humanística, muchos consideran inadecuado tratar de imponer la noción de la verdad de una cultura particular en una cultura diferente. Por ejemplo, ¿qué pasaría si los resultados de una investigación efectuada en Estados Unidos revelan que hablar a los bebés en la jerga infantil detiene el desarrollo del lenguaje maduro y basados en ellos se diseña un programa de educación pública para aplicarlo en una cultura distinta? Aunque esos hallazgos sean válidos en Estados Unidos, podrían no serlo en otras culturas. Ese programa educativo estaría imponiendo una "verdad" que no lo es para la otra cultura. Debemos respetar siempre las diferencias culturales y no olvidar que la "verdad" es un concepto relativo.

Clasificación de los psicólogos

Hay tres clases principales de psicólogos:

✔ **Experimentales:** Pasan la mayor parte del tiempo investigando y por lo general trabajan en instituciones académicas. Aunque la psicología experimental cubre una gran variedad de temas, los investigadores individuales suelen especializarse en uno.

✔ **Prácticos:** Aplican las teorías psicológicas y los hallazgos de investigación a problemas y situaciones cotidianos. El campo de trabajo de los psicólogos prácticos es sumamente amplio; por ejemplo, los negocios, el gobierno, la educación y los deportes, entre otros.

✔ **Clínicos:** Analizan, diagnostican y tratan los problemas psicológicos. Todos los psicólogos profesionales tienen que haber estudiado la Licenciatura de Psicología. Los psicólogos clínicos, además, tienen que superar el exhaustivo examen de Residencia y hacer dos años de prácticas de su especialidad. Para ejercer, los psicólogos tienen que pertenecer a alguno de los colegios oficiales de psicólogos de su país.

Capítulo 2

Las teorías surgen del caos

Al parecer, yo siempre he buscado la verdad. Cuando estaba en la universidad solía frecuentar una pequeña librería cercana al campus especializada en psicología popular y en temas espirituales y filosóficos. Por lo menos una vez a la semana revisaba meticulosamente las estanterías en busca de algo interesante. Los libros estaban organizados por temas: metafísica, sabiduría oriental, sabiduría occidental, budismo, taoísmo, judaísmo, islamismo, cristianismo y *new age*, entre otros. En mi búsqueda de la verdad única y suprema, leía libros de todas las secciones.

Un día me di cuenta de que, a pesar de todo lo que había leído, aún no me sentía satisfecho. En cierto momento tuve un pensamiento extraño: ¡esa librería estaba llena de opiniones! ¿Cómo pretendía hallar "la respuesta" o "la verdad" si sólo encontraba opiniones? Muchos de esos libros contenían testimonios, argumentos lógicos e historias, pero muy pocas pruebas, o ninguna. No tenía más remedio que confiar en lo que los autores dijeran. ¿Podían todos ellos estar en lo correcto? Pero había un problema: algunos contradecían o incluso criticaban a los demás. ¿Quién tenía la razón?

Creo que soy una de esas personas que necesitan pruebas para todo. Sería exagerado decir que en la psicología encontré todas las respuestas, pero sí puedo afirmar que encontré un campo que se esfuerza seriamente por establecer la verdad de sus afirmaciones por medio de pruebas, lo cual se denomina evidencia empírica. El *método empírico* es una aproximación a la verdad que se vale de la observación y la experimentación. Como estudio científico del comportamiento y los procesos mentales del ser humano, la psicología se vale del método empírico. Y pone a prueba sus afirmaciones mediante la investigación. ¿Cómo sabemos si lo que los psicólogos afirman sobre la conducta y los procesos mentales es verdadero o falso, correcto o incorrecto? ¿Por qué vale la pena pagar a un psicólogo para que trate un problema de depresión o una fobia? ¿Qué convierte a ese individuo en experto? Es de esperar que los expertos y los profesionales posean conocimientos y sepan verdades de sus respectivas disciplinas. Su autoridad se preserva gracias a los métodos que emplean para investigar sus temas de interés.

"Conocimiento" y "verdad" son conceptos delicados. Entender de dónde procede el conocimiento de los psicólogos es un importante primer paso para aprender sobre psicología. En este capítulo exploro algunos métodos (como la investigación científica y la formulación de teorías) que los psicólogos utilizan para validar sus afirmaciones y convertirse en expertos en la conducta y los procesos mentales del ser humano.

El método científico

Todo el mundo tiene alguna opinión sobre el comportamiento y los procesos mentales tanto propios como ajenos. "Ella te dejó porque eres emocionalmente distante". "Si no expresas tus sentimientos, quedarán reprimidos en tu interior". Sin excepción, todos tenemos respuestas a los porqués, los cómo y los qué relacionados con la gente. Pero ¿cómo sabemos que no exteriorizar nuestros sentimientos en realidad lleva a reprimirlos? Algunos hasta piensan que no vale la pena expresarlos porque de todos modos tarde o temprano se disiparán. ¿Quién tiene la razón? Muchos psicólogos afirman ser expertos en estos temas. ¿En qué se basan para hacer esa afirmación?

Hay tres maneras en que los psicólogos adquieren sus conocimientos y preservan su pericia:

✔ **Autoridad:** Es un buen método para transmitir información, especialmente en la terapia y en los procesos de educación y capacitación. Los pacientes y los estudiantes no tienen tiempo de investigar todo lo que les dicen y, en consecuencia, deben aceptar que lo que otro les enseña o les dice es verdad.

✔ **Racionalidad/lógica:** Se utiliza para formular teorías e hipótesis. Cuando algo no tiene sentido lógico, lo más probable es que tampoco lo tenga cuando el investigador lo someta a prueba por medio del método científico.

✔ **Método científico:** Es el método preferido para obtener información e investigar sobre el comportamiento y los procesos mentales. Los psicólogos aplican el método científico mediante diversas técnicas.

Debe quedar perfectamente claro que no todo lo que los psicólogos hacen, dicen y creen se fundamenta en la investigación científica. Muchas cosas se basan en la autoridad de personas destacadas en un determinado campo. También hay conocimientos que se derivan de la experiencia clínica y no de la investigación sistemática. Además, gran parte de la información que utiliza la gente es puramente teórica, aunque tiene sentido desde el punto de vista racional.

En su búsqueda de la verdad, la mayoría de los psicólogos prefieren recurrir al método científico por su imparcialidad. Cuando yo realizo alguna investigación, se espera que explique exactamente lo que estoy haciendo y lo que estoy intentando descubrir. De ese modo, si alguien desea probar que estoy equivocado, puede replicar mi trabajo paso a paso para ver si obtiene los mismos resultados. Cuando el conocimiento se basa únicamente en la autoridad, no podemos saber con seguridad si la información que recibimos es fiable y está libre de sesgos. En cambio, cuando se ha aplicado el método científico, la teoría que no se ciñe a los resultados empíricos "experimentados" en investigaciones posteriores se considera incorrecta. Esto impulsa el desarrollo de estudios adicionales que pueden conducir a la formulación de una nueva teoría. Los científicos nunca deben modificar los datos de sus investigaciones para acomodarlos a su teoría original. Eso es fraude.

El desarrollo de una buena teoría

Como gran parte del conocimiento psicológico se basa en teorías, al lector le será útil saber de qué estoy hablando exactamente. Si usted ya lo sabe, le pido paciencia durante un momento. Una *teoría* es un conjunto de proposiciones relacionadas entre sí que se refieren a una serie de objetos o hechos (los que son materia de estudio) y que explica cómo se relacionan esos objetos o hechos.

Las teorías y las hipótesis se parecen, pero no son iguales. Los psicólogos ponen a prueba las teorías estudiando sus implicaciones lógicas. Las hipótesis son predicciones basadas en esas implicaciones. A las teorías se les puede agregar nueva información y las ya existentes se pueden utilizar para generar nuevas teorías.

No todas las teorías son buenas. Para que lo sea, una teoría debe reunir tres criterios:

✔ **Parsimonia:** Debe ser la explicación más sencilla posible del fenómeno materia de estudio.

✔ **Precisión:** Sus afirmaciones acerca de la realidad no deben ser vagas ni excesivamente extensas, sino precisas.

✔ **Verificación:** Debe prestarse para ser investigada científicamente.

La búsqueda de la verdad

Existen dos grandes categorías de investigación para evaluar científicamente las teorías:

✔ **Investigación descriptiva:** Consiste en la observación y la recopilación de datos, pero sin manipular las condiciones o circunstancias que son materia de observación. Los estudios descriptivos son valiosos para desarrollar nuevas teorías e hipótesis y suelen ser el primer paso al que recurren los investigadores de temas que no han sido estudiados a fondo. Sin embargo, no son útiles para establecer relaciones de causa y efecto.

Por ejemplo, si me interesa saber de qué habla la gente mientras espera el micro, podría grabar lo que hablan algunas personas en la parada del micro y luego podría analizar esas grabaciones. Pero si lo que quiero es conocer las causas por las que la gente charla sobre determinados temas mientras espera el micro, tendré que realizar un experimento.

✔ **Investigación experimental:** Implica controlar y manipular los objetos y hechos que son materia de investigación, a fin de entender la relación de causa y efecto entre esos objetos y eventos.

Supongamos que he formulado una teoría sobre las conversaciones que entablan las personas en la parada del micro, a la que he llamado "teoría de los cinco minutos". Según mi teoría, "personas que no se conocen entablarán conversación sólo después de estar juntas cinco minutos o más". Mi hipótesis sería: "Después de cinco minutos, personas que nunca se habían visto empezarán a conversar en la parada del micro y no se limitarán a las simples fórmulas de cortesía que se utilizan entre extraños". ¿Cómo puedo probar mi hipótesis?

Podría, sencillamente, ir a una parada del micro y observar si eso ocurre. Pero ¿cómo puedo saber si mi teoría de los cinco minutos es correcta? No puedo saberlo porque el hecho de que la gente empiece a conversar en la parada al cabo de cinco minutos podría tener diversas causas. Este aspecto, que yo denomino factor z, es problemático en toda investigación. Un *factor z* es algo que afecta la hipótesis, pero que el investigador no ha tenido en cuenta. En otras palabras, es una variable extraña que se debe controlar para que la teoría sea fiable. Entre los posibles factores z del estudio en la parada del micro podrían contarse la cultura, la edad y la hora del día. Las investigaciones que se realizan adecuadamente procuran eliminar los factores z, o variables extrañas, controlando su influencia y evaluando estadísticamente la contribución relativa de cada uno de ellos.

Como un estudio descriptivo no tiene en cuenta los factores z, diseño un experimento en el que me uno a las personas que esperan el micro en algunas paradas y recurro a varias estrategias para probar mi hipótesis. Por ejemplo, trato de entablar una conversación con alguien a los dos minutos. O espero a que pasen diez minutos. O realizo mi estudio durante una tormenta, o vestido de una manera particular, e intento probar que mi hipótesis es ¡incorrecta! Trataré de descubrir que la gente entabla conversación en las paradas antes de que transcurran cinco minutos. Si descubro eso, entonces mi teoría de los cinco minutos será falsa. Cuantas más veces pruebe que mi teoría no es incorrecta, tanto más fiable será.

¿Está confundido? ¿Por qué debo probar que mi hipótesis es incorrecta en lugar de probar que es correcta? Como en ninguna investigación científica se puede probar con absoluta certeza que una hipótesis es verdadera, hago lo posible por refutar lo contrario de mi hipótesis. Por ejemplo, durante mucho tiempo prevaleció la creencia de que la Tierra era plana. Todas las observaciones que se hacían eran compatibles con esa noción. Sin embargo, apareció alguien con una prueba que contradecía esa creencia y mostró que era falsa. Si tengo una hipótesis y me dedico a buscar pruebas que la respalden, cada vez tendré más confianza en ella, pero nunca sabré si en realidad es correcta. En cambio, si encuentro aunque sea un solo caso que contradiga mi hipótesis, entonces tendré dudas sobre su veracidad. Si afirmo que todos los cisnes son blancos, ¿qué pasará cuando encuentre uno negro? Tendré que admitir que la creencia de que todos los cisnes son blancos es falsa.

El resto de este libro da a conocer diversas teorías e investigaciones. Como la psicología estudia al ser humano, algunos afirman que todo lo que se refiere a la gente es "psicología". Yo no podría escribir un libro acerca de todo. El título de este libro no es *Todo sobre la gente*. Sólo me guié por la investigación científica y por las teorías psicológicas. Así que la información que encontrará en este libro forma parte de la teoría y la ciencia psicológicas. ¿Está listo? Adelante.

Parte II

Cómo funciona el cerebro

The 5th Wave   Rich Tennant

"HE OÍDO DECIR QUE ES BUENO RECURRIR AL HUMOR CUANDO UNO SE ESTÁ PELEANDO".

En esta parte...

La segunda parte versa sobre las estructuras básicas del sistema nervioso y el papel decisivo de la biología en el conocimiento psicológico. Después de examinar el cerebro y algunas de sus partes, introduce el concepto de conciencia y explica su importancia para la psicología. Para terminar, trata sobre las facultades que nos ayudan a permanecer en contacto con el mundo que nos rodea: nuestros sentidos.

Capítulo 3

Hardware, software y mucho más

· ·

En este capítulo

▶ Relación entre la biología y la psicología.

▶ Conozca su sistema nervioso.

▶ El cerebro y sus partes.

▶ La química del comportamiento.

· ·

A veces la psicología es bastante abstracta y parece tener más relación con la filosofía que con la biología. Este libro presenta toda clase de conceptos "psicológicos", como pensamientos, sentimientos, creencias y personalidad. Pero ¿se ha preguntado usted alguna vez dónde se localiza todo eso? Si tuviera que encontrar un pensamiento o un sentimiento, ¿dónde los buscaría?

Un sitio donde parecería lógico buscar esos conceptos psicológicos es el interior de la mente. Pero ¿dónde se encuentra la mente? Eso es obvio: dentro del cráneo, o sea, en el cerebro. Entonces, si uno toma una linterna y mira dentro del oído de otra persona, verá toda clase de pensamientos, sentimientos y demás cuestiones psicológicas flotando por allí, ¿verdad? Si usted ha ensayado este procedimiento, se habrá percatado de que es una pésima técnica de investigación. O ¿qué pasaría si trepana el cráneo a alguien y deja expuesto el cerebro? ¿Encontraría todos esos conceptos psicológicos?

Al abrir el cráneo y dejar expuesto el cerebro, lo único que se ve es una masa arrugada y llena de surcos de un tejido entre grisáceo y blancuzco. No se ve nada parecido a un pensamiento, a un sentimiento o a una creencia. Entonces ¿dónde están? Sabemos que existen porque convivimos permanentemente con ellos.

Desde la antigüedad, el ser humano se ha preguntado dónde está ubicada la mente, la sede de los conceptos psicológicos. ¿En el cerebro? ¿En un lugar distinto? ¿Es el cerebro lo mismo que la mente? La posición actual de la mayoría de los científicos es que mente y cerebro son lo mismo. Los científicos que defienden esta posición, conocida como *monismo*, consideran que la clave para entender la mente humana, con todos sus conceptos psicológicos, es comprender el organismo, específicamente el sistema nervioso. Carlson afirma: "Lo que llamamos 'mente' es un resultado del funcionamiento del organismo humano y de su interacción con el medio." Esta afirmación reviste la mayor importancia porque conocer a fondo la biología es la clave para revelar el misterio de conceptos psicológicos como pensamiento y sentimiento.

La noción de que toda la psicología humana se puede reducir a la biología se conoce como *reduccionismo*. A través de los años, muchos alumnos míos se han rebelado contra esta noción, que ofende nuestro sentido del libre albedrío y la conciencia de nosotros mismos. ¿Cómo se puede reducir todo lo que ocurre en la mente a una masa de tejido entre los dos oídos? Si usted piensa como mis alumnos, entonces quizá no es monista, o partidario del monismo. Aunque yo tampoco lo soy, por el momento me centraré en la biología como si fuera el factor clave para comprender la psicología humana.

La importancia de la biología

No siempre hemos creído que la conducta y los procesos mentales del ser humano fueran consecuencia de la biología. En tiempos de los antiguos griegos y romanos, se pensaba que la causa del comportamiento eran los caprichos y las pasiones de los dioses, amén de otras fuerzas sobrenaturales. Pero en algún momento empezamos a sospechar que nuestro organismo tenía algo que ver. ¿Dónde nació la idea de que la conducta y los procesos mentales son producto de nuestra biología?

La investigación en este campo tiene una larga historia y no aburriré al lector con todos los detalles. Sin embargo, lo que siempre se ha observado es que los cambios en la biología generan cambios en la conducta y en los procesos mentales.

Pensemos en el consumo de bebidas alcohólicas. Por supuesto que las personas actúan de distintas maneras cuando están bajo los efectos del alcohol. Coquetean, se contorsionan al bailar, se vuelven excesivamente sentimentales o se enfurecen. El alcohol afecta la química del cerebro, es decir, altera su biología. Esto es lo que sucede:

Consumo de alcohol → Efecto químico en el cerebro → Conducta de donjuán

Pero ¿qué pasa cuando se presentan cambios más graves en nuestra biología, como los que ocasionan ciertas lesiones cerebrales? Las personas que sufren daño cerebral suelen presentar alteraciones muy importantes en su personalidad y en sus procesos de pensamiento. Pueden pasar de ser organizadas a vivir en medio del caos, o de ser ecuánimes a enfurecerse ante la menor frustración.

Todos comprendemos intuitivamente que lo que ocurre en nuestro organismo afecta nuestra conducta y nuestros procesos mentales. Los psicólogos de orientación biológica profundizan en estas cuestiones y van mucho más allá de las observaciones casuales y de las deducciones intuitivas. Ellos aplican técnicas y métodos propios de la ciencia moderna para investigar la relación que existe entre los cambios biológicos y los cambios psicológicos.

Aunque todo esto parece obvio, quizás usted está pensando: "Yo, sin embargo, sigo creyendo que soy mucho más que un producto de la biología". Ésta es la manifestación del ser dualista que hay en usted; sin embargo, le sugiero que mientras lee este capítulo deje el dualismo de lado. Aun cuando consideremos que somos mucho más que células y moléculas, a todos nos beneficia la investigación en el campo de la psicología biológica.

¿Recuerda el modelo biopsicosocial al cual se refirió el capítulo 1? (Si no lo recuerda, vale la pena que lo revise; créame, es un buen capítulo.) Es conveniente pensar en la psicología humana como una función de esos tres niveles: biológico, psicológico y social. Todos son importantes. Este capítulo está dedicado al nivel biológico y el resto del libro está dedicado a los otros dos. Para entender la aportación de cada nivel a nuestra comprensión de la conducta y los procesos mentales, es preciso analizar cómo influye la biología en la psicología, la psicología en la biología y así sucesivamente.

Para entender cómo interactúan estos tres niveles, pensemos en una computadora moderna. Todos sabemos que las computadoras tienen por lo menos dos componentes funcionales: *hardware* y *software*. El *hardware* consta de los elementos físicos del equipo informático, como el procesador, el disco duro, los cables y la unidad de CD-ROM. El *software* consiste en el sistema operativo, el procesador de textos y los demás programas que utilizamos cuando trabajamos en una computadora.

En esta comparación, el *hardware* de la computadora representa el nivel biológico. Es nuestro organismo, particularmente el sistema nervioso. El *software* representa el nivel psicológico. Y la interacción entre el usuario y el *software* representa el nivel social. Sin el *software,* el *hardware* no tiene ninguna utilidad y viceversa. Entonces, aunque usted no sea monista, reconocerá el papel crucial de la fisiología (el *hardware*) en la psicología (el *software*).

Además del *hardware* y el *software,* está la sustancia física del cerebro. Este órgano no contiene objetos "duros" (como cables, plástico, etc.), pero sí contiene neuronas, tejido y sustancias químicas.

En este capítulo examinaremos los sistemas nervioso y endocrino. Estas dos áreas de la psicología fisiológica son las más importantes para explicar la experiencia psicológica.

El impecable funcionamiento de los sistemas de nuestro organismo

El sistema nervioso humano consta de dos grandes divisiones: el *sistema nervioso central* (SNC) y el *sistema nervioso periférico* (SNP). Los elementos constitutivos del sistema nervioso son los nervios, las neuronas, los neurotransmisores y las células gliales. El SNC incluye el cerebro y la médula espinal. El SNP incluye los nervios que están por fuera del SNC; es decir, los de la periferia del organismo.

Debemos tener en cuenta que el sistema nervioso es una parte viva de nuestro organismo y que, como tal, tiene las mismas necesidades que cualquier otra parte (por ejemplo, combustible y protección inmunológica). Los componentes del sistema nervioso se mantienen vivos y sanos gracias al sistema circulatorio y a otras funciones reguladoras del organismo. Los sistemas de apoyo de cada división del sistema nervioso se verán en la sección correspondiente de este capítulo.

Si usted recuerda algo de física, química o biología, entonces sabe que los elementos constitutivos de la vida son los átomos (que funcionan de acuerdo con las leyes de la física). También recordará que los átomos se agrupan de determinadas maneras para formar las moléculas; que éstas generan compuestos que se convierten en nuevas moléculas; que éstas forman nuevos compuestos que se transforman en células, tejidos y, por último, ¡en usted y yo! De modo que si fuéramos verdaderamente reduccionistas nos limitaríamos a estudiar física y nos olvidaríamos de todas las demás ramas del saber. O estudiaríamos la conducta y los procesos mentales desde el nivel molecular. Que es, precisamente, el objeto de estudio de la neurobiología.

No obstante, la psicología biológica parte del estudio de la célula. En el sistema nervioso hay células de dos clases: las células de soporte y las neuronas.

Una ojeada a la periferia

El sistema nervioso periférico (SNP), una de las partes del sistema nervioso, es una red de conexiones que comunican el cerebro y la médula espinal con el resto del organismo. Incluye dos grupos de nervios:

✔ **Espinales:** Llevan impulsos nerviosos desde la médula espinal hasta los músculos y otras partes del cuerpo y transmiten impulsos de regreso a la médula.

✔ **Craneales:** Intervienen en los procesos musculares y sensoriales de la cabeza y el cuello.

Además de estos dos grupos de nervios, el sistema nervioso periférico cuenta con un subsistema conocido como *sistema nervioso autónomo* (SNA). Este sistema ayuda a regular el músculo cardíaco, los músculos lisos y las glándulas del organismo. También interviene en acciones "automáticas" o involuntarias. Los órganos que llevan a cabo las funciones fisiológicas, las contracciones musculares reflejas y hasta la dilatación de las pupilas son actos automáticos gobernados por el SNA. Este sistema tiene dos importantes divisiones:

✔ **Sistema nervioso simpático:** La rama simpática del SNA participa en la activación del organismo cuando se necesita energía adicional. Por ejemplo, cuando nuestra vida corre peligro, el sistema nervioso simpático interviene proporcionándonos la energía que requerimos o bien para enfrentarnos al reto o bien para huir de la situación.

✔ **Sistema nervioso parasimpático:** La función de esta rama del SNA es desactivar el sistema nervioso simpático. Esta función se conoce como *respuesta de relajación,* porque libera al organismo de la tensión y restablece la normalidad.

¿Está nervioso?

El SNC (sistema nervioso central) está formado por el cerebro y la médula espinal. El cerebro tiene tres grandes divisiones: el *cerebro anterior* o prosencéfalo; el *cerebro medio* o mesencéfalo; y el *cerebro posterior* o rombencéfalo. Cada una de estas partes está formada por una gran cantidad de subestructuras que participan en diversos comportamientos y funciones.

No hay que olvidar que el cerebro es un sistema integrado y complejo. Todos sus componentes trabajan al unísono para producir las conductas complejas propias del ser humano. El concepto de localización se refiere a que el cerebro tiene áreas específicas para aspectos específicos del comportamiento. Distintas áreas trabajan juntas para hacer posible la visión, el oído, el habla, etc. Esas partes se descubrieron mediante diversas técnicas neurológicas, como el examen post mórtem del cerebro, la tomografía axial computarizada, la obtención de imágenes por resonancia magnética y la tomografía por emisión de positrones.

Cerebro anterior o prosencéfalo

El prosencéfalo consta de las siguientes subdivisiones:

✔ **Corteza cerebral:** Si usted se imagina el cerebro como un champiñón, con un tallo y una cubierta redondeada, entonces la corteza cerebral es la cubierta. El cerebro está dividido en dos mitades llamadas *hemisferios cerebrales* (izquierdo y derecho; bastante original, ¿verdad?). Los dos hemisferios están unidos por un haz de fibras nerviosas conocidas como *cuerpo calloso*. Si no existiera el cuerpo calloso, las dos mitades del cerebro no podrían comunicarse.

La figura 3-1 muestra las cuatro divisiones principales de la corteza cerebral, cuyas funciones son las siguientes:

- **Lóbulo frontal:** Planificación, organización, razonamiento y control de los procesos de pensamiento y coordinación y control de los movimientos.

- **Lóbulo parietal:** Sensación.

- **Lóbulo temporal:** Oído, habla y otras actividades verbales.

- **Lóbulo occipital:** Visión.

✔ **Sistema límbico:** Área situada debajo de la corteza cerebral (la cubierta del champiñón), el sistema límbico interviene en el aprendizaje, la memoria, la conducta emocional y las conductas reproductivas.

✔ **Ganglios basales:** Esta subdivisión participa en el control de los movimientos.

✔ **Tálamo:** Actúa como un conmutador, como si fuera un *relé* neurológico entre las diversas áreas del cerebro.

✔ **Hipotálamo:** Participa en el control del sistema endocrino y junto con el sistema límbico regula algunos comportamientos, como la agresión, la protección, la conducta sexual y la conducta alimentaria.

Cerebro medio o mesencéfalo

El mesencéfalo consta de las siguientes divisiones con sus respectivas funciones:

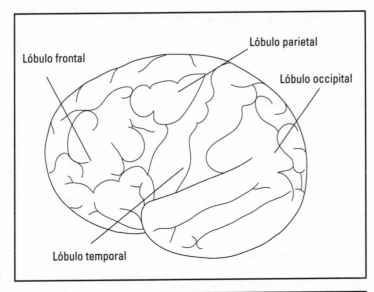

Figura 3-1:
Observe
los lóbulos
cerebrales.

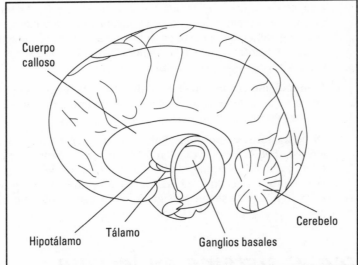

Figura 3-2:
Algunas
subdivisiones
del cerebro.

✔ **Tectum:** Sistemas auditivo y visual.

✔ **Tegmento:** Sueño, activación, atención, tono muscular y reflejos.

Cerebro posterior o rombencéfalo

El rombencéfalo también consta de dos divisiones que tienen las siguientes funciones:

✔ **Cerebelo:** Motricidad y coordinación del movimiento.

✔ **Médula:** Funciones vitales para el organismo, como el sistema cardiovascular, la respiración y el movimiento de los músculos locomotores.

Lesiones cerebrales

Como se puede ver, las diversas áreas del cerebro controlan una gran cantidad de funciones. Básicamente el cerebro interviene en todo lo que hacemos. Pero cuando sufre alguna lesión, las funciones y los procesos conductuales y mentales asociados con la parte lesionada quedan seriamente afectados. Los neuropsicólogos clínicos estudian las consecuencias conductuales y mentales de las lesiones cerebrales.

Diversos tipos de lesiones pueden tener efectos adversos en el cerebro:

✔ **Traumatismo craneoencefálico cerrado:** Es la lesión que se presenta a consecuencia de un golpe en la cabeza sin penetración de un objeto en el cráneo. Una forma muy frecuente de traumatismo craneoencefálico cerrado es el llamado contragolpe, es decir, el daño que se produce en la región del cerebro opuesta a la que recibió el golpe. Si yo me golpeo en la parte posterior de la cabeza, posiblemente mi lóbulo frontal resultará lesionado, lo que afectará seriamente mi capacidad de organización y planificación.

✔ **Traumatismo craneoencefálico abierto:** Esta lesión, que suele ser grave, se presenta cuando hay fractura de cráneo o cuando algún objeto penetra en él.

✔ **Otros trastornos cerebrales:** Enfermedades degenerativas, como la enfermedad de Alzheimer, pueden producir daño cerebral por atrofia del tejido y muerte neuronal. El derrame cerebral y otros accidentes vasculares también pueden tener graves repercusiones en el cerebro, debido a que lo privan de sangre y oxígeno, lo que causa muerte celular.

Conozca el sistema endocrino

Las funciones hormonales de nuestro organismo dependen del sistema endocrino. Seguramente usted se percató de la influencia de las hormonas en su comportamiento durante los maravillosos años de la pubertad. Una noche todos nos fuimos a dormir siendo niños y a la mañana siguiente nos levantamos hechos un manojo de nervios. Alteraciones graves del equilibrio hormonal pueden producir cambios drásticos en el comportamiento. Esto ocurre incluso con cambios menores, como las fluctuaciones del ciclo menstrual.

Glándulas específicas del organismo secretan hormonas que afectan la conducta y las funciones corporales. Los ovarios y los testículos influyen poderosamente en la conducta sexual. Por ejemplo, las hormonas sexuales determinan cuándo y cuán rápido entra el niño en la pubertad. Las hormonas que secretan las glándulas suprarrenales tienen que ver con la conducta agresiva. La glándula pituitaria desempeña un importante papel en el nivel de estrés que experimentamos.

La magia de la psicofarmacología

Durante los últimos cincuenta años, aproximadamente, la utilización de medicamentos para tratar las enfermedades mentales ha cobrado una enorme relevancia y en la actualidad cientos de ellos combaten o alivian los síntomas de muchas enfermedades mentales. Los objetivos fundamentales de la farmacoterapia son minimizar los síntomas del paciente, aliviar su sufrimiento y mejorar su capacidad funcional.

Algunos neurotransmisores particulares actúan en los sistemas cerebrales implicados en los síntomas de las enfermedades mentales. Parece, por ejemplo, que el sistema límbico está involucrado en la alteración del sueño y la pérdida del apetito que son tan frecuentes en la depresión mayor. Lo que se busca con los medicamentos para las enfermedades mentales es que modifiquen la acción de los neurotransmisores que actúan específicamente en regiones concretas del cerebro. Por ejemplo, para tratar los síntomas mencionados hay que buscar un medicamento que actúe sobre el neurotransmisor serotonina.

En teoría, los diferentes trastornos o, más específicamente, los diferentes síntomas involucran distintos neurotransmisores. Los medicamentos para controlar los síntomas son selectivos en el sentido de que actúan específicamente sobre el neurotransmisor implicado.

Control de la depresión

Los medicamentos que se utilizan para el tratamiento de la depresión se llaman *antidepresivos*. La mayoría de los antidepresivos actúan a la vez sobre la noradrenalina y la serotonina, o sobre uno solo de estos neurotransmisores. Hay básicamente dos clases de antidepresivos y se diferencian por su mecanismo de acción.

Los *antidepresivos tricíclicos*, por ejemplo, bloquean especialmente la reabsorción de la noradrenalina por parte de la neurona presináptica.

Esto aumenta la disponibilidad de este neurotransmisor en la sinapsis y prolonga la activación de la neurona postsináptica cuando es estimulada por esa sustancia.

Los *inhibidores selectivos de la reabsorción de serotonina* bloquean específicamente la reabsorción de este neurotransmisor por parte de la neurona presináptica y producen efectos similares, es decir, prolongan el estado de activación.

Alucinaciones auditivas

Experimentar alucinaciones auditivas o creer que alguien nos está persiguiendo es tremendamente perturbador. Las alucinaciones son un síntoma común en la esquizofrenia, una enfermedad mental. Los tratamientos con medicamentos *antipsicóticos* se cuentan entre los más beneficiosos para controlar algunos de los síntomas de este trastorno.

Los medicamentos antipsicóticos actúan específicamente sobre el neurotransmisor dopamina. De acuerdo con la *hipótesis de la dopamina,* el origen de la esquizofrenia puede ser un exceso de actividad de este neurotransmisor en el cerebro. Los medicamentos antipsicóticos bloquean los receptores postsinápticos de la dopamina, lo que impide que esta sustancia química active la neurona postsináptica. Lo anterior se traduce en una notable reducción de los síntomas psicóticos.

Como sucede con todos los medicamentos, desafortunadamente los antipsicóticos no obran solamente en los neurotransmisores de las áreas cerebrales que, teóricamente, están implicadas en los diversos trastornos. También actúan en otras áreas, a menudo con efectos secundarios bastante desagradables. Por este motivo muchos pacientes suspenden su tratamiento, lo que puede tener consecuencias muy graves. Esta situación ha llevado a los investigadores a no ceder en la búsqueda de medicamentos más selectivos.

¡Relájese!

Millones de personas sufren de ansiedad, una angustia insoportable, con ataques de pánico y fobias que las incapacitan. Pero hay medicamentos que ayudan a aliviar esos síntomas.

El propósito de los medicamentos *ansiolíticos* es aliviar los síntomas de los trastornos de ansiedad. Los psiquiatras y médicos generales con frecuencia recetan benzodiazepinas, un ansiolítico. Las benzodiazepinas actúan sobre el GABA o ácido gammaaminobutírico, un aminoácido que actúa como neurotransmisor en el sistema nervioso central y cuya función es reducir la actividad de las neuronas y modular su actividad. En otras palabras, el GABA calma al cerebro.

Las benzodiazepinas reducen eficazmente la ansiedad, pero tienen el problema de que son muy adictivas. Su efecto es casi inmediato y suelen producir sedación y una sensación generalizada de tranquilidad. Como esa sensación es tan agradable, a menudo los pacientes son reacios a suspender el tratamiento, aun cuando sus síntomas hayan remitido. La tabla 3-1 presenta una lista de algunos de los medicamentos que se prescriben con más frecuencia.

Tabla 3-1: Principales grupos de medicamentos

Medicamentos	Problemas
Antidepresivos	Depresión
	Trastorno de pánico
	Trastorno obsesivo compulsivo
	Bulimia
	Fobia social
Ansiolíticos	Insomnio
	Ansiedad relacionada con la situación
	Trastorno de ansiedad generalizada
	Trastorno de pánico
Antipsicóticos	Esquizofrenia
	Manía
	Depresión psicótica
Estabilizadores del estado de ánimo	Manía
	Trastorno bipolar
Estimulantes	Déficit de atención con hiperactividad

Capítulo 4

Somos seres conscientes

· ·

· ·

Es probable que desde el comienzo de los tiempos los seres humanos hayan tratado de alterar su estado de conciencia. Para algunos, es una forma de entrar en contacto con una realidad superior; para otros, un escape de la dura realidad de una vida familiar desastrosa o de un trabajo al que no encuentran sentido. Según Wallace y Goldstein, *tener conciencia* se refiere al conocimiento o noción que tenemos de los estímulos externos e internos. Un *estímulo* es todo lo que hay en el mundo (un acontecimiento, una situación, un objeto) con capacidad de generar una respuesta psicológica.

Tener conciencia es como tener una luz en el cerebro. Cuando la luz está apagada, estamos inconscientes. La conciencia nos permite observarnos a nosotros mismos y nuestro entorno, lo que nos proporciona mayor control sobre nuestros actos. Si alguna vez se ha parado en una esquina concurrida de una gran ciudad, habrá notado que en todo momento suceden a nuestro alrededor miles y miles de cosas. Pero la conciencia tiene límites y no podemos prestarle atención a todo lo que ocurre. La cantidad de material que hay en la conciencia, junto con el contenido de ese material, define el nivel de conciencia en que nos hallamos en un momento determinado.

Exploremos los horizontes de la conciencia

Conciencia es un concepto difícil de aprehender. Sabemos que está ahí, pero no podemos tocarla. Mi conciencia existe en mi voz interior, en mi conocimiento de mí mismo, en mis vivencias y en lo que me rodea. Sin embargo, no soy consciente de muchos procesos mentales, sensaciones corporales y eventos que ocurren en mi mente. Por ejemplo, no suelo escuchar los latidos de mi corazón mientras camino por la calle, pero sí los oigo si así lo deseo. Cuando me doy cuenta de algo que antes no captaba, tomo conciencia de ello.

Una de las mejores maneras de abordar el tema de la psicología de la conciencia es pensar en la ausencia de conciencia. El coma es un estado caracterizado por la pérdida de la conciencia. Una persona en estado de coma está básicamente desconectada del mundo que la rodea. Es posible que tenga alguna noción de su organismo y su mente y hasta podría saber que está en coma, pero para cualquier observador esa persona está inconsciente.

Una vez escuché que la invención de los vampiros y los muertos vivientes procede de la observación de los cadáveres en la Edad Media. No tengo ni idea de por qué desenterraban a los muertos, pero cuando lo hacían veían que el pelo y las uñas les habían seguido creciendo. Al mover los cuerpos, no era raro que emitieran un profundo gemido. ¿Qué ocurría? Desde el pun-

Aviones con cara y mascotas con agenda

Créalo o no, las tiras cómicas para niños ponen a prueba el concepto de los mayores sobre la conciencia. ¿Por qué? Porque absolutamente todos los objetos que figuran en ellas —por ejemplo, la tostadora de la cocina, un animal cualquiera, las flores y los árboles— tienen conciencia. Una de mis tiras cómicas favoritas era sobre una familia de aviones, con padre, madre e hijos. Cada avión tenía una personalidad característica. Atribuir conciencia y rasgos humanos a los objetos inanimados se llama *animismo*. Creo que todos estamos de acuerdo con que las máquinas y las plantas no poseen conciencia, pero ¿podemos afirmar lo mismo de los animales? Conozco a muchas personas que juran que sus mascotas piensan. Esas personas se molestan cuando yo intento explicarles que sus animalitos no son más que un manojo de rutinas y reflejos y que sus acciones no son resultado de la voluntad.

to de vista científico, el pelo y las uñas siguen creciendo durante un breve
período de tiempo después de la muerte y los gemidos se producen porque, al mover el cadáver, el aire que ha quedado comprimido en la cavidad
torácica hace vibrar las cuerdas vocales. Sin embargo, basándose en lo
que observaban, los ladrones de tumbas de la Edad Media creían que los
cadáveres tenían vida. Estaban seguros de que esos fenómenos eran producidos deliberadamente por los difuntos porque en esa época no podían
atribuírselos a la fisiología y a la anatomía.

Por escurridiza que sea, la conciencia se puede definir por lo menos de
tres maneras:

✔ **Experiencia subjetiva.** ¿Ha tenido alguna vez un sueño en el que
sabía que estaba soñando? En realidad, en ese momento usted era
consciente de que estaba dormido. Tener conciencia de nuestro
propio estado de conciencia implica darnos cuenta de que estamos
despiertos o dormidos.

✔ **Observaciones de otras personas sobre nuestras acciones intencio-
nales.** Una de las peculiaridades más importantes de la conciencia
es que regula nuestro comportamiento. A veces actuamos impulsivamente y no pensamos en lo que estamos haciendo. Sencillamente lo
hacemos. Otras veces interviene nuestra voluntad antes de actuar.
En estos casos, analizamos conscientemente lo que vamos a hacer.
Los actos voluntarios, deliberados, indican que hay conciencia, conocimiento. Solemos atribuir conciencia a los actos que realizamos
voluntaria e intencionalmente. Cuando alguien hace algo intencional-
mente, suponemos que está consciente.

✔ **Registro de la actividad eléctrica del cerebro.** El estado de
conciencia se puede observar no sólo a partir de la conducta sino
también desde el punto de vista fisiológico, registrando la actividad
cerebral. Los diversos gráficos de la actividad eléctrica del cerebro
que muestra la electroencefalografía (examen realizado con un
electroencefalógrafo, o EEG, un aparato especial para registrar
las "ondas cerebrales") corresponden a diferentes niveles de
conciencia.

Estados alterados de conciencia

Desde el comienzo de la historia, el ser humano ha tratado de alterar in-
tencionadamente su estado de conciencia recurriendo a diversos medios,
entre ellos la meditación, los rituales religiosos y la privación de sueño.

Stanley Krippner identificó más de veinte estados alterados de conciencia. Uno de los más comunes es el que se presenta durante el sueño (ver más adelante en este capítulo la sección "Desnudos en el trabajo: los sueños"). Entre esos estados, algunos de los más fascinantes son:

✔ **Éxtasis:** Sensación de emoción extrema que se experimenta como placentera y positiva. Se puede presentar después de la relación sexual, las danzas rituales, los rituales religiosos y el uso de sustancias psicoactivas.

✔ **Estado meditativo:** Durante uno de estos estados, la actividad mental es mínima y disminuye considerablemente la cantidad de imágenes mentales (los cuadros que "vemos" dentro de la cabeza). La meditación, el yoga y la oración son estados meditativos.

✔ **Trance:** Estado en que la persona permanece alerta, pero altamente sugestionable. El individuo que está en trance se concentra en un único estímulo y no presta atención a lo que ocurre a su alrededor. Por lo general, siente que él y el mundo son "uno". Los rituales religiosos, los cánticos, la hipnosis, el lavado de cerebro e incluso la música pueden inducir este estado.

✔ **Ensoñación:** Estado en que se presentan a toda velocidad pensamientos desconectados de la realidad. Suele ser resultado del aburrimiento, la privación sensorial y la privación de sueño.

✔ **Expansión de la conciencia:** La gente recurre a muchos métodos para tratar de "expandir" su estado de conciencia, desde la utilización de sustancias psicoactivas hasta la privación sensorial. En estos estados aumenta de manera atípica la percepción. Hay cuatro niveles de expansión de la conciencia:

   • **Sensorial:** Percepción alterada del espacio, el tiempo y otros fenómenos sensoriales.

   • **Retrospectivo/analítico:** Experiencia en la que el sujeto tiene ideas y revelaciones originales acerca de sí mismo, el mundo y su papel en él.

   • **Simbólico:** Identificación con un personaje histórico o con una persona famosa, junto con símbolos místicos, como visiones de ángeles o crucifijos.

   • **Integral:** Experiencia religiosa o mística que suele incluir a Dios o a seres y fuerzas sobrenaturales. Por lo regular, la persona siente que ella y el universo son "uno". Este estado ha sido denominado _conciencia cósmica_. Krippner y otros expertos consideran que muy pocas personas alcanzan este nivel de conciencia.

"Viajes" que alteran la conciencia

Quizás el método más utilizado para alterar el estado de conciencia es consumir sustancias psicoactivas. El consumo de drogas es un fenómeno tanto histórico como contemporáneo. Los arqueólogos han encontrado trazas de cocaína en cuerpos momificados del antiguo Egipto. Algunos argumentan que uno de los objetivos de consumir drogas es alcanzar un estado más profundo de conciencia. La mayoría de las personas que las utilizan dicen que lo hacen a fin de ir más allá de la realidad.

El individuo drogado experimenta cambios en su estado de conciencia y pasa, por ejemplo, de estar agobiado por sentimientos negativos a un nivel de conciencia en que deja de sentirse mal. La idea de que las drogas son un escape tiene una parte de verdad ya que muchas de las sustancias con la capacidad de modificar la mente y el estado de ánimo constituyen un "escape" de un estado de conciencia a otro.

No todas las drogas afectan el estado de conciencia. No recuerdo haberme sentido alterado la última vez que tomé una aspirina o un antibiótico. Las sustancias cuyo principal efecto es modificar el estado de conciencia se conocen como *drogas psicoactivas*. Entre las más comunes están LSD, PCP, marihuana, cocaína, anfetaminas, barbitúricos, éxtasis y alcohol.

A pesar de que muchos consideran que consumir drogas para expandir la conciencia es beneficioso, como profesional de la salud me siento obligado a prevenir al lector contra los efectos nocivos del uso y el abuso de las sustancias psicoactivas. Entre las consecuencias más frecuentes están la adicción, el daño cerebral, algunas enfermedades mentales, perturbaciones psicológicas y problemas sociales y legales. Teniendo esto en cuenta, quisiera seriamente prevenir a quienes estén pensando en utilizar este tipo de sustancias y recomendarles que procuren alcanzar estados de conciencia más elevados sin recurrir a ellas.

Siente los ojos pesados...

Cierre los ojos y relájese. Usted está relajaaaado. Su respiración es lenta. Está empezando a quedarse dormido. Usted está totalmente relajaaaaaaaado.

Bien. ¿Funcionó? ¿Hola? ¿Está usted bajo mi poder hipnótico? Probablemente no. Yo ni siquiera sé cómo se practica la hipnosis. Es una habilidad especial y no todos los terapeutas o psicólogos han recibido formación para practicarla. La *hipnosis* es un procedimiento en el cual el hipnotizador

Viaje, pero al natural

Stanley Krippner define la alteración de la conciencia como un estado mental en que se experimenta una diferencia en el funcionamiento psicológico con respecto al estado normal de alerta y vigilia. Una historia que cuenta Baba Ram Das en su libro *Be Here Now* ilustra la importancia de la subjetividad en la apreciación de esa diferencia. El nombre original de Baba Ram Das era Richard Alpert. Alpert fue profesor de psicología en la Universidad de Harvard en la década de los 60, cuando él y Timothy Leary realizaron experimentos con LSD. Finalmente, ambos fueron destituidos. Ram Das viajó a la India en pos del camino de la sabiduría hindú y en busca de alguien que

le explicara por qué el LSD ejerce un efecto tan profundo en la conciencia.

Un día, Ram Das se encontró con un gurú sabio y respetado. Cuando le pidió que le aclarara su inquietud acerca del LSD, el gurú le solicitó un poco de esa sustancia y Ram Das se la consiguió. El gurú consumió más de lo que Ram Das había visto jamás consumir a un ser humano, pero no mostró ningún cambio. El LSD no parecía ejercer en él ningún efecto. Su estado de conciencia permaneció inalterado y no tuvo ningún "viaje". ¿Significa eso que el gurú ya estaba viviendo su "viaje" o su "LSD espiritual"?

sugiere al individuo cambios en las sensaciones, los sentimientos, los pensamientos o las conductas. Algunos psicólogos opinan que la hipnosis es, sencillamente, un estado de sugestión aumentada que permite al hipnotizador "controlar" el comportamiento de la otra persona. Otros creen que es un estado alterado de la conciencia, durante el cual el individuo se disocia (separa) de su estado de conciencia normal.

La clave para entender cómo funciona la hipnosis es la sugestión. El sujeto hipnotizado actúa, siente o piensa de acuerdo con las órdenes que recibe. El hipnotizador inicia el proceso con algunas indicaciones placenteras que gradualmente se van haciendo más sofisticadas. Este proceso se denomina *inducción hipnótica* y es un trance hipnótico leve.

La hipnosis ha sido utilizada para diversos fines, desde buscar un rato de diversión hasta ayudar a la gente a dejar de fumar. Entre las aplicaciones más discutibles de la hipnosis están la regresión a vidas pasadas y la recuperación de recuerdos reprimidos. Hay muy pocas pruebas científicas que respalden la veracidad de la regresión a vidas pasadas mediante la hipnosis. Éste es un asunto prácticamente imposible de probar. ¿Por qué? Porque lo que el individuo manifiesta sólo puede ser verificado mediante registros históricos y si yo puedo consultar esos registros para comprobar la veracidad de su relato, él también podría haberlos consultado para simular una regresión.

El cerebro nunca duerme

El sueño representa un cambio en el estado de conciencia. Cuando estamos dormidos, estamos inconscientes. El sueño se caracteriza por cambios en la *actividad electrofisiológica*, o sea, en la actividad de las ondas cerebrales. El registro de la energía electrofisiológica del cerebro mediante el electroencefalograma (EEG) permite distinguir el sueño de los demás niveles de conciencia. Cuando estamos despiertos y alerta, nuestro cerebro emite ondas con frecuencias que van de los 13 a los 30 hercios (Hz) y que definen la llamada *actividad beta*. Cuando estamos despiertos, pero relajados, nuestro cerebro muestra *actividad alfa*, con frecuencias de entre 8 y 12 Hz.

Carlson propuso la existencia de cuatro fases y una subfase en el sueño. La subfase se caracteriza por una actividad cerebral similar a la que se observa en un cerebro despierto y alerta.

✔ **Fase 1:** Al cerrar los ojos y empezar a relajarse para dormir, el cerebro muestra un patrón de ondas de frecuencia alfa. A medida que avanza esta primera fase, las ondas cerebrales se van haciendo

¿Falsos recuerdos?

En cuanto a la recuperación de recuerdos de la niñez, una mujer hipnotizada que estaba participando en una investigación dirigida por Fromm empezó espontáneamente a hablar en el idioma que utilizaba con su madre cuando era niña y que ya había olvidado. Miles de personas afirman haber recordado sucesos de su infancia que habían olvidado totalmente, entre ellos abuso físico y sexual. Éste es un punto delicado. Elizabeth Loftus ha argumentado enérgicamente que esos recuerdos son cuestionables y que los psicoterapeutas deben ser muy cuidadosos al realizar este tipo de trabajo. La investigación ha revelado que, bajo hipnosis, los pacientes pueden ser inducidos fácilmente a creer que han sido víctimas de abuso cuando en realidad no ha sido así. Comprobar la veracidad de esas afirmaciones es muy difícil. En resumidas cuentas, todavía no se sabe lo suficiente sobre los efectos de la hipnosis en la memoria como para emitir un juicio definitivo.

menos regulares y muestran una mayor amplitud. Ésta es la *actividad theta*, de entre 3,5 y 7,5 Hz. Carlson plantea que este período, de aproximadamente diez minutos, marca la transición entre estar despierto y estar dormido.

Quizás usted se está preguntando por qué las ondas de mayor amplitud se asocian con menos hercios. La respuesta es que los hercios miden la frecuencia de la onda, mientras que la amplitud mide su altura. Cuando una onda es realmente alta, tarda más en llegar a cualquier punto y, por lo tanto, su frecuencia es menor.

✔ **Fase 2:** Durante esta fase, la actividad de las ondas cerebrales es irregular y el EEG muestra picos de baja amplitud. También se presentan breves descargas de ondas de entre 12 y 14 Hz, llamadas *husos*. En esta etapa estamos profundamente dormidos, aunque creamos que no estamos durmiendo. Mi mujer siempre me despierta cuando me duermo frente al televisor para decirme que estoy roncando. Pero yo siempre le digo que no estaba dormido. Seguramente roncaba estando despierto (no sé qué es peor: roncar estando despierto o estando dormido).

✔ **Fase 3:** Las ondas que emite el cerebro durante esta fase, que dura alrededor de una hora y media, son de gran amplitud (3,5 Hz) e indican *actividad delta* en el EEG.

✔ **Fase 4:** Una mayor cantidad de ondas theta interrumpen la actividad de las suaves ondas delta. Durante esta cuarta fase los ojos empiezan a moverse con mucha rapidez. Este fenómeno se conoce como *movimientos oculares rápidos (MOR o REM*, del inglés *rapid eye movement)*. El rasgo distintivo del sueño MOR es la presencia de actividad beta. Ésta es la subfase en la que el cerebro está activo pero nosotros estamos dormidos.

Los sueños se presentan durante la fase MOR, que se alcanza aproximadamente una hora y media después de comenzar el proceso de dormir. El resto de la noche se alternan períodos de sueño MOR y sueño no MOR (actividad que se explicó en las fases 1, 2 y 3).

¿Por qué dormimos? No sé exactamente por qué lo hacen los demás, pero sí sé que yo duermo porque me siento cansado. Aun cuando todavía no se sabe con certeza por qué dormimos, la mayoría de los investigadores consideran que se trata de una función reparadora. Las investigaciones que se han realizado para conocer los efectos de la falta o privación de sueño indican que dormimos para que nuestro organismo recupere lo que perdió o lo que se deterioró durante las horas de vigilia.

Desnudos en el trabajo: los sueños

Supuestamente, Sigmund Freud fue quien dijo que los sueños son "el camino hacia el inconsciente". Le aseguro que la mayoría de sus amigos y conocidos creen que los sueños tienen importancia simbólica o profética. Los sueños constituyen otro estado alterado de la conciencia.

La teoría de la función reparadora del dormir (ver la sección anterior, "El cerebro nunca duerme") nos lleva a inferir que los sueños son resultado de la reorganización y el almacenamiento en el cerebro de la información recibida durante las horas de vigilia. De acuerdo con esto, los sueños se relacionarían con hechos y situaciones de la vida real y, por lo tanto, tendrían significado y sería posible interpretarlos.

Quizá la visión más completa sobre la importancia de los sueños y el soñar desde el punto de vista psicológico es la que proporciona el psicoanálisis. Según Freud y otros psicoanalistas, los sueños tienen un significado mucho más hondo de lo que parece a nivel superficial. Por ejemplo, soñar que he adquirido un nuevo automóvil significa más que el simple hecho de que quisiera tener un auto nuevo. A pesar de que ese sueño se podría interpretar de muchas maneras, el significado tiene que ver con mi estructura psicológica particular. El automóvil, que simboliza el movimiento, podría representar un deseo reprimido de ser libre.

Los psicoanalistas consideran que el contenido y los procesos de los sueños reflejan conflictos y deseos profundos e inconscientes. Es difícil descifrar los sueños porque suelen ser tortuosos y poco lógicos. En *La interpretación de los sueños,* Freud propone que éstos a menudo representan intentos de convertir en realidad deseos que no reconocemos conscientemente. Mediante la técnica de la interpretación, el psicoanalista ayuda al paciente a llegar al fondo del significado de sus sueños.

Como sucede con otros temas de este capítulo, es sumamente difícil, si no imposible, descubrir el "verdadero" significado de los sueños. Los sueños y su significado son fenómenos enteramente personales y subjetivos. Si bien los sueños y sus significados simbólicos son difíciles de analizar a la luz de la ciencia, no se debe pensar que carecen de un profundo significado. El proceso de descubrirlo durante la terapia, sea correcto o no, suele ser una vivencia fascinante y enriquecedora.

Capítulo 5

Los sentidos nos conectan con el mundo

*¡V*er es creer! No tengo ni idea de dónde salió esta frase, pero nos dice algo importante sobre nosotros mismos. Es mucho más fácil comprender lo que podemos ver, tocar u oír. ¿Por qué no todos creemos en fantasmas, en ovnis o en cualquiera de las muchas cosas de las que la mayoría de la gente no ha tenido experiencia directa? Ésta es la cuestión. Como la mayoría de las personas no han experimentado esos fenómenos con sus sentidos, no creen en ellos. ¿Cómo sabemos si algo es real, es decir, si forma parte del mundo en que vivimos o no forma parte de él?

La *ontología,* una rama de la filosofía, busca la respuesta a la pregunta: "¿Qué es real?" Los psicólogos también han buscado la respuesta a través de una doctrina filosófica conocida como materialismo. El *materialismo* se basa en la creencia de que todo lo que existe está constituido por materia. Antes de filosofar más y producirle una cierta modorra, permítame contarle por qué es necesario incluir este tema en un libro sobre psicología.

Como puede ver en el sumario de este libro, la psicología es un campo del saber que consta de diversas áreas cuyo interés primordial es comprender el porqué, el cómo y el qué del comportamiento de los seres humanos. Este capítulo trata sobre el porqué y el cómo de algo que todos hacemos: sentir y percibir el mundo. Aunque son tan obvios como la nariz que tenemos en el rostro, con frecuencia no captamos la importancia de los sentidos. Vemos, oímos, saboreamos, tocamos, olemos, sentimos. Como ciencia que estudia la conducta y los procesos mentales del ser humano, la psicología no puede desentenderse del funcionamiento de los sentidos.

El ser humano no es meramente un cerebro dentro de un cuerpo desconectado del resto del mundo. Al contrario. Vivimos en contacto permanente con lo que nos rodea. Constantemente recibimos información exterior, la procesamos y la utilizamos para navegar por entre un mar de posibilidades. Entonces ¿por qué es importante entender lo que es el materialismo? Porque la manera de entrar en contacto con toda esa información es a través de la materia física de la que está hecha.

Sensación es el proceso de recibir la información procedente del mundo en forma de energía. *Percepción* es el proceso mediante el cual esa energía se organiza y cobra sentido. Los siguientes apartados tratan del modo en que recibimos y experimentamos la información proveniente del mundo exterior.

Entremos en contacto con el mundo: nuestros sentidos

Desde hace mucho tiempo, los físicos y los químicos han afirmado que el mundo está constituido por materia: partículas, átomos, moléculas y diversas modalidades de energía. El universo es, esencialmente, una gran esfera de energía. Todo lo que existe tiene una configuración energética particular. Entonces, la *sensación* se puede definir como el proceso que permite a nuestro cerebro adquirir información acerca del mundo mediante la captación de los diferentes tipos de energía.

Las clases de energía con las que los seres humanos tenemos más contacto son la luz (energía electromagnética), el sonido (energía acústica u ondas sonoras), el calor (energía térmica), la presión (energía mecánica o física) y la energía química. Algunos organismos están en contacto con las mismas clases de energía que nosotros, pero son sensibles a rangos diferentes. Los tiburones tienen la capacidad de oler partículas químicas (por ejemplo, sangre) en cantidades increíblemente más pequeñas que nosotros y los perros oyen sonidos con frecuencias significativamente más altas.

El organismo humano cuenta con un "aparato" o sistema receptor específico para cada tipo de energía a la cual somos sensibles. Tenemos cinco sentidos y cada uno se especializa en captar una clase particular de energía:

✔ **Vista:** Recibe energía lumínica.

✔ **Oído:** Recibe energía acústica u ondas sonoras.

✔ **Tacto:** Recibe energía mecánica.

✔ **Olfato:** Recibe energía química transportada por el aire.

✔ **Gusto:** Recibe energía química.

El proceso sensorial

La luz que emite una lamparita o las ondas sonoras que salen de un altavoz son interceptadas por nuestros aparatos sensoriales o estructuras de acceso. Los ojos, los oídos, la piel, la nariz y la boca se llaman *estructuras de acceso* porque por medio de ellos accedemos al mundo. Al llegar a nuestras estructuras sensoriales, las distintas formas de energía tienen que abrirse paso hasta el cerebro. La luz, las ondas sonoras y las ondas caloríficas no flotan de cualquier modo dentro de nuestra cabeza. ¿Cómo llegan al cerebro?

Antes que nada debemos tener en cuenta que el cerebro utiliza su propia forma de energía, llamada *energía electroquímica* (el capítulo 3 habla sobre este tema). Ésa es la energía que utilizan las neuronas para comunicarse entre sí y funcionar. Para que el cerebro distinga entre las diversas formas de energía que nuestros órganos sensoriales reciben, cada una de ellas tiene que transformarse y convertirse en energía electroquímica o nerviosa. Este proceso se llama *transducción*.

La transducción es posible gracias a que cada sistema sensorial tiene células especializadas, llamadas *receptores*. Cuando esas células ya han transformado la energía procedente del medio, es decir, cuando ya se ha llevado a cabo la transducción, un impulso nervioso viaja por el nervio sensorial llevando la información al área del cerebro especializada en procesar y analizar ese tipo particular de información.

¿La música que escuchamos o la voz humana tienen solamente un tono? ¿La luz que vemos tiene únicamente un color? ¡Desde luego que no! Cada una de esas experiencias sensoriales, o estímulos, está constituida por una compleja serie de longitudes de ondas lumínicas, frecuencias de sonido e intensidad de olores y sabores, entre otras cosas. Sin embargo, no hay nada que temer porque nuestros sistemas sensoriales no descansan nunca. Gracias a los procesos de codificación y representación, el cerebro interpreta los complejos estímulos con los que tenemos contacto.

El cerebro interpreta los estímulos gracias a la conversión de sus múltiples características en patrones específicos de actividad nerviosa. La *teoría de las energías nerviosas específicas* postula que cada sistema sensorial suministra información a un solo sentido, independientemente de la forma en que los nervios hayan sido estimulados. En otras palabras, el cerebro tiene áreas específicas que siempre reconocen y clasifican los estímulos que reciben.

Junto con neurocirujanos, algunos psicólogos han realizado experimentos con pacientes a los que, por otros motivos, se les ha extraído una parte del cráneo, dejando expuesto el cerebro. En esos experimentos se utilizan electrodos para aplicar leves descargas eléctricas y estimular determinadas áreas del cerebro. Al aplicar las descargas, se han observado reacciones extrañas. Por ejemplo, un paciente explicó que oía gallinas cacareando. Al estimular la parte del cerebro que se relaciona con el sentido del gusto, otro paciente manifestó que tenía en la boca un delicioso sabor a sopa de tomate. ¿Por qué sucede esto? Al estimular esas áreas del cerebro, éste piensa que está recibiendo información auditiva o gustativa desde el órgano sensorial correspondiente, aunque no sea así. Por lo tanto, los sistemas sensoriales están conectados con regiones particulares del cerebro, lo que permite a este órgano distinguir entre oír un sonido y ver una luz.

El cerebro codifica diversos aspectos de los estímulos dependiendo de las neuronas que se activen y del patrón de excitación nerviosa o neural. Si se activan las neuronas del sistema visual, el cerebro recibe la sensación de luz. Las variaciones en el patrón de excitación nerviosa hacen posible que el cerebro perciba diferentes longitudes de onda o distintas intensidades lumínicas, como la luz del sol o la luz de una vela. El final del trayecto sensorial es la representación de la sensación en un área específica del cerebro, donde finalmente oímos la música o vemos los colores.

La vista

La vista es uno de los sentidos más importantes que tenemos. Aunque los demás también lo son, la capacidad de ver es fundamental para desenvolvernos en el mundo. En esta sección explicaré cómo viaja la luz desde los ojos hasta el cerebro, un proceso que culmina en el momento en que percibimos la imagen.

Nuestro viaje comienza con la radiación electromagnética, más conocida como luz. La luz visible ocupa longitudes de onda de 400 a 750 nanómetros. Recuerdo haber aprendido en clase de física que la luz viaja en ondas. La intensidad de la luz se calcula por la magnitud de las ondas; la frecuencia, por la cantidad de picos de onda que pasan por un punto particular en un intervalo determinado. La longitud de las ondas es importante porque nos permite percibir los diversos colores.

1. La luz llega al ojo a través de la córnea.

2. La luz pasa a través de la pupila.

3. El cristalino enfoca la luz en la retina.

4. La energía lumínica se convierte en energía nerviosa, proceso conocido como transducción de la luz.

Para entender lo que es la transducción de la luz, conviene echar una mirada a la retina, la membrana interna del globo ocular. La retina tiene células especializadas en efectuar la transducción, llamadas *fotorreceptores*. Esas células contienen sustancias químicas llamadas *fotopigmentos*, que se descomponen cuando los fotones de luz que viajan en las ondas lumínicas hacen contacto con ellos. Este hecho desencadena una reacción química que indica a la célula que debe descargar un impulso en el nervio óptico. Ese impulso nervioso viaja a la corteza visual, el área del cerebro que analiza los estímulos visuales.

Así, la luz se transforma en energía nerviosa gracias a que ciertas sustancias químicas de la retina se descomponen, lo que origina un impulso nervioso. A continuación me referiré a dos clases de fotorreceptores: los bastones y los conos.

Sinestesia

Algunas personas aseguran que oyen luz y ven sonidos; otras, que notan los colores. *Sinestesia* es el nombre con que se designa la capacidad que tienen algunas personas de sentir una o más formas de energía con un sistema sensorial distinto del que les corresponde. Se calcula que este fenómeno afecta a una de cada dos mil personas y muchos científicos opinan que se debe al cruce de ciertas conexiones cerebrales. Según Baron y Cohen, podría deberse a la presencia de conexiones cerebrales adicionales que hacen que sistemas sensoriales independientes interactúen en el cerebro. Sea cual sea la causa, este fenómeno es bastante curioso. A mí me encantaría poder ver la música cuando bailo porque la verdad es que ¡ni siquiera la siento!

✔ Los *bastones* contienen una sustancia química llamada rodopsina, que es altamente sensible a la luz. Esta sustancia reacciona ante intensidades lumínicas muy bajas y contribuye a la visión periférica.

✔ Los *conos* contienen una sustancia química diferente, llamada yodopsina, que responde a diferentes longitudes de onda lumínica e interviene en la visión de los colores.

Por qué vemos distintos colores

Hay personas que no distinguen algunos matices de los colores azul, verde y rojo. Esto significa que tienen dificultades para percibir específicamente las longitudes de onda lumínica asociadas con esos colores. La razón es que carecen del fotopigmento que es sensible a esas longitudes. Afortunadamente no todos sufrimos de daltonismo (el nombre de este trastorno) y podemos deleitarnos con la extraordinaria variedad de colores que hay en el mundo.

Hay dos teorías principales sobre la visión del color: la teoría tricromática y la teoría de los colores opuestos.

✔ La *teoría tricromática* es fundamental. La idea es que vemos los distintos colores gracias a que la retina tiene tres clases de conos (células fotorreceptoras) especializados en reaccionar ante distintas longitudes de onda lumínica. Los conos especializados en longitudes de onda corta responden a longitudes de 440 nanómetros aproximadamente, o sea, luz azul. Los que se especializan en longitudes de onda media reaccionan a longitudes de alrededor de 530 nanómetros, es decir, luz verde. Y los conos especializados en longitudes de onda larga responden a longitudes de alrededor de 560 nanómetros, o luz roja. La activación parcial de los distintos sistemas de conos nos permite ver variaciones de estos tres colores básicos, como el verdemar y el anaranjado. Pero lo primordial es saber que el origen de todos los colores que vemos son las tres clases de conos.

✔ La *teoría de los colores opuestos* supone la existencia en el cerebro de diferentes clases de neuronas que responden de manera diferencial ante los diversos colores. La noción básica es que esas células descargan más o menos impulsos nerviosos, en comparación con su nivel basal, dependiendo del tipo de luz que las estimule. Por ejemplo, al mirar un objeto de color rojo, aumenta la velocidad a la cual descargan impulsos nerviosos las células especializadas en este color. Pero si miro un objeto de color verde, la velocidad de descarga de las células especializadas en el color rojo disminuye, mientras que la de las células especializadas en el color verde aumenta. Para los colores amarillo y azul también hay células especializadas.

Gracias a esta teoría se entiende el llamado *efecto de postimagen negativa,* que se refiere a las imágenes que a menudo vemos con los ojos "de la mente" en colores distintos de los reales. Un ejemplo muy conocido es el de la bandera de Estados Unidos con estrellas negras en lugar de blancas, franjas verdes en lugar de rojas y fondo amarillo en lugar de azul. Tras observar la imagen durante un rato, la persona cierra los ojos y ve la bandera con sus colores reales. Esto se debe a que las células que han sido estimuladas, respectivamente, por la luz negra, verde y amarilla se están recuperando y están "viendo", en cambio, luz blanca, roja y azul. Inténtelo. Mire durante treinta segundos un cuadrado amarillo de tres centímetros de lado y luego mire una hoja de papel blanco. Verá un cuadrado azul.

Cómo calculamos las distancias

¿Cómo podemos saber a qué distancia está un objeto sólo con mirarlo? Hay gente muy hábil para hacer estos cálculos. Pero yo, por lo menos, soy bastante inepto en el cálculo de distancias si no tengo un metro, una regla o un satélite de posicionamiento global (un GPS). Nuestro sistema visual utiliza dos mecanismos para calcular la profundidad y la distancia: indicativos monoculares e indicativos binoculares.

✔ Los *indicativos monoculares* son sencillos. Sabemos que unas cosas son más grandes que otras. Los perros son más grandes que los ratones. Los automóviles son más grandes que los perros. Las casas son más grandes que los automóviles. Como todo eso lo sabemos por experiencia, cuando vemos un ratón más grande que un perro que forma parte de la misma escena, sabemos que el ratón está más cerca de nosotros que el perro. Si vemos un perro más grande que un auto, sabemos que el perro está más cerca de nosotros. El criterio es que los objetos que forman imágenes más grandes en la retina están más cerca. Los artistas aplican este criterio para representar escenas tridimensionales sobre lienzos bidimensionales.

✔ Los *indicativos binoculares* son interesantes y también un poco extraños. ¿Se acuerda de los cíclopes, esos gigantes mitológicos? Tenían un solo ojo y, si nos atenemos al modelo de la visión binocular, debían de tener serias dificultades para calcular distancias. Los indicativos binoculares de distancia requieren dos ojos para poder enviar información al cerebro.

• La *convergencia* es un indicativo binocular y se refiere a la información que los músculos de los ojos proporcionan al cerebro para ayudarlo a calcular las distancias. Cuando dirigimos los ojos hacia dentro, como cuando nos miramos la nariz, nuestro cerebro sabe que estamos mirando algo sumamente cercano a nosotros. En cambio, cuando miramos casi en paralelo, el cerebro sabe que estamos mirando un objeto más lejano.

• La *visión estereoscópica* es el segundo indicativo binocular. Haga rápidamente este ejercicio. Forme un triángulo uniendo las yemas de los dedos pulgar e índice. Ahora cierre un ojo y, con el que está abierto, enfoque algún objeto haciendo que quede en el centro del triángulo. Luego cierre ese ojo y abra el otro. ¿Qué ocurrió? Que el objeto se movió, ¿verdad? Esto se debe a la visión estereoscópica. A causa de la separación que hay entre los ojos, cada uno proporciona un ángulo de visión ligeramente distinto de la misma imagen. El cerebro evalúa las distancias según la diferencia de ángulo de las dos imágenes.

El oído

El sonido viaja en forma de ondas y se mide por su *amplitud*, o tamaño de onda y su *frecuencia*, o número de ondas por unidad de tiempo. Todo esto se traduce en una experiencia psicológica. La amplitud determina la intensidad sonora o volumen (la banda de rock de mi vecino). La frecuencia determina el tono (los chillidos del cantante principal de la banda de rock de mi vecino). Las estructuras del oído están diseñadas especialmente para transducir, o sea, convertir, la energía de las ondas sonoras en energía nerviosa.

El sonido entra en el oído por el pabellón externo, que lo canaliza gracias a su forma de embudo. Las ondas se transmiten por el conducto auditivo externo y llegan al tímpano o membrana timpánica. La onda sonora hace vibrar el tímpano, que transmite esa vibración a la cadena de huesitos (martillo, yunque y estribo) que forman el oído medio, que amplifica la vibración.

A continuación la onda sonora llega al oído interno, también llamado cóclea y caracol. La cóclea contiene el *hardware* necesario para realizar el proceso de transducción. Está llena de fluido y la recubre la membrana basilar. Esta membrana tiene células ciliares (con cilios, que son filamentos delgados y cortos parecidos a pelitos). Al entrar en la cóclea, las ondas sonoras modifican la presión del fluido del interior, creando ondas que mueven la membrana basilar. El movimiento de esta membrana inclina las células ciliares, lo que modifica tanto sus propiedades químicas como su polaridad eléctrica. Esto desencadena la transducción a impulsos nerviosos. Como se dijo en el capítulo 3, el cambio de polaridad prepara a la célula para descargar el impulso nervioso y transmitirlo. Las ondas sonoras, ahora convertidas en energía electroquímica, viajan hasta la corteza auditiva (la parte del cerebro encargada de oír), donde se efectúa el procesamiento de percepción.

El tacto

El sentido del tacto incluye las sensaciones de presión, temperatura y dolor. Células especializadas de la piel envían señales a la médula espinal y luego al cerebro. La transducción del sentido del tacto es un proceso físico o mecánico y es mucho más directa que la transducción química del sentido de la vista. Cuando el calor, el frío o el peso excitan los receptores táctiles de la piel, impulsos nerviosos viajan al cerebro de un modo muy parecido al funcionamiento de las células ciliares del oído interno. La presión genera el impulso nervioso.

El dolor es un caso especial. Si no sintiéramos dolor, no podríamos evitar que nuestro organismo sufriera daño y, por lo tanto, difícilmente habríamos sobrevivido como especie. ¿Cómo sé que el fuego puede ser nocivo para mi piel y es capaz de causarme la muerte? Porque produce dolor si lo toco. El dolor es una señal importantísima de que algo malo está ocurriendo, de que algo nos está haciendo daño.

Las fibras nerviosas A delta y C, que se encuentran en toda la superficie de la piel, son las encargadas de transmitir al cerebro la sensación de dolor. Las fibras *A delta,* que comunican las sensaciones agudas y punzantes, actúan de una manera sumamente veloz. Las *fibras C* conducen las sensaciones de ardor y de dolor crónico y sordo.

He sido deportista casi toda mi vida y por eso sé que la tolerancia al dolor es un asunto serio. "Sin dolor no lograrás nada" era una frase que escuchaba todos los días cuando entrenaba. Muchas veces tuve que jugar después de haberme lesionado y realmente sentía dolor. Al parecer, el umbral del dolor es sumamente alto en algunas personas. La *teoría de la puerta de control* plantea que las sensaciones dolorosas pasan por una puerta, en la médula espinal, que "decide" cuáles se abrirán paso hasta el cerebro y cuáles no. Cuando otro sentido está utilizando las rutas del dolor, o cuando impulsos procedentes de otras partes del cuerpo están compitiendo por alcanzar esa puerta, la sensación dolorosa podría no llegar al cerebro. Quizás usted se ha dado cuenta de que cuando le duele, por ejemplo, un tobillo, frotarse la pierna proporciona alivio. Esto se debe a que la sensación de presión (frotarnos la pierna) compite con la sensación de dolor proveniente del tobillo por abrirse paso hasta la puerta. ¡Es extraordinario! Nunca deja de sorprenderme la complejidad del organismo humano.

El olfato y el gusto

El sentido del olfato me permite deleitarme con el olor de las delicias que mi vecino prepara en su parrilla los fines de semana. Esto es posible porque pequeñas partículas químicas volátiles se desprenden de los alimentos que se están asando en la parrilla y son transportadas por el aire hasta los receptores de mi nariz. La nariz tiene miles de receptores olfativos que son sensibles a decenas de miles de olores distintos.

Las moléculas de las partículas volátiles provocan un cambio químico en los receptores de la nariz, lo que activa el proceso de transducción. Las células receptoras convierten entonces la energía química en energía nerviosa y un impulso viaja hasta el bulbo olfatorio del cerebro, donde es procesado. El bulbo olfatorio también está conectado con el área del cerebro que está implicada en las emociones. Ésta es la razón por la que, según algunos investigadores, ocasionalmente los olores evocan recuerdos con contenido emocional.

Se habla mucho de las *feromonas* que los animales liberan como señal para comunicarse con miembros de su misma especie, por ejemplo, durante la época de celo. Hay empresas dedicadas a la comercialización de productos a base de feromonas, que compran especialmente los hombres desesperados por encontrar pareja. ¿Producen feromonas los seres humanos? Aunque los resultados de investigación no son concluyentes, hallazgos recientes parecen indicar que sí las producimos. Pero con ellas o sin ellas, la industria de los perfumes crece día a día.

El sentido del gusto nos permite disfrutar de los diversos sabores. El gusto es un sentido químico que depende de los receptores químicos de la lengua, llamados *papilas gustativas*. Todos los sabores son variaciones de cuatro sabores básicos: dulce, salado, ácido y amargo. Tenemos alrededor de diez mil papilas gustativas, que reaccionan ante las moléculas de los alimentos convirtiendo la energía química en energía nerviosa y transmitiendo esa información gustativa al área del cerebro responsable de analizarla.

El producto terminado: la percepción

Obviamente, el mundo que conocemos a través de los sentidos es muchísimo más complejo que un montón de sonidos, olores, sabores y demás sensaciones. No nos limitamos a oír notas, sino sinfonías. No vemos destellos de luz, sino fuegos artificiales. No advertimos simplemente que un alimento es salado, amargo, dulce o ácido, sino que complacemos a nuestras papilas gustativas con una exquisita cena. Deberíamos vivir agradecidos con la percepción por brindarnos todos estos placeres.

Percepción se refiere a la organización de las distintas sensaciones que experimentamos cotidianamente, a su análisis y atribución de significado. Así como la sensación constituye la materia prima, la percepción es el producto terminado.

Hay dos maneras de ver este complejo proceso:

✔ **Ecológica:** De acuerdo con esta perspectiva, el entorno nos suministra toda la información que necesitamos para experimentar el mundo y se requiere muy poca interpretación. Por ejemplo, percibimos un árbol no porque hayamos construido una percepción de él en nuestra mente, sino porque el árbol nos proporciona toda la información necesaria para percibirlo como tal.

✔ **Constructivista:** Según esta visión, la percepción depende de la información y el conocimiento previos para construir la realidad a partir de fragmentos de sensaciones. No somos receptores pasivos de la información sensorial, sino constructores activos de lo que vemos, oímos, olemos, etc.

Sea usted ecologista o constructivista, la percepción tiene algunos aspectos básicos. Si la sensación es el proceso de detectar energías específicas del entorno, ¿cómo distinguimos la información que vale la pena detectar de la que podemos ignorar? Después de todo, no podemos reaccionar ante absolutamente toda la energía sensorial que nos rodea. Nos abrumarían por completo el bullicio de las calles, el rugido del viento, el ruido de los automóviles y tantas otras cosas. Afortunadamente nuestros sistemas de percepción cuentan con un mecanismo para determinar qué información debe ser, o está siendo, detectada.

El concepto de *umbral absoluto* se refiere a la mínima cantidad de energía del entorno que un sistema sensorial particular puede detectar. Cada sistema sensorial tiene un umbral absoluto por debajo del cual la energía no justifica la atención.

Otro factor que determina si detectamos o no ciertos estímulos procede de la Ley de Weber, que postula la existencia de una *diferencia apenas perceptible (DAP)*. Esta ley plantea que para que un segundo estímulo se pueda diferenciar de un primer estímulo, su magnitud debe presentar un incremento correspondiente a una proporción constante. La idea es que el estímulo tiene que exceder la DAP para ser perceptible. En caso de que la diferencia sea demasiado pequeña y no exceda la DAP, el estímulo pasa desapercibido.

La *teoría de la detección de señales* explica el problema desde una perspectiva más compleja. Una cantidad inmensa de la energía de nuestro entorno no tiene mayor significado para nosotros. El estímulo con el que entramos en contacto, llamado *señal,* es analizado según nuestra sensibilidad y criterio de respuesta. Como resultado de ese análisis, pueden suceder varias cosas: que percibamos correctamente el estímulo (acierto), que no detectemos la señal cuando en realidad hay una (error), que detectemos una señal cuando no existe ninguna (falsa alarma) o que no detectemos ninguna señal cuando en realidad no la hay (rechazo correcto).

Nuestros prejuicios y motivaciones determinan el criterio con que respondemos y tienen un papel importante en la detección correcta o incorrecta. Así, cuando alguien piensa que no lo estoy escuchando, no tengo la culpa. Es que no estoy detectando su señal porque mi criterio de respuesta me dicta que en ese momento no debo responder a nadie. Soy una víctima inocente de mis procesos de percepción.

Principios organizativos de la información

Los sistemas perceptuales no son ni un conjunto de reglas arbitrarias ni una serie de procesos sin orden ni concierto. Los psicólogos y otros investigadores han descubierto una serie de principios que explican cómo organizan nuestros sistemas perceptuales la información que reciben de los sistemas sensoriales.

✔ **Figura-fondo:** La información se divide automáticamente en figura y fondo, es decir, en primer plano y horizonte. La información relacionada con la figura es más obvia y nítida, mientras que la que se relaciona con el fondo, u horizonte, es menos significativa.

✔ **Agrupación:** Esta amplia categoría incluye principios que sirven para determinar si un estímulo particular corresponde o no a un grupo formado por estímulos similares.

- **Proximidad:** Los estímulos cercanos en el espacio tienen mayor probabilidad de ser percibidos como parte de una misma estructura que los que se encuentran separados.

- **Dirección:** Los estímulos que se desplazan en la misma dirección y a la misma velocidad tienden a agruparse juntos.

- **Continuidad:** Los estímulos que crean una forma continua tienden a ser percibidos como un grupo.

- **Similitud:** Los estímulos similares tienden a ser percibidos como pertenecientes a un mismo conjunto.

✔ **Cerramiento de contornos:** Este principio se refiere a la tendencia a llenar los vacíos para cerrar, o completar, el estímulo.

La mayoría de los psicólogos de la actualidad se identifican con el *modelo constructivista* (ver en este mismo capítulo "El producto terminado: la percepción"). De acuerdo con este modelo, la percepción es el proceso que nos permite estructurar todo lo que percibimos del entorno a partir de fragmentos de información. Algunas de las reglas que rigen la organización de la información son innatas; sin embargo, hay otros factores de los que dependen nuestras percepciones.

Nuestras experiencias influyen poderosamente en la manera como percibimos el mundo porque generan expectativas acerca de lo que vamos a percibir. El concepto de *conjunto perceptual* se refiere, precisamente, a esa influencia. Utilizamos señales del contexto y de nuestra experiencia para dar sentido a todo lo que vemos. Por ejemplo, si voy conduciendo mi automóvil y veo que un individuo con uniforme de policía está de pie ante la ventanilla de un auto, supongo que está poniendo una multa al conductor. Aunque el policía podría, entre muchas otras cosas, estar pidiendo una dirección, mi experiencia me dice que está multando a alguien por haber cometido una infracción de tránsito.

Otro factor que influye enormemente en nuestra percepción del mundo es la cultura en la que estamos inmersos. Un buen ejemplo es utilizar una serie de ilustraciones para inventar una historia. Imagínese que tengo cuatro ilustraciones, que cada una representa una parte de la historia y que para poder saber de qué se trata es necesario verlas en secuencia. Si yo perteneciera a una cultura diferente, mi interpretación sería distinta.

Ilusiones y magia

Las ilusiones perceptuales son percepciones erróneas originadas en los principios organizativos de nuestros sistemas de percepción. Es posible ver objetos que no existen, o ver objetos en movimiento cuando en realidad están inmóviles. Como ilusionistas que son, los magos recurren a esas reglas de la organización perceptual para soprendernos. Conocen el funcionamiento de nuestros sistemas de percepción y se aprovechan de esos conocimientos para realizar sus trucos.

Supongamos que mis ilustraciones muestran a una mujer que lleva un bolso, a esa mujer llorando, a un hombre acercándose a ella y a la mujer sin el bolso. ¿Qué está pasando? Mi interpretación de la historia podría ser que la mujer está angustiada porque perdió su bolso y un hombre está tratando de ayudarla. O la mujer podría estar llorando de miedo porque un hombre se le está acercando para robarle el bolso. Dependiendo de la cultura o la subcultura, dejando de lado el tema de la experiencia, es posible construir distintas historias.

Parte III
Pensamiento y emoción

"NO SÉ POR QUÉ, CLARA, PERO A VECES ME DA LA IMPRESIÓN DE QUE LA CERCANÍA TE ASUSTA".

En esta parte...

L a tercera parte se refiere al pensamiento, que los psicólogos llaman cognición. Explora tanto el contenido del pensamiento como el proceso de pensar. También expone el concepto de inteligencia y da un vistazo a varias teorías sobre este tema. Asimismo, trata sobre la emoción y la motivación. Si quiere aprender sobre el amor y la ira, no deje de leer esta parte.

Capítulo 6

Pensemos en el pensamiento

Antes de empezar a hablar sobre la compleja área psicológica del pensamiento, vamos a hacer un experimento. Imagínese que todavía está en la cama y que se acaba de despertar después de pasar una buena noche. Apaga la molesta alarma del despertador, aparta las mantas a un lado y se dirige al baño. Ahora viene la parte experimental. Cuando llega al baño, olvida por qué está allí. Parecería obvio que es porque acaba de levantarse. Mira a su alrededor y no capta dónde está. Todo le parece desconocido: las formas, las figuras, los objetos, los sonidos y hasta las luces. Advierte en un objeto que refleja una imagen, pero no sabe de qué se trata. Se siente confundido, desorientado, perdido. Su mente está en blanco, vacía. Ni siquiera puede pensar en qué decir para pedir ayuda. Usted está como pasmado. ¿Qué va a hacer?

Si este ejemplo le parece raro o, por lo menos, un poco abstracto, es por una razón. ¿Cómo sería nuestra vida si no tuviéramos la capacidad de pensar? No reconoceríamos los objetos. No podríamos resolver problemas. No tendríamos la posibilidad de comunicarnos. Realmente tendríamos problemas. Ni siquiera sabríamos cómo salir del baño.

Pocas veces nos percatamos de que estamos pensando. Es como la música ambiental: siempre está ahí, pero casi nunca reparamos en ella. Pensar nos parece un proceso automático, elemental. No solemos prestar atención a nuestra "mente", a la que tomamos como lo más natural del mundo. No apreciamos lo que tenemos hasta que lo perdemos. Por esto, sólo valoramos nuestra mente cuando, por algún motivo, nos falla. Pero ¿cómo saber que hemos perdido la mente, si no podemos pensar? Quizás es mejor dejar estas disquisiciones filosóficas para una reunión con los amigos. Por ahora y para efectos de este capítulo, partamos de la base de que todos tenemos mente y la capacidad de pensar.

El contenido de la mente

¿Qué es exactamente un pensamiento? Como más adelante en este capítulo le pediré que analice sus propios procesos de pensamiento, le ayudará saber qué es lo que debe analizar. La psicología denomina *cognición* o *proceso cognitivo* al pensamiento o proceso de pensar. Esto es, al procesamiento mental de la información, incluidos el razonamiento, la memoria, la solución de problemas, la formación de conceptos y la imaginación.

Estudiar el pensamiento no es fácil. ¿Por qué? ¡Porque no se ve! Si yo pudiera abrir su cráneo y mirar en su interior, ¿vería sus pensamientos? Por supuesto que no. Vería una masa arrugada entre grisácea y blancuzca (en otras palabras, su cerebro). En las primeras investigaciones psicológicas sobre el pensamiento, los psicólogos pedían a los participantes que practicaran la introspección. *Introspección* es la observación y la comunicación de nuestras experiencias internas. Los psicólogos planteaban a los sujetos de investigación un sencillo problema matemático y les pedían que lo resolvieran en voz alta de principio a fin. Así intentaban conocer los pasos implicados en el proceso de pensar.

¡Inténtelo! Consiga una hoja de papel y un lápiz. Las instrucciones son resolver el siguiente problema matemático y anotar, uno a uno, cada paso que dé:

47.876 + 23.989

La respuesta es 71.865. Si su respuesta fue incorrecta, no se preocupe; nadie es perfecto. En ese caso, la técnica de la introspección podría mostrarle qué hizo mal. Dedíquese un momento a revisar cada uno de los pasos que dio para resolver el problema.

Usted acaba de participar en un experimento psicológico y no le dolió, ¿verdad? Mediante la técnica de la introspección, seguramente usted captó sus procesos de pensamiento relacionados con la solución de un problema sencillo.

Pero recurrir a la introspección para analizar todos nuestros pensamientos no sólo sería difícil, sino prácticamente imposible. Parte de la razón por la que los psicólogos ya no utilizan esta técnica es que, por su sencillez, no alcanza a captar la sofisticación de los procesos cognitivos. Hoy, los psicólogos se valen de modelos informáticos y otras herramientas para investigar cómo pensamos. Otro motivo por el que la introspección cayó en desuso es que algunos de los aspectos más importantes de los procesos cognitivos —justamente los que solemos tomar como algo natural— no se prestan fácilmente a evaluación. No importa la profundidad con que examinemos la mente, no podremos descubrir sus elementos constitutivos. Lo único que podemos distinguir es el producto final.

La computadora de la cabeza

Psicólogos y profesionales de áreas afines a la psicología han visto en la computación (las operaciones que realiza la computadora moderna) un modelo potencial para el estudio de los procesos cognitivos del ser humano. Éste ha sido un avance inapreciable. Tomar la computadora como modelo para entender cómo pensamos se llama *modelo computacional de la mente* (y del pensamiento). La idea es profunda y, a la vez, sencilla. La percepción, el pensamiento y la solución de problemas, entre otras funciones de la mente, son operaciones computacionales, es decir, de procesamiento de la información. La mente es una máquina de procesar información.

Procesamiento de la información

El procesamiento mental de la información consta de cuatro pasos:

1. El cerebro recibe información procedente de los sentidos sobre los estímulos o acontecimientos del entorno (por primera vez veo a Michael Jackson bailando como si se estuviera deslizando por la Luna).

2. El cerebro analiza el significado de esa información (mi cerebro piensa: "¡Esos pasos de baile son impresionantes!").

3. Se generan posibles respuestas (mi cerebro trata de entender cómo hacía Michael Jackson para bailar así).

4. Se ejecuta una respuesta y se observa su resultado (me quito los zapatos y trato de bailar como Michael Jackson, deslizándome sobre el suelo de la cocina).

Entonces, pensar implica analizar la información. Pero ¿qué es "información"? Para comenzar, digamos que siempre estamos pensando en algo:

El desafío de Turing

Alan Turing desarrolló el llamado test de Turing. Un juego de salón muy popular en su época consistía en que un hombre y una mujer se colocaban detrás de sendas puertas y los demás participantes se comunicaban con ellos mediante notas escritas a máquina. El objetivo del juego era descubrir, por las respuestas a las preguntas que les formulaban, cuál era el hombre y cuál era la mujer. Turing propuso realizar el juego con un ordenador y una persona. Si los demás participantes no descubrían si las respuestas pertenecían al ordenador o a la persona, entonces la computadora tendría que ser considerado inteligente.

en algún objeto (por ejemplo, un auto, una persona, un acontecimiento). ¿Qué clase de "cosas" u objetos utilizan las computadoras para efectuar sus operaciones? ¿Qué tipo de objetos utiliza una calculadora (uno de los procesadores de información más comunes) para realizar sus operaciones? Números y símbolos. Y pensar implica procesar símbolos o representaciones mentales de los objetos del mundo. El siguiente párrafo ilustra este punto.

Siéntese cómodamente y piense en una rosa de color rojo. Concéntrese para ver con claridad la imagen en su mente: el tallo y las hojas verdes, los pétalos rojos, las espinas, cada detalle. Si alguien entrara en la habitación donde usted está y le preguntara si allí hay una rosa, ¿qué respondería? Si en la habitación no hay una rosa tangible, real, usted respondería que no. Pero quizá sí hay una rosa, ya que hay una en su mente (aquella en la que usted está pensando). Entonces, si abro su cráneo y miro en el interior de su cabeza, veré una rosa roja, ¿verdad? ¡Claro que no! La rosa sólo "existe" en forma simbólica o representativa dentro de su mente. Cuando leyó la palabra "puerta" unos renglones atrás, en su mente apareció la imagen de una puerta. Es decir, pensó en "puerta". ¿Cómo se produce esto? Mediante la representación simbólica. La palabra "puerta" es un símbolo mental lingüístico para ese objeto rectangular que casi siempre es de madera y que se coloca a la entrada de las casas.

El pensamiento consta de símbolos que representan información sobre el mundo, los objetos que hay en él y la manipulación de esos símbolos. La manipulación mental de los símbolos se refiere a su combinación, desglose y recombinación en cadenas más complejas o sistemas de símbolos con significado. Ahora pensemos en la palabra "jamón". Consta de elementos sencillos llamados letras, cuya combinación da por resultado la palabra y la imagen del objeto que llamamos "jamón". Las letras podrían combinarse de otro modo y representar una palabra distinta, como "monja", es decir, algo completamente diferente y, por lo tanto, otro pensamiento. Espero que haya quedado claro que incluso un sistema sencillo, como el alfabeto, puede generar una serie casi infinita de símbolos o representaciones con significado.

¿De dónde provienen esos símbolos? De nuestras experiencias. Ver una rosa y tener en la mente la representación simbólica respectiva nos permite pensar en esa flor.

Conceptualización

¿Cuándo fue la última vez que se reunió con un amigo sólo para charlar? ¿Fueron a tomar café? ¿Conversaron sobre chismes y amigos comunes? ¿Sobre el tiempo y la política? Independientemente de los temas que trataron, usted y su amigo o amiga hablaron acerca de conceptos.

Un *concepto* es un pensamiento o una idea que representa un conjunto de ideas relacionadas. "Chisme" es un concepto. "Política" es un concepto. "Tiempo" es un concepto. Recuerde que esos conceptos están representados como símbolos en los sistemas de procesamiento de la información del pensamiento. ¿Cómo llegan hasta allá? Aprendiéndolos. Los conceptos se forman. Los objetos que comparten características representan el mismo concepto. Algunos están muy bien definidos; otros no tanto.

Preste atención a las siguientes palabras:

Cola, pelo, dientes, cuatro patas

¿Qué describen estas palabras? Podrían describir un gato, un perro, un león o un oso. De hecho, no es posible saberlo porque, para poder definir el concepto y diferenciarlo de los demás, hace falta un dato crucial. Ahora fíjese en las siguientes palabras:

Cola, pelo, dientes, cuatro patas, ladrido

¿Qué describen ahora estas palabras? Un perro, indudablemente. ¿Por qué? Porque ni los gatos ni los leones ni los osos ladran. La característica "ladrido" define únicamente el concepto "perro". "Ladrido" es, entonces, el *rasgo definitorio* de este concepto. En otras palabras, es el atributo que tiene que existir para que el objeto pueda ser clasificado como ejemplo de un concepto particular. Ahora piense en las siguientes palabras:

Plumas, pico, huevos, volar

¿Qué describen estas palabras? ¿Un ave? Espere un momento. ¿Acaso los pingüinos y los avestruces vuelan? No; sin embargo, son aves. Muchos animales que carecen de este atributo son considerados aves. Por lo tanto, volar no es un rasgo definitorio de las aves. No obstante, como la mayoría de las aves vuelan, "volar" es un atributo o *rasgo característico*. Es un atributo que no poseen todos los miembros de un grupo conceptual, pero sí la mayoría.

Piense en una silla. Trate de imaginársela con toda claridad. Ahora, descríbala (descríbasela a alguien porque se vería muy extraño describiéndosela a usted mismo). Su silla imaginaria probablemente es de madera, tiene cuatro patas, un asiento rectangular o cuadrado y un respaldo formado por dos soportes verticales, uno a cada lado del asiento, o unidos por uno o más travesaños horizontales.

Así es una silla típica. De hecho, podría considerarse una silla prototípica. Un *prototipo* es un ejemplo típico de un objeto o suceso perteneciente a una categoría particular. Es el ejemplo por antonomasia del concepto que representa.

A lo largo de su desarrollo, el niño combina de una manera cada vez más compleja los atributos pertenecientes a la misma categoría. Esto significa que partimos de características sencillas que combinamos en unidades cada vez mayores, hasta que nuestra red de información conceptual sobre los objetos del mundo alcanza dimensiones considerables. Pero todos sabemos que pensar es un proceso mucho más complejo que entender cada palabra por separado. Entonces, gradualmente empezamos a combinar conceptos de una sola palabra en conceptos formados por frases, luego en conceptos que forman párrafos y así sucesivamente. Preste atención a este interesante proceso, que incluye cada vez más elementos.

"La guerra es el infierno" es un ejemplo de relación entre dos conceptos: "guerra" e "infierno".

✔ Construimos *modelos mentales* agrupando varias proposiciones para entender cómo se relacionan las cosas entre sí. Por ejemplo:

La guerra es el infierno.

La Segunda Guerra Mundial fue una guerra.

La Segunda Guerra Mundial fue un infierno.

✔ Los *esquemas* son las unidades básicas para entender y representar el mundo y son producto de la organización de los modelos mentales en agrupaciones mayores. Un ejemplo sería: "Muchos soldados que combatieron en la Segunda Guerra Mundial sufrieron traumas psicológicos. Algunos han atribuido la causa de esos traumas a la naturaleza extrema de la guerra. Incluso, algunos han afirmado que la guerra es el infierno."

Los atributos se combinan en conceptos. Los conceptos se combinan en proposiciones. Múltiples proposiciones se combinan en modelos mentales. Por último, los modelos mentales se combinan en esquemas, que constituyen las unidades básicas para comprender y representar el mundo en nuestro lenguaje cognitivo o pensamiento.

Un ejemplo de concepto es "libro". Combine el concepto libro con otro, como lectura. Luego conecte estos conceptos con otro, como librería. Ahora ya tiene usted tres conceptos relacionados entre sí: libro, lectura y librería. De estos tres conceptos puede surgir la proposición estudiar (distinto de leer por placer). Estudiar puede, entonces, formar parte del esquema o categoría más amplia de escuela o de estudiar en la escuela.

Gestión mental de la información

El pensamiento humano depende de la comprensión y la representación conceptual del mundo en que vivimos. Pero ¿qué hacemos con todos los conceptos que tenemos en la mente?

Piense en esto: cada dos o tres meses sucede algo muy interesante en todas las universidades del mundo. Ese acontecimiento es tan predecible como las mareas y los ciclos de la Luna. Con cada nuevo curso que los estudiantes siguen y que los profesores dictan, se presenta un fenómeno predecible. Los alumnos entran en un aula, se sientan, sacan un cuaderno y un lápiz y esperan a que el profesor empiece a hablar para comenzar a tomar apuntes. Ese proceso repetitivo, o secuencia de acciones, es un perfecto ejemplo de un esquema que demuestra que los estudiantes conocen el concepto de "asistir a clase" o "ser estudiante".

¿Cómo utiliza el pensamiento los conceptos (por ejemplo, "ser estudiante") que nos ayudan a desenvolvernos en el mundo y a solucionar los problemas que afrontamos todos los días? Si pensar es una forma de operación computacional y nuestra mente es una poderosa computadora, ¿cómo se llevan a cabo exactamente esas operaciones? Sabemos que los conceptos, las proposiciones, los modelos mentales y los esquemas constituyen la esencia de nuestro lenguaje mental. Pero ¿cómo organizan todos esos elementos nuestro pensamiento y nuestra conducta?

La mayor parte del tiempo, pensar es un proceso organizado y dirigido a alcanzar metas. Desde este punto de vista, se podría decir que casi siempre pensamos de manera lógica y racional. El pensamiento organizado se fundamenta en reglas y en el objetivo de solucionar los diversos problemas que afrontamos cotidianamente. Pero ¿cuál es el principal problema de nuestra vida? Sobrevivir. Pensar tiene pues un objetivo que dirige nuestras acciones: permanecer vivos.

Tomemos como ejemplo a un bebé. Cuando tiene hambre, el bebé instintivamente llora hasta que alguien le presta atención y lo alimenta. En este caso, pensar reviste suma importancia para que el bebé asocie la conducta de llorar con la consecuencia de ser alimentado. Básicamente el bebé piensa: "Cuando lloro, alguien me da la mamadera." Este pensamiento se convierte en una "regla" para él y se basa en simple lógica: si A, entonces B; si A y B, entonces C.

A (llorar) + B (alguien me da la mamadera) = C (me siento satisfecho)

Las siguientes secciones explican los mecanismos esenciales, o reglas, del pensamiento. Además de representar nuestro conocimiento del mundo en forma de conceptos, pensar incluye los siguientes aspectos fundamentales:

✔ *Input:* Información sensorial proveniente del mundo o de nuestra mente.

✔ **Memoria:** Sistema necesario para el almacenamiento del conocimiento. La información proveniente del mundo se almacena en nuestra mente en forma de recuerdos. Nuestra memoria retiene las fechas importantes, los nombres y muchos otros datos.

✔ **Operaciones:** Reglas que determinan cómo se utiliza la información del sistema de memoria (razonamiento, solución de problemas y análisis lógico). Pensemos en las matemáticas. Si hay cien números almacenados en mi memoria y tengo que solucionar un problema matemático, esas operaciones definen cómo lo solucionaré.

✔ *Output:* "Programas" de acción que implican decirle al resto de la mente y del cuerpo qué hay que hacer después de llevar a cabo las operaciones mentales.

El input

Este aspecto de la cognición no forma parte de los procesos de pensamiento. En realidad, se refiere a la percepción. El *input* es la "entrada" en el cerebro de la información procedente del mundo. Es necesario que la información que hay "allá afuera" entre en la mente para poder pensar acerca de ella. ¿Cómo logra entrar? A través de los sentidos: vista, oído, tacto, olfato y gusto. Nuestros sentidos proporcionan el *input,* o datos de entrada, para poder pensar. Todo lo que vemos, oímos, tocamos, olemos y gustamos se convierte en parte de nuestros procesos de pensamiento. En el capítulo 5 encontrará más información sobre el tema de la percepción.

La memoria

Pensar implica manipular los símbolos mentales que están almacenados en forma de conceptos o representaciones de los objetos y sucesos con los que hemos tenido algún tipo de contacto. ¿Dónde se almacenan esos símbolos mentales? ¡En la memoria!

La memoria consta de tres sistemas independientes de almacenamiento: *memoria sensorial, memoria a corto plazo* y *memoria a largo plazo.*

Para entender qué es la memoria, comparémosla con un banco. Mucha gente tiene una cuenta corriente, pero hay muchas otras clases de cuentas. Cada una realiza algo distinto con el dinero de los clientes. Lo que el banco hace fundamentalmente es guardar nuestro dinero y mantenerlo seguro de una u otra manera, dependiendo del tipo de cuenta. La cuenta corriente sirve para utilizar el dinero inmediatamente o a corto plazo. En cambio, la caja de ahorros sólo nos permite acceder a nuestro dinero a más largo plazo. Al igual que un banco, la memoria almacena la información de distintas formas.

Memoria sensorial

La *memoria sensorial* es un sistema de memoria ultracorta que almacena información procedente de los sentidos. ¿Qué ocurre cuando miramos el Sol, cerramos los ojos y miramos hacia otro lado? Que seguimos viendo una especie de sol en nuestra mente.

Memoria a corto plazo

La *memoria a corto plazo* (MCP) se refiere a la información que está activa en la conciencia en un momento dado, es decir, todo aquello que percibimos o de lo cual tenemos conciencia en este momento. Por ejemplo, la luz que le está permitiendo leer, las palabras que está leyendo y el ruido de la calle forman parte de su estado de conciencia y están siendo almacenados en su MCP. Todo aquello de lo que no tenemos conciencia se almacena a más largo plazo o, sencillamente, se olvida.

¿Cuánta información puede almacenar la memoria a corto plazo? Se cree que siete ítems, más dos ítems o menos dos ítems. Esto se conoce como "el mágico número siete" de la memoria a corto plazo.

¿Significa lo anterior que la memoria a corto plazo sólo nos permite almacenar siete palabras, o siete números o siete datos sencillos? De ninguna manera. Mediante estrategias para comprimir la información, es posible almacenar en la memoria muchísimos más datos. Un ejemplo clásico es la *mnemotecnia*, que permite reducir una gran cantidad de información a una breve frase para facilitar su evocación.

Si usted tiene que memorizar una lista, tome la primera letra de cada ítem y forme una palabra o una frase, por raras que sean.

La duración de la memoria a corto plazo es de aproximadamente dieciocho segundos. Para que la MCP almacene los datos durante más tiempo, debemos recurrir una y otra vez a la repetición, bien sea en silencio o en voz alta.

Memoria a largo plazo

Si repasamos una cantidad suficiente de veces la información que está en la MCP termina almacenándose en el sistema de *memoria a largo plazo* (MLP). La información se deposita en el banco de la MLP mediante dos mecanismos:

✔ **Repetición sostenida:** La información que contiene la MCP es transferida, mediante la repetición, a la memoria de largo plazo, donde es almacenada.

✔ **Repetición codificada:** La mente asimila la información y la integra a los recuerdos existentes. Es mucho más fácil recordar (y mucho más difícil olvidar) la información que tiene sentido para nosotros y que se refiere a algo que ya conocemos o sabemos.

La MLP consta de tres tipos de memoria:

✔ **Episódica:** Recuerdos de acontecimientos y situaciones de la experiencia personal (por ejemplo, bodas, cumpleaños, accidentes, etc.).

✔ **Semántica:** Recuerdos mediados por símbolos y signos verbales. Por ejemplo, fechas de fiestas nacionales y religiosas, fechas de acontecimientos trágicos, su número de DNI, etc.

✔ **Procedimental:** Recuerdos sobre la manera en que se realizan actividades como, por ejemplo, andar en bicicleta, resolver un problema de matemáticas, conducir un automóvil o atarse los cordones.

Desde el punto de vista teórico, la memoria a largo plazo es infinita, ya que no se ha encontrado ningún método concluyente para comprobar su capacidad. Lo más importante es recordar que tiene suficiente capacidad para hacer su trabajo. Pero esto no parece lógico si tenemos en cuenta la facilidad con que olvidamos. Si la información se conserva en algún lugar, ¿por qué la olvidamos?

El motivo por el que olvidamos información almacenada en la MLP no es que se haya borrado la huella de memoria, sino que nos resulta difícil evocarla. El olvido tiene dos causas principales y en ambos casos hay interferencia de otros ítems de información:

✔ **Interferencia retroactiva:** Dificultad para recordar datos ya registrados en la memoria debido a la interferencia de información más reciente.

✔ **Interferencia proactiva:** Dificultad para recordar datos recientes debido a la interferencia de información registrada anteriormente en la memoria.

La próxima vez que mire un programa de televisión trate de recordar los detalles de los diez a doce minutos iniciales, de los diez a doce minutos intermedios y de los diez a doce minutos finales. O escuche un discurso e intente recordar lo que el orador dijo al principio, hacia la mitad y al final. Notará algo que los psicólogos llaman *efecto de primacía* y *efecto de recencia*. Es más fácil recordar la información del principio y del final del programa y del discurso que la información de la mitad. ¿Por qué?

ASOCIACIÓN LIBRE

¡Olvídelo!

¿Alguna vez le han pedido que olvide algo? Haga la prueba: ¡olvídese del queso! ¿Ha funcionado? ¿Ha logrado olvidar el queso o, por el contrario, no ha podido dejar de pensar en él? Es una tontería pedirle a alguien que olvide algo porque es imposible olvidar aquello en lo cual estamos pensando. Si queremos que alguien olvide algo, lo mejor es no mencionarlo.

Los efectos de primacía y de recencia se deben a que la información que se presenta al principio del programa televisivo o del discurso pasa a la memoria a largo plazo por la cantidad de tiempo que transcurre, mientras que la información del final queda en la memoria a corto plazo por haberse recibido recientemente. ¿Y qué pasa con la información intermedia? Se pierde.

Las operaciones

El tercer paso del proceso de pensar consiste en llevar a cabo las operaciones o actividades mentales. Entre las más comunes están la solución de problemas y el razonamiento.

Solución de problemas

Suena facilísimo, ¿verdad? Uno tiene un problema y simplemente lo soluciona. ¿Se acuerda de *MacGyver,* una conocida serie de televisión? Ese hombre podía resolver todos los problemas que se cruzaban en su camino. Por ejemplo, podía convertir un palillo de dientes en un cohete. Yo veía ese programa absolutamente extasiado y a continuación me lanzaba a desarmar la tostadora de mi casa para ver si la podía convertir en un satélite. Pero unas horas más tarde lo único que tenía era un montón de piezas y ni siquiera la posibilidad de hacer una tostada. Estoy seguro de que MacGyver tenía muchas más habilidades que yo para solucionar problemas.

Newell y Simon (1972) fueron algo así como los padrinos de la psicología de la solución de problemas. Prácticamente todos los trabajos científicos sobre este tema citan su conocido estudio. Según Newell y Simon, para solucionar cualquier problema hay que seguir estos pasos:

1. Reconocer la existencia del problema. Así como el adicto al alcohol debe admitir su adicción para poder empezar a superarla, reconocer la existencia del problema es el primer paso para solucionarlo.

2. Construir una representación del problema que incluya tanto el estado inicial como el resultado deseado.

3. Plantear posibles soluciones y evaluarlas.

4. Elegir una posible solución.

5. Llevar a cabo esa solución y evaluar su eficacia.

Aunque existen tantas estrategias de solución como número de problemas, solemos recurrir siempre a la misma: la estrategia de ensayo y error es quizá la más conocida. He visto a muchos niños utilizarla para introducir fichas de distintas formas en sus respectivos agujeros. Por lo regular toman primero un círculo y tratan de encajarlo en todos los agujeros hasta que lo logran. A pesar de ser bastante ineficiente, muchas veces es la única estrategia que tenemos a nuestro alcance. Por ejemplo, cuando no hemos definido el problema claramente o cuando parte del problema es descubrir cuál es el problema.

Algunas técnicas eficaces para solucionar problemas son éstas:

✔ **Desglose en pequeños problemas:** Implica descomponer el problema en problemas más pequeños que se deben resolver para lograr el resultado deseado.

✔ **Reconstrucción:** Esta estrategia se parece a lo que hacen algunas personas para entender cómo funcionan las cosas: desarman el objeto (o el problema) y lo vuelven a armar.

✔ **Lluvia de ideas:** Implica aportar cuantas soluciones se le pasen a uno por la cabeza, sin importar si son buenas o malas, factibles o utópicas, lógicas o absurdas (incluso la idea de que Superman sople para detener el calentamiento global se puede mencionar con esta técnica). Luego se descartan las que a todas luces son absurdas y las demás se evalúan posteriormente.

✔ **Analogías:** Implica resolver los problemas inspirándose en soluciones que se dieron en el pasado a problemas similares, pero sin relación con el actual.

Razonamiento y lógica

Dos de las facultades que supuestamente distinguen a los seres humanos de los animales son el razonamiento y la capacidad de resolver problemas lógicamente. En caso de que no sepa de qué estoy hablando, le cuento que los humanos podemos razonar mientras que los animales no. Sé que esta afirmación podría ofender a quienes creen que su encantadora mascota es tan inteligente que hasta podría resolver problemas matemáticos. ¿Se acuerda del Dr. Spock en el programa de televisión de la serie *Viaje a las estrellas?* Aun cuando no le iba mal aplicando la lógica a todo lo que hacía, el Capitán Kirk terminaba siendo el verdadero héroe gracias a sus soluciones apasionadas y emocionales. Pero no hay que olvidar que *Viaje a las estrellas* es una serie de televisión.

Razonamiento se refiere al proceso de pensar que lleva a extraer conclusiones basadas en la verdad de las premisas que las preceden. Las premisas son afirmaciones como: "Todos los camiones de bomberos son rojos". Otra premisa podría ser: "Mi padre trabaja conduciendo un camión de bomberos". Una conclusión lógica sería: "Mi padre trabaja conduciendo un camión rojo". El razonamiento nos ayuda a establecer si nuestras conclusiones son válidas, es decir, si son lógicas. Siempre debe haber una conexión lógica entre las premisas y la conclusión.

Cuando nuestros argumentos tienen lógica, nuestro razonamiento es bueno. Es lógico que mi padre conduzca un camión rojo porque ésta es la conclusión que se infiere de las premisas. Pero qué pasaría si las premisas y la conclusión fueran como sigue: todos los camiones de bomberos son rojos. El camión de mi padre es rojo. Luego el camión de mi padre es de bomberos. Esta conclusión no es lógica porque la primera premisa no afirma que todos los camiones son rojos, sino únicamente los de bomberos. Así que otro tipo de camiones pueden ser rojos. Posiblemente mi padre conduce un camión rojo para transportar mercancías. La lógica sirve para comprobar si nuestra forma de razonar es correcta o no.

Todos los problemas de razonamiento incluyen dos componentes:

✔ **Premisas:** Son afirmaciones sobre algún objeto o hecho que sirven para sustentar la conclusión.

✔ **Conclusión:** Son deducciones derivadas de las premisas. Sólo son válidas cuando se infieren lógica o razonablemente de las premisas.

Hay dos métodos principales de razonamiento:

✔ **Inductivo:** El razonamiento inductivo parte de observaciones particulares (las premisas) para recoger datos que permitan validar o invalidar una conclusión que ha sido enunciada hipotéticamente. Piense en lo que sigue:

El lunes llovió.

El martes llovió.

Por lo tanto, el miércoles lloverá.

Éste es un ejemplo de razonamiento inductivo. Dos observaciones, o premisas, sirven para predecir un tercer suceso.

✔ **Deductivo:** El razonamiento deductivo parte de premisas que son principios generales conocidos para llegar a conclusiones particulares. Si las premisas son verdaderas, las conclusiones que se basan en la lógica deductiva son forzosamente verdaderas. El siguiente es un ejemplo de razonamiento deductivo:

Todos los hombres deben ser libres.

Yo soy un hombre.

Luego yo debo ser libre.

Esta conclusión se deriva lógicamente de las dos premisas. Así tiene que ser, teniendo en cuenta lo que ellas afirman. Ahora analice el siguiente ejemplo de una conclusión falsa:

Todas las gallinas ponen huevos.

Mi ave puso un huevo.

Luego mi ave es una gallina.

¿Por qué es falsa esta conclusión? Porque, por una parte, la primera premisa se refiere a las gallinas, una subcategoría de la categoría mayor de las aves y, por otra parte, la segunda premisa habla de esta categoría mayor. Por lo tanto, la segunda premisa se refiere a un hecho que no puede estar incluido en la primera premisa. Si damos vuelta las dos premisas, crearemos un silogismo válido desde el punto de vista lógico:

Todas las aves ponen huevos.

Mi gallina es un ave.

Luego mi gallina pone huevos.

El output

Hasta ahora, el proceso de pensar se puede representar de la siguiente forma:

Input → memoria → ejecución de operaciones

¿Qué falta? El *output* del proceso de pensar es la "acción" o resultado. Si tengo varios números y debo hacer una resta, acudo a mi memoria para recordar cómo se hace esta operación aritmética, después hago mentalmente la operación y luego mi cerebro le ordena a mi mano que escriba la respuesta en el papel. Debido a que conlleva movimientos musculares, este tipo de *output* se conoce como *programa motor*. La solución del problema de la resta también es un *output*, pero no muscular, sino "mental", que luego se puede verbalizar utilizando los músculos de la boca, lo que lo convierte, de nuevo, en un programa motor.

¿Se cree muy inteligente?

Durante mucho tiempo los psicólogos han intentado definir la inteligencia. Hay muchos ejemplos de falta de inteligencia. Basta con ver esos tontos programas de televisión en que un hombre olvida desconectar la electricidad antes de arreglar la estufa de su casa y se salva de electrocutarse, o en que una mujer trata de alimentar a un oso polar y casi se convierte en la cena del animal. Lo que quizá nos divierte de esos programas es la torpeza de los personajes o el hecho de que nosotros hacemos cosas parecidas pero, hasta el momento, hemos tenido mejor suerte.

Los seres humanos diferimos en la habilidad para resolver problemas, aprender, pensar lógicamente, utilizar el lenguaje, adquirir y comprender conceptos, manejar abstracciones, integrar ideas, lograr metas y muchas otras funciones superiores. Estas habilidades reflejan algunas de las ideas que existen acerca de lo que es la inteligencia; en efecto, estas habilidades son la inteligencia.

Concretamente, *inteligencia* es un conjunto de habilidades que permite a una persona experimentar, aprender, pensar y adaptarse con éxito al mundo. Una definición tan amplia puede incluir lo que todos conocemos como "inteligencia práctica", algo de lo que carecen los psicoterapeutas, según los pacientes.

Teoría de los dos factores

¡Ojalá fuera así de sencillo! Desde que empezaron a estudiar la inteligencia, los psicólogos han dependido enormemente de las pruebas psicológicas para evaluar los diferentes conceptos. La *teoría de los dos factores,* que es la más conocida, evalúa dos dimensiones de la inteligencia:

✔ **Factor g:** Algunos psicólogos desarrollaron una prueba de habilidades mentales y la aplicaron a muchos individuos. Tras obtener las puntuaciones y promediarlas entre las diversas habilidades, establecieron un factor general de inteligencia o *factor g*. Este factor evalúa la inteligencia general basándose en cómo se llevan a cabo esta clase de pruebas. Esta conceptualización de la inteligencia se conoce como *teoría psicométrica* de la inteligencia. *Psico* significa psicológico y *métrica* significa que es medida (o evaluada) por medio de una prueba.

✔ **Factor s:** Se refiere a las puntuaciones obtenidas en cada subprueba individual y, por lo tanto, representa la habilidad en cada una de las áreas que conforman la prueba. Uniendo todos los factores s se obtiene el factor g. Entre los factores s que se suelen evaluar están la memoria, la atención y la concentración, la comprensión verbal, el vocabulario, las habilidades espaciales y el razonamiento abstracto.

Así que, según la teoría psicométrica, nuestra inteligencia equivale a la puntuación que obtengamos en una prueba. ¿Cómo puede ser esto? Cada prueba consta de una serie de pequeñas subpruebas. Por lo general, quienes obtienen puntuaciones altas en una subprueba también obtienen buenas puntuaciones en otras. Es decir, existe una relación entre las diversas habilidades que representan el concepto subyacente de inteligencia general.

Thurstone formuló una teoría de la inteligencia llamada *teoría de las habilidades mentales primarias,* que utiliza esencialmente el mismo concepto que el factor s, pero con más detalle. Para Thurstone, la inteligencia está representada por las habilidades en siete áreas: comprensión verbal, fluidez verbal, habilidad numérica, memoria, concepción del espacio, velocidad perceptiva y razonamiento. No obstante, esta teoría tiene varios puntos débiles. Por una parte, ha recibido muy poco respaldo científico; por otra, algunos psicólogos han elaborado listas de más de cien habilidades mentales primarias. Por eso, es preferible optar por algo más sencillo.

Teoría triádica de la inteligencia

Robert Sternberg desarrolló la *teoría triádica* de la inteligencia en parte para defender la inteligencia práctica. Existe la creencia popular de que Albert Einstein tenía una inteligencia superior para las matemáticas y la física, pero era incapaz de atarse los zapatos. No sé si eso es cierto, pero Sternberg considera que un aspecto importante de la inteligencia es el sentido común o inteligencia práctica. Los tres componentes de su teoría de la inteligencia son:

✔ **Componencial:** La *inteligencia componencial* se refiere prácticamente a los mismos factores que evalúan las pruebas de inteligencia tradicionales (memoria, fluidez verbal, etc.). Sternberg subrayó el hecho de que esas habilidades generalmente no son aplicables a los problemas triviales de la vida cotidiana. Al parecer, Einstein poseía este componente de la inteligencia.

✔ **Experiencial:** La *inteligencia experiencial* se refiere a la capacidad de manejar dos clases de problemas: nuevos y rutinarios. Este tipo de inteligencia exige tener la capacidad de distinguir los problemas nuevos de los problemas cotidianos, generar soluciones y ponerlas en práctica.

✔ **Contextual:** El tercero y último componente de la teoría de Sternberg se refiere a la *inteligencia práctica,* o sea, la que permite al individuo desenvolverse en la vida diaria sin ser atropellado por los autos, sin discutir con los agentes de la autoridad y sin dejar acumular la basura hasta el techo. Éste es, en resumen, el aspecto de la inteligencia del que, según nuestros clientes, carecemos los psicólogos.

Inteligencias múltiples

¿Se ha preguntado por qué Michael Jordan ha sido un jugador de básquet tan excepcional? ¿O por qué Mozart fue el mayor genio musical que ha existido? Escribía óperas enteras en una sola sesión y ni siquiera las tenía que corregir posteriormente. ¡Eso sí que es increíble! Según Howard Gardner (1983), Michael Jordan tiene —y Mozart tenía— un tipo de inteligencia que no se suele considerar como tal, sino como talento.

Observando a personas que poseían talentos asombrosos, Gardner formuló la *teoría de las inteligencias múltiples.* Según esta teoría, hay siete clases de inteligencia que la mayoría de la gente no suele tomar en consideración:

✔ **Habilidad corporal-cinestésica:** Cuando esta habilidad está bien desarrollada, hay excelente coordinación entre las manos y los ojos, muy buen sentido del equilibrio y un profundo conocimiento y control del organismo durante las actividades físicas. Indudablemente Michael Jordan posee esta habilidad en grado extremo.

✔ **Habilidad musical:** Si usted es capaz de llevar el ritmo con los pies y las manos al mismo tiempo, entonces tiene un poquito de inteligencia musical. Sólo un poquito. Porque quienes gozan de una inteligencia musical sobresaliente poseen la facilidad innata de leer música, escribirla y tocar instrumentos excepcionalmente bien.

✔ **Habilidad espacial:** ¿Alguna vez se ha perdido en su propia casa? Si eso le ha pasado, entonces es probable que su inteligencia espacial sea escasa. Este tipo de inteligencia abarca tanto la capacidad de desenvolvernos en el espacio como la de imaginarnos escenas tridimensionales.

✔ **Habilidad lingüística:** Comprende las habilidades de leer, escribir y hablar bien. Los poetas, los escritores, los grandes oradores y las personas que se expresan particularmente bien puntúan alto en esta habilidad.

✔ **Habilidad lógico-matemática:** Esta clase de inteligencia comprende la habilidad de resolver satisfactoriamente sus problemas matemáticos sencillos y complejos.

✔ **Habilidad interpersonal:** La facilidad para entablar conversación —característica de los vendedores de enciclopedias y de la gente con éxito social— es un buen ejemplo de inteligencia interpersonal.

Los buenos conversadores y las personas que interactúan adecuada y fácilmente con los demás tienen desarrollada esta habilidad.

✔ **Habilidad intrapersonal:** ¿Se conoce usted bien a sí mismo? La inteligencia intrapersonal exige entender nuestras motivaciones y emociones, entre otros aspectos de nuestra personalidad.

De acuerdo con la teoría de Gardner, todos somos inteligentes en algún grado. Usted puede ser un genio para el tenis, el canto y las matemáticas, pero quizá se pierde en su propia casa, no logra mantener una conversación con el vecino y ni siquiera advierte qué emociones tiene.

Capítulo 7

¿Cómo se siente al respecto?

¿Por qué la gente se levanta y trabaja todos los días? ¿Por qué se ha puesto un *piercing* en el ombligo mi prima adolescente? ¿Por qué tanta gente va al gimnasio? ¿Qué atractivo tendría la psicología si no nos hiciéramos estas preguntas?

La razón por la que actuamos de determinadas maneras no siempre es misteriosa. Trabajamos para poder vivir. Comemos para permanecer vivos. Pagamos los impuestos para no ir a la cárcel. Se trata de acciones tan comunes que nunca nos detenemos a pensar por qué las realizamos. Pero cuando nos enteramos de que alguien ha hecho algo especialmente difícil, fuera de lo común o atroz, entonces nos preguntamos: "¿Por qué?".

Las experiencias traumáticas casi siempre dejan a las víctimas preguntándose por qué, sobre todo cuando han sido ocasionadas por otra persona. Los traumas generalmente nos dejan desconcertados y con la imperiosa necesidad de hallar una explicación que, además, nos ayude a comprender y a aceptar nuestros sentimientos. A menudo nos preguntamos por qué un ser humano hizo tanto daño a un semejante. Pero nuestra búsqueda de una explicación no se centra siempre en acontecimientos negativos. Pensemos, por ejemplo, en la Madre Teresa. Ella consagró la mayor parte de su vida a aliviar el sufrimiento de los enfermos y desposeídos de la India. Vivió en condiciones de extrema pobreza y sacrificó las comodidades para ayudar a los más desvalidos sin darse nunca por vencida. ¿Por qué vivió así? La entrega de esta mujer admirable a su vocación religiosa y a su deber fue verdaderamente extraordinaria. ¿Fueron sus acciones producto del amor que sentía por sus protegidos? Fueran cuales fueran sus motivaciones, ella nunca flaqueó.

En este capítulo exploraremos el tema de la motivación. Centrarnos en la conducta ajena deja un inmenso vacío si no entendemos qué lleva a los demás a hacer lo que hacen. O si no sabemos lo que piensan acerca de su comportamiento.

Además de revisar diversas teorías de la motivación, analizaré las emociones, que algunos psicólogos consideran la motivación fundamental del hombre. A la psicología le interesa sobremanera el tema de la motivación por el papel medular que desempeña en la conducta y en los procesos mentales del ser humano. Nuestro comportamiento tiene mucho que ver con lo que sentimos.

Mucha gente no entiende por qué los psicólogos preguntan a sus pacientes con tanta frecuencia: "¿Cómo se siente al respecto?" ¿Por qué tanto alboroto en torno a los sentimientos y a las emociones? Tener hambre o estar cansado es importante. Pero espere un momento. ¿Es el hambre un sentimiento? ¿Y el cansancio? Mientras que algunos no distinguen una emoción ni aunque se estrelle contra ellos, otros viven demasiado pendientes de las suyas. El hambre y el cansancio no son emociones. Pero al igual que el alimento y el sueño, las emociones revisten una enorme importancia para nuestra supervivencia psicológica.

Un experto en motivación

Tony Robbins, un conferenciante especializado en el tema de la motivación, ha construido un imperio multimillonario ayudando a la gente a descubrir cuál es el motor que los impulsa en la vida. No estoy familiarizado con los detalles de su técnica ni estoy seguro de que realmente funcione. Sin embargo, muchas celebridades lo respaldan. Desde el punto de vista comercial, no importa si funciona o no. El hecho es que la gente quiere que la motiven. Necesita que la motiven. Muchísimas personas gastan enormes cantidades de dinero para aprender a motivarse al estilo de Tony Robbins.

Es difícil imaginarse cómo sería la vida sin motivación. Yo, por lo menos, pasaría el día entero acostado en un sofá comiendo papas fritas y viendo televisión. No a todo el mundo le interesa salvar el planeta o encontrar la cura para el cáncer. Pero independientemente de lo que creamos que haríamos, los psicólogos que conocen a fondo este tema opinan que hay procesos psicológicos de los que depende nuestra motivación.

Instintos y supervivencia

Deberíamos vivir agradecidos con la evolución por nuestros instintos. A lo largo de la evolución humana, algunos comportamientos han sido seleccionados de manera natural para permanecer en el tiempo porque contribuyen al objetivo último de cualquier especie: sobrevivir. Supongamos que un grupo de personas viven en la montaña con animales peligrosos, como lobos y osos. Ahora imaginemos que tres hombres y tres mujeres pertenecientes a ese grupo se encuentran inesperadamente con un oso. Un hombre y una mujer echan a correr en el instante en que ven al animal y se esconden. Otra pareja queda paralizada. Las otras dos personas se enfrentan al oso con piedras y palos, pero pierden el combate.

Si el hombre y la mujer que salen corriendo tienen un hijo, hay una alta probabilidad de que el niño también salga corriendo cuando se encuentre con un animal peligroso. Las otras dos parejas (la que quedó paralizada y la que resolvió enfrentarse al oso) murieron, por lo que jamás tendrán hijos. Éste es un ejemplo crudo de la forma en que la evolución selecciona los rasgos que contribuyen a nuestra supervivencia. Los que sobreviven se reproducen. Podemos suponer que los instintos de la pareja que huyó del oso son mejores que los de las otras dos parejas, dado que les permitieron mantenerse con vida. Los instintos que nos sirven para sobrevivir permanecen en el bagaje genético.

Confíe en sus instintos

¿Crecen las plantas hacia arriba porque así lo desean? ¿Podría crecer alguna planta hacia abajo sólo para darse el gusto de ser diferente? Ninguna planta podría hacer eso aunque quisiera. Las plantas crecen hacia arriba, buscando la luz del Sol, porque no pueden hacer otra cosa. Necesitan la luz del Sol para poder vivir. Eso es instintivo.

Un *instinto* es un comportamiento automático, involuntario y no aprendido que se presenta como reacción ante un detonante o estímulo específico. En la vida diaria no es raro hacer referencia a los instintos humanos: instinto maternal, instinto de conservación, instinto asesino, reacción instintiva y muchos otros. Los instintos nos motivan en el sentido de que nos llevan a realizar ciertas conductas porque no podemos evitarlo. Las llevamos a cabo automática e involuntariamente.

James McDougall desarrolló un sistema para clasificar algunos de nuestros instintos básicos. Según él, cada instinto tiene un objetivo definido que permite identificarlo y que guía nuestra conducta, por ejemplo, sobrevivir. McDougall identificó numerosos instintos, entre ellos el de proteger a los hijos, el de buscar alimento y el de reproducirse. Así que no se sienta culpable por comer tantas hamburguesas con queso. El culpable es su instinto de buscar alimento.

Se han realizado numerosas investigaciones con animales para estudiar los instintos. Los gansos migran al sur en invierno. ¿Por qué? Un científico que estudió exhaustivamente las conductas instintivas de los animales fue Konrad Lorenz. El suyo se conoce como *enfoque etológico de la motivación* y, según Petri, un etólogo, los comportamientos instintivos poseen *energía específica de la acción,* lo que significa que estímulos específicos desencadenan las conductas instintivas. Todos los comportamientos instintivos tienen un desencadenante específico, o varios, llamados *estímulos clave*. Acercarme a una acogedora cafetería es un estímulo clave para mi instinto de tomar café. Quizá la cafeína les sirvió a mis antepasados para sobrevivir. Los estímulos clave proceden del entorno. Cuando proceden de miembros de la misma especie del animal se denominan *desencadenantes*.

Los estímulos clave desencadenan conductas fijas y automáticas, llamadas *patrones de acción fija*. Uno de los ejemplos más conocidos es lo que Konrad Lorenz denominó impronta. La *impronta* es una especie de instinto de apego entre un animal joven y sus padres. ¿Recuerda la tira cómica en que un patito recién salido del huevo empieza a seguir al primer animal que ve, aunque no sea un pato?

La necesidad, un poderoso motor

En un momento u otro, todos nos hemos preocupado por nuestro dinero o nuestras finanzas. Estoy seguro de que hasta los grandes magnates de la informática han pasado una o dos noches de insomnio contando mentalmente su dinero. Muchos hemos aprendido a vivir ajustándonos a un presupuesto. Asignamos una suma para la hipoteca, la letra del automóvil, la cobertura médica y los gastos de la casa. Incluso dejamos una reserva para ocio si es que todavía nos queda algo de dinero. Cuando comencé a vivir ajustándome a un presupuesto, algo extraño empezó a sucederme. Al ver en una tienda alguna cosa que me gustaba, como un nuevo disco o un hermoso par de zapatos, me preguntaba si realmente necesitaba eso. Parte del trabajo de elaborar un presupuesto es definir qué necesidades tenemos y cuáles son nuestras prioridades económicas.

Yo gasto primero en las cosas que necesito. Mis necesidades determinan en gran medida lo que hago con mi dinero y satisfacerlas es quizá mi prioridad. Las necesidades son el motor de nuestro comportamiento; nos motivan.

Clark Hull formuló una teoría de la motivación que se basa en la satisfacción de las necesidades. Según él, las necesidades se originan en la pérdida de la homeostasis o estado de equilibrio. Estoy en estado de homeostasis, es decir, me siento equilibrado, cuando mis necesidades están satisfechas. Pero cuando no lo están, me siento desequilibrado y, en consecuencia, motivado a recuperar el equilibrio satisfaciéndolas.

La *teoría de la reducción del impulso* de Hull plantea, entonces, que nos sentimos impulsados a satisfacer nuestras necesidades. Los *impulsos* son motivaciones dirigidas a la satisfacción y la homeostasis. Hay dos clases de impulsos:

✔ Las necesidades biológicas cuya satisfacción es indispensable para la supervivencia se llaman *impulsos primarios* y entre ellas están el hambre, el cansancio y la sed. Pensándolo bien, los impulsos primarios desempeñan un gran papel en nuestra cotidianidad. Una parte importante de nuestra vida gira en torno a la satisfacción del hambre y la obtención de refugio.

✔ Todas las demás necesidades se llaman *impulsos secundarios*. La mayoría de ellas han sido aprendidas de la familia, el grupo social y la cultura en que vivimos. La importancia de los impulsos secundarios es la relación que tienen con los impulsos primarios. Por ejemplo, lo que nos impulsa o motiva a estudiar con seriedad y obtener buenas calificaciones es vivir confortablemente en el futuro y podernos mantener a nosotros mismos y a nuestra familia. Los impulsos secundarios no tienen valor en sí mismos; su importancia radica en su relación con los impulsos primarios.

Una de las limitaciones de la teoría de Hull es que en ella no hay cabida para las necesidades que se relacionan sólo tangencialmente con nuestra supervivencia biológica. Por ejemplo, ¿qué necesidad básica satisface jugar al tenis? Exagerando bastante, podría decir que el tenis satisface mi necesidad de hacer deporte para combatir la depresión, la cual me haría faltar al trabajo, perder el empleo y, por último, quedarme sin nada que comer. Eso convertiría al tenis en un impulso secundario subordinado a una larga cadena de otros impulsos secundarios. Sin embargo, por lo menos conscientemente, la mayoría de las personas no reducimos nuestras acciones a la mera supervivencia.

Aunque la teoría de la motivación de Abraham Maslow no se centra en los instintos, propone que nuestras motivaciones surgen de una serie de necesidades básicas que de manera natural procuramos satisfacer. Según

Maslow, algunas necesidades son más básicas que otras. Comer es más básico que sacar la nota más alta de la clase en un examen de matemáticas. Aunque ambas son necesidades (por lo menos, para algunos), una es esencial mientras que la otra no lo es.

Maslow planteó la existencia de una jerarquía de necesidades que se suelen representar en un triángulo:

✔ En la base del triángulo están nuestras necesidades fisiológicas básicas de alimento, agua y sueño. Estas necesidades dirigen nuestro comportamiento hasta que son satisfechas.

✔ En el siguiente nivel está nuestra necesidad de seguridad. Todos los seres humanos necesitamos protección y refugio.

✔ La necesidad de amar y de pertenencia ocupa el siguiente nivel.

✔ En el cuarto nivel de necesidades está la autoestima. Todos necesitamos sentir que somos valiosos como personas.

✔ En el nivel superior del triángulo está la autorrealización, o sea, el pleno desarrollo de nuestras potencialidades humanas distintivas. Quienes alcanzan la parte superior del triángulo viven una experiencia cumbre, un sentimiento que les indica que han llegado al nivel más alto de motivación.

No se conforme con menos

La *teoría del nivel óptimo de activación* es una versión refinada de la teoría de reducción del impulso de Hull. En lugar de sentirnos impulsados a satisfacer mínimamente nuestras necesidades biológicas, esta teoría postula que nos sentimos impulsados a satisfacerlas al máximo nivel. ¿Qué quiere decir esto? Cuando nuestro organismo necesita energía, sentimos hambre. El hambre activa el impulso primario, o motivación, de comer. Si esta teoría se refiriera al nivel "mínimo" de activación, nos conformaríamos con una hamburguesa grasosa y quedaríamos satisfechos. Pero ¿por qué me voy a conformar con una hamburguesa si puedo deleitarme con un buen bife? Puedo satisfacer mi necesidad primaria (el hambre) y al mismo tiempo disfrutar de una buena comida.

Otro componente de la teoría del nivel óptimo de activación es que nos sentimos impulsados a buscar ese nivel para maximizar nuestra competencia. Investigando cómo se manifiesta esta teoría en la vida real, Yerkes y Dodson descubrieron que actuamos mejor cuando experimentamos un grado moderado de tensión, ni demasiado relajados ni demasiado tensos. Ésta es la llamada ley de Yerkes-Dodson.

¿Alguna vez ha tenido que hablar ante una gran auditorio? ¿O ante un aula llena de estudiantes? ¿Estaba nervioso? ¿Cuánto? ¿Tan nervioso que sentía deseos de vomitar y hasta creyó que se iba a desmayar? Sentirnos nerviosos hasta ese punto constituye un nivel extremo de tensión y, como muchos saben, no contribuye a una actuación memorable. Pero tampoco conviene que nos sintamos demasiado relajados porque careceremos del impulso para preparar adecuadamente la conferencia, o la actividad que sea, lo que también redunda en una mala actuación. Lo mejor es el término medio.

Motivaciones que desmotivan

Por lo menos una vez a la semana, cuando llego a casa, veo que la lucecita roja del contestador automático está parpadeando y entonces empiezo a preguntarme quién me habrá llamado. ¿Un amigo con el que no he conversado últimamente? ¿O un pariente de esos que se pierden durante años? ¿O una de esas molestas compañías telefónicas que hacen hasta lo imposible por inducir a la gente a cambiar de operador?

Gran parte del trabajo de los expertos en marketing se fundamenta en la *teoría de las expectativas.* De acuerdo con esta teoría, la motivación es producto del análisis que hacemos de la gratificación que podría proporcionar una u otra conducta y de la probabilidad que hay de obtener esa gratificación. Las compañías telefónicas cuentan con que su posible clientela asocie un cambio de operador con una expectativa de gratificación o recompensa. Éste es un mecanismo directo y poderoso de motivar a la gente, especialmente si se le hace creer que va a empezar a recibir beneficios de inmediato.

La *teoría de los incentivos*, que se relaciona estrechamente con la anterior, sencillamente postula que nos sentimos motivados a obtener gratificaciones y a evitar todo lo negativo. Por ejemplo, las experiencias que he tenido hasta ahora con las compañías telefónicas han hecho que, a pesar de sus atractivas ofertas, mis expectativas sean muy negativas. Se hagan realidad o no, mis expectativas tienen un efecto muy poderoso en mi comportamiento. Cuando en mi contestador telefónico encuentro un mensaje de alguna compañía telefónica para ofrecerme alguna promoción nueva, simplemente lo elimino.

¿Es usted adicto al picante?

Con frecuencia nos sentimos motivados a realizar actividades con las que no disfrutamos especialmente, como ir al gimnasio. Yo, por lo menos, no considero agradable esa actividad. Mucha gente hace cosas que aparentemente son más molestas que placenteras. Eso no quiere decir que sean masoquistas. Sus conductas se pueden explicar mediante la *teoría motivacional del proceso opuesto*.

A mucha gente le gusta la comida picante y muy condimentada. A mí lo que me agrada es saborear los alimentos, no sentir aún su sabor veinte minutos después. Pero es cuestión de gustos. La teoría del proceso opuesto sostiene que lo que nos motiva no es la consecuencia inicial (en este caso, la quemazón del picante) sino la consecuencia posterior.

A cada reacción le corresponde una reacción opuesta. Después de estar expuestos a determinado estímulo durante un rato, la sensación inicial se debilita mientras que la sensación contraria se fortalece. ¿Cuál es el proceso opuesto, o reacción antagonista, del picante de los alimentos? El bienestar que produce la liberación de los analgésicos naturales con que el organismo combate el dolor, llamados endorfinas. De hecho, el picante de los alimentos produce quemaduras químicas en la lengua que nuestro organismo alivia mediante la liberación de esos analgésicos naturales. La gente cree que disfruta esos alimentos por el picante. Pero según la teoría del proceso opuesto, esas personas no son más que un puñado de adictos a las endorfinas, que se queman la lengua con tal de disfrutar de la reacción contraria que les producen esas sustancias.

Las emociones

Hasta ahora ninguna de las teorías de la motivación que hemos revisado se ha referido a la capacidad que tienen las emociones para estimularnos a actuar. Las emociones y la motivación están íntimamente vinculadas. Cuando necesitamos algo, o cuando una necesidad no ha sido satisfecha, nos sentimos motivados a satisfacerla. Cuando mi estómago hace ruidos, sé que tengo hambre.

Pero ¿cómo sabemos si nuestras necesidades psicológicas, por ejemplo tener una alta autoestima, no están siendo satisfechas? Cuando esto sucede, nuestras emociones nos lo hacen saber. Ellas nos informan de que no estamos cumpliendo nuestras metas (por ejemplo, en forma de desilusión) o, por el contrario, de que vamos por el camino de alcanzarlas (a menudo en forma de alegría).

Una *emoción* es un fenómeno complejo que consta de tres componentes interrelacionados:

Emociones y supervivencia

Además de que las emociones nos indican si hemos alcanzado nuestras metas o no, Frijda ha identificado en ellas otras funciones. Las emociones nos previenen de la existencia de situaciones potencialmente peligrosas y nos preparan para enfrentarnos a ellas. Gavin De Becker hace una apología de esta función de las emociones en su libro *El valor del miedo*. En pocas palabras, el miedo salva vidas. ¿Ha tenido alguna vez la sensación de que algo estaba mal? Esa "sensación" se la produjeron sus emociones para alertarlo de algún peligro del que quizá conscientemente usted no se habría percatado. El Dr. Becker aconseja escuchar esa voz más a menudo y vivir más en sintonía con ella. Al fin y al cabo, es una eficaz herramienta de supervivencia.

Las emociones positivas son una gran ayuda en los momentos de adversidad. La felicidad produce una sensación de bienestar. ¿Cómo sería la vida si nunca experimentáramos esta emoción? ¡Miserable, desde luego! Es más fácil relacionarse con personas alegres. La alegría favorece la socialización, que por lo general conduce al romance, que casi siempre representa el primer paso para tener hijos. En otras palabras, la felicidad lleva a transmitir los genes que hicieron de ese progenitor un ser humano feliz. Las emociones nos convierten en compañeros más atractivos y nos ayudan a relacionarnos con los demás.

Una teoría de las emociones que ha recibido gran respaldo en los últimos años procede de la psicología evolutiva. Los psicólogos de orientación evolutiva piensan que algunos comportamientos y procesos mentales son respuestas adaptativas que se han desarrollado mediante la selección natural. Las emociones formarían parte de ese proceso de adaptación.

Según Cosmides y Tooby, poseemos una gran cantidad de programas conductuales y mentales para afrontar los peligros que amenazan nuestra supervivencia. Cada programa funciona de modo independiente, lo que produce una pesadilla logística. Si es difícil coordinar todos los detalles necesarios para pasar un fin de semana en el campo, imagínese lo que es coordinar todos los comportamientos y procesos mentales humanos. Aquí entran en escena las emociones. Cosmides y Tooby consideran que las emociones son "programas maestros" para la organización y la integración de todas las conductas y pensamientos. Desde esta perspectiva, las emociones tienen una función reguladora. Nos permiten saber qué debemos hacer en ciertas situaciones y nos informan si hemos logrado o no nuestras metas.

✔ **Experiencia subjetiva:** Cuando experimento una emoción cualquiera, me refiero a ella como a un sentimiento, es decir, siento algo. Mi experiencia de tristeza puede reflejarse en deseos de llorar y en falta de energía y motivación. Ésa es mi forma de experimentar la tristeza; por lo tanto, es un fenómeno subjetivo.

✔ **Reacción fisiológica:** Todas las emociones conllevan reacciones que repercuten en el cerebro y en la actividad del sistema nervioso.

Por ejemplo, la ira acelera la frecuencia respiratoria y los latidos del corazón. La tristeza suele ir acompañada de cansancio.

✔ **Componente expresivo:** Cada emoción se expresa y se comunica de una manera particular. La expresión facial, el lenguaje corporal, la postura, las palabras, los gestos y muchas otras modalidades de expresión acompañan y transmiten la experiencia emocional.

¿Qué es primero: el organismo o la mente?

Si las emociones tienen tres componentes, que son la experiencia subjetiva, la reacción fisiológica y el aspecto expresivo, ¿cuál de ellos se manifiesta primero? ¿Pienso y siento ira antes de que mis músculos se tensen? ¿Digo que estoy enfadado antes de saber que lo estoy? Tratar de desentrañar este proceso es una labor difícil y confusa; es similar al problema del huevo y la gallina. ¿Cuál está primero? Entre las teorías que tratan sobre el orden de presentación de los diversos componentes de las emociones, las tres más importantes son:

✔ La *teoría de James-Lange* propone que cuando nos enfrentamos a una situación o un estímulo con la capacidad de generar una respuesta emocional, el organismo reacciona primero. El repertorio conductual del ser humano cuenta con un conjunto de reacciones físicas que se activan automáticamente ante los estímulos con contenido emocional. Nuestros sistemas sensoriales reaccionan enviando mensajes a los centros cerebrales de las emociones, lo que desencadena un estado de activación orgánica. A continuación, el cerebro analiza la situación. Sólo después de la activación fisiológica y de la evaluación de la situación se experimenta subjetivamente la emoción. Después de interpretar la larga cadena de reacciones fisiológicas, el cerebro reconoce la emoción, por ejemplo, temor. Y sólo después de reconocer nuestra experiencia de la emoción, estamos en disposición de expresarla.

Primero veo el oso. Luego, el corazón empieza a latirme aceleradamente, junto con otras reacciones orgánicas. Mi análisis podría ser: "Tengo el corazón agitado y estoy corriendo a toda velocidad para alejarme del oso. Debo de estar asustado". Sólo después de este análisis podré decir: "Estoy asustado".

✔ Según la *teoría de las emociones de Cannon-Bard*, que es una variante de la anterior, la reacción fisiológica ante el estímulo también es anterior a la experiencia subjetiva de la emoción. Pero tiene una diferencia: no apoya la noción de que la activación muscular y las acciones resultantes (como, por ejemplo, correr a toda velocidad para alejarse del oso) son los procesos fisiológicos que intervienen primero.

Según esta teoría, áreas específicas y menos sofisticadas del cerebro son las primeras en activarse. Esas áreas "inferiores" envían señales simultáneamente a las regiones "superiores" del cerebro encargadas del análisis, la activación y la vivencia subjetiva. La diferencia principal entre esta teoría y la de James-Lange es que la activación, el análisis, la experiencia y la expresión se presentan al mismo tiempo, pero sólo después de que áreas primitivas del cerebro han sido activadas. Así que tan pronto como veo el oso, las áreas inferiores de mi cerebro se activan. Entonces salgo corriendo, analizo por qué estoy corriendo, me doy cuenta de que estoy asustado y grito: "¡Socorro! ¡Me voy a morir!" y todo eso al mismo tiempo. En el capítulo 3 encontrará más información sobre el cerebro.

✔ Como si lo anterior no fuera suficientemente confuso, Schachter y Singer formularon otra teoría sobre el proceso emocional. Su *teoría bifactorial de la emoción* toma elementos de las teorías de James-Lange y de Cannon-Bard, pero con algunas modificaciones de poca importancia. En vez de proponer que la reacción del organismo o de las áreas inferiores del cerebro es anterior al proceso de evaluación, esta teoría argumenta que las reacciones orgánicas y la evaluación cognitiva se presentan al mismo tiempo, creando un ciclo de retroalimentación y produciendo la experiencia subjetiva de la emoción. La información proveniente de la situación y del entorno se utiliza para el proceso de evaluación. Se considera que la activación emocional es genérica, no específica de una emoción particular, mientras no se haya realizado la evaluación.

Cómo expresamos nuestras emociones

Cuando una persona se ríe, ¿está contenta? ¿Qué diríamos de alguien que nos mira, suspira y luego se ruboriza? ¿Es posible saber qué emoción está experimentando? Claro que sí. Todas las emociones tienen un componente expresivo y comunicativo que consiste en señales verbales, expresiones faciales, contacto visual, movimientos corporales y expresiones no verbales.

Algunos piensan que los componentes expresivos de las emociones son innatos, al igual que la capacidad de discernir los sentimientos ajenos mediante la observación de esos componentes. Hay expresiones emocionales universales, como sonreír cuando estamos contentos y fruncir el ceño cuando estamos tristes.

La cultura en que vivimos influye notablemente en el modo y en el momento en que expresamos nuestras emociones. También dicta qué emociones es apropiado expresar o, por el contrario, reprimir. Por ejemplo, no acostumbramos a reír a carcajadas en los funerales ni a responder los cumplidos con gritos de ira.

Varios aspectos de nuestra forma de hablar reflejan lo que estamos sintiendo:

✔ **Velocidad:** La velocidad con que hablamos aumenta o disminuye dependiendo de cómo nos sentimos.

✔ **Tono de voz:** El tono de la voz dice mucho sobre las emociones que estamos experimentando.

✔ **Volumen:** El volumen de la voz también es una buena fuente de información. Por ejemplo, cuando estamos exaltados o enojados solemos hablar en voz más alta.

Si usted quiere aparentar calma cuando en realidad está furioso, esfuércese por hablar despacio, en voz baja y con un tono suave. Pero si lo que

Experimentar con las emociones

Piense en el siguiente experimento de Wallace y Goldstein. A los sujetos de estudio les aplicaron una inyección de adrenalina para excitar su sistema nervioso simpático y desencadenar una respuesta de lucha o huida. A algunos sujetos les explicaron cuáles serían los efectos de la inyección, a otros no les dijeron nada y a los restantes les dieron información falsa. Luego los dividieron en dos grupos: uno estaría expuesto a una situación que provocaría ira y el otro estaría expuesto a una situación que provocaría euforia. El primer grupo tuvo que responder un cuestionario ofensivo, que había sido diseñado expresamente para producir ira. El segundo grupo permaneció en una sala con un investigador alegre y divertido que les hizo pasar un buen rato.

Los dos grupos recibieron el mismo fármaco. Por lo tanto, todos los participantes tuvieron las mismas reacciones fisiológicas. Pero ¿las experimentaron todos ellos como la misma emoción? Los sujetos del primer grupo dijeron que se sentían iracundos y los del segundo grupo dijeron que se sentían muy contentos. Vale la pena insistir en que todos los sujetos, tanto los del primer grupo como los del segundo, presentaron la misma activación fisiológica. Por lo tanto, haber experimentado emociones tan opuestas al parecer se debió, como predice la teoría bifactorial de la emoción, a que los sujetos identificaron su activación fisiológica según la información que recibieron y la evaluación de la situación.

busca es intimidar a alguien, hable rápido, en voz muy alta y con un tono duro. Éstas son señales de que está muy, pero muy enojado.

Los seres humanos experimentamos una gran variedad de emociones: temor, tristeza, alegría y aburrimiento, para nombrar unas pocas. Piense en su vida. ¿Qué emociones experimenta con mayor frecuencia? Como terapeuta, creo que he presenciado la gama completa; sin embargo, las que aparecen más a menudo son el amor y la ira. A todos nos gusta hablar sobre lo mucho que quisiéramos ser amados, sobre la dificultad para encontrar el verdadero amor, en fin, sobre recibir y dar amor. También nos gusta expresar la ira en un ambiente seguro, sabiendo que nadie se va a desquitar después.

El amor y la ira

El amor hace girar el mundo. ¿O es, más bien, el dinero? Lo haga girar o no, el amor ejerce una influencia extraordinaria en nuestra vida. La mayoría de las personas quieren amar y ser amadas, aunque no lo admitan fácilmente. Amar y ser amados nos hace sentir bien. No creo que haya una sola persona que se queje de que en el mundo hay demasiado amor.

Espero no desilusionar con mi análisis psicológico a quienes piensan que el amor es algo mágico. Hatfield y Rapson identificaron dos clases de amor:

✔ **Amor pasional:** Es un amor intenso de naturaleza sexual o romántica. Es la clase de amor que sentían Romeo y Julieta, o sea, el que no se siente por la abuelita.

✔ **Camaradería:** Es el sentimiento que experimentamos por nuestros amigos y familiares. Aunque es un amor desprovisto de pasión, sí tiene un alto grado de apego, compromiso e intimidad.

La teoría de Robert Sternberg plantea la existencia de seis clases de amor, que se diferencian en su grado de pasión, compromiso e intimidad. La *pasión* se define como un deseo intenso de estar con la otra persona y la expectativa de que el sexo con ella será gratificante. El *compromiso* es la convicción de que, pase lo que pase, la otra persona no nos abandonará. Y la *intimidad* es la capacidad de compartir nuestros secretos, sentimientos y pensamientos más profundos con otra persona.

Las seis clases de amor descritas por Sternberg son las siguientes:

✔ **Relación de confianza:** Hay intimidad, pero no hay pasión ni compromiso. Un buen ejemplo es la relación del cliente con su terapeuta.

Aunque usted revele a su terapeuta sus pensamientos y emociones, no siente pasión por él o ella ni tampoco compromiso.

✔ **Encaprichamiento:** Hay pasión, pero no hay intimidad ni compromiso. Lo que caracteriza a esta clase de amor es, sencillamente, el deseo sexual. Es la conquista de una noche o la versión del amor de un joven adolescente.

✔ **Amor vacuo:** Hay compromiso, pero no hay pasión ni intimidad. Muchas personas casadas se sienten comprometidas con su cónyuge a causa de la necesidad o la conveniencia y permanecen juntas a pesar de la falta de pasión e intimidad.

✔ **Amor fatuo:** Los rasgos distintivos de esta clase de amor son un alto nivel de compromiso y pasión, pero un bajo nivel de intimidad. Aparentemente Romeo y Julieta estaban bajo el influjo del amor fatuo. No podía ser de otra manera, ya que no tuvieron siquiera la oportunidad de conversar.

✔ **Compañerismo:** En este tipo de amor no hay pasión, pero sí compromiso e intimidad. El mejor ejemplo es una buena amistad.

✔ **Amor consumado:** Incluye todos los aspectos: un alto nivel de pasión, un compromiso serio y una gran intimidad.

¿Se forman en la infancia los cimientos del amor? Para algunos psicólogos, las relaciones amorosas de la edad adulta son una prolongación de los vínculos de apego de la infancia. Los niños que viven un proceso sano de apego establecen relaciones adultas más maduras y con niveles más altos de intimidad y confianza, además de que se sienten cómodos con la interdependencia. Los niños cuyas relaciones de apego se caracterizan por la ansiedad o la ambivalencia hacia sus cuidadores primarios tienden a "enamorarse" posteriormente con mucha facilidad, a buscar una cercanía afectiva exagerada desde el principio de la relación y a reaccionar intensamente ante cualquier sospecha de abandono. El personaje que Glenn Close representa en la película *Atracción fatal* tuvo, sin duda, serios problemas de apego en la infancia. Los niños que evitan las interacciones sociales tienden a sentirse incómodos con la cercanía afectiva y la dependencia constituye para ellos un problema en sus relaciones adultas.

De acuerdo con Hatfield y Rapson, todos tenemos un modelo, o esquema mental, del amor, que se forja en los primeros años y se modifica y consolida a medida que vivimos distintas clases de relaciones interpersonales. Nuestro modelo de lo que es el amor define nuestras expectativas y lo que pensamos acerca de las relaciones. Es evidente que los esquemas amorosos de quienes participan en los programas televisivos para encontrar pareja son interesantes porque sus expectativas son... interesantes, por decirlo así.

Hay seis esquemas amorosos básicos que rigen las relaciones románticas. Se diferencian por lo cómodo que se siente el individuo con la independencia y, al mismo tiempo, con la cercanía a otro ser humano y lo deseoso que está de comprometerse en una relación romántica.

✔ **Casual:** Sin ataduras ni problemas de ninguna clase.

✔ **Asfixiante:** Búsqueda exagerada de cercanía y temor a la independencia.

✔ **Voluble:** Incomodidad tanto con la cercanía como con la independencia. Dificultad para decidirse.

✔ **Seguro:** Comodidad con la cercanía y también con la independencia. Sin apresuramiento.

✔ **Escurridizo:** Temor al exceso de cercanía y comodidad con la independencia.

✔ **Desinteresado:** Indiferencia frente a la relación.

No conviene juzgar a la gente por el esquema que rige sus relaciones románticas. Al parecer, empleamos distintos esquemas en las diferentes etapas de la vida, aunque casi todos aspiramos a alcanzar el que se basa en la seguridad. Si usted considera que el suyo le está ocasionando problemas, lo mejor para empezar a resolverlos quizá sea buscar ayuda psicoterapéutica.

A propósito de problemas, uno que merece atención por su seriedad es la ira. Por una parte, no solemos expresar esta emoción sanamente, sino descontrolándonos y, por otra parte, nos dejamos llevar por ella con demasiada frecuencia. La ira es una emoción natural y, al igual que el amor, es muy importante en nuestras relaciones.

Hace algún tiempo se pusieron de moda las camisetas con la sentencia "No tengo prejuicios. Odio a todo el mundo". Ese mensaje me parece impresionante porque muestra con claridad que la ira domina cada vez más a la sociedad.

¿Cuál es el origen de la ira? Hay muchas teorías sobre esta emoción. Por ejemplo, una propone que es el resultado de los sentimientos negativos o dolorosos. Pero el problema es que muchas cosas pueden llevar a sentimientos negativos: condiciones físicas desagradables, dolor físico, restricción del movimiento y hasta sonidos demasiado altos. Los expertos han teorizado que entre las situaciones que pueden desencadenar la ira se cuentan las siguientes:

✔ Sentirse deprimido. Las personas depresivas son más propensas a sentir ira. Incluso la tristeza y el pesar pueden desencadenar esta emoción. No es inusual sentirse encolerizado cuando muere un ser querido.

✔ Ver frustrado el deseo de hacer algo. Sroufe propuso la existencia de un sistema de ira que funciona como una olla a presión. La frustración aumenta con cada obstáculo, hasta que se convierte en ira. Sin embargo, esta teoría no aclara en qué punto se pasa de la frustración a la ira.

✔ Estar separados de la persona (o personas) con la que tenemos un vínculo de apego, es decir, un vínculo emocional fuerte. Esta teoría, que se basa en la observación de las reacciones de los niños pequeños al ser separados de sus madres, se puede extrapolar a los adultos. ¿Nunca ha visto a un adulto presa de la ira porque su pareja desea terminar la relación?

A pesar de que la ira puede ser destructiva, es una emoción válida, importante y con aspectos positivos. La ira tiene una función adaptativa: nos ayuda en caso de tener que defendernos y puede disuadir a quien pretenda atacarnos. No obstante, hay que ser precavidos porque algunos individuos reaccionan ante la ira con más ira. Esta emoción tiene la capacidad de movilizar muchísima energía física en cortos períodos de tiempo. Y también la de estimular nuestra ambición.

Cuando se expresa adecuadamente, la ira no tiene por qué ser destructiva. Algunas investigaciones han revelado que los niños que expresan de forma apropiada esta emoción tienen menos problemas emocionales y sociales durante su desarrollo. Los niños pequeños a veces recurren a la ira como señal de que están frustrados y necesitan ayuda o satisfacer alguna necesidad, como el hambre.

Parte IV

¿Cómo aprendemos? Condicionamiento clásico y condicionamiento operante

The 5th Wave   Rich Tennant

"DICEN QUE QUEMASTE TU CAMA PARA DAR A ENTENDER QUE NECESITAS AYUDA; QUE EMPUJASTE MI AUTO AL LAGO PARA DAR A ENTENDER QUE NECESITAS AYUDA; Y QUE DEJASTE LAS CLASES PARA DAR A ENTENDER QUE NECESITAS AYUDA. LA PRÓXIMA VEZ QUE NECESITES AYUDA, ¿TE IMPORTARÍA SIMPLEMENTE PEDIRLA?".

En esta parte...

La cuarta parte da a conocer los importantes aportes que hizo a la psicología Iván Pavlov, el "padre" del condicionamiento clásico. Explica cómo llevó a cabo sus experimentos clásicos y da algunos buenos ejemplos que ilustran los principios básicos del aprendizaje en el ser humano. A continuación presenta la segunda teoría tradicional del aprendizaje, el condicionamiento operante, e incluye algunas definiciones de este concepto y varios ejemplos que a mí me parecen muy interesantes.

Capítulo 8

Los perros de Pavlov

. . . .

En este capítulo

▶ El condicionamiento en palabras sencillas.

▶ Los perros viejos sí aprenden trucos nuevos.

▶ Cómo se forman las asociaciones.

. . . .

¿**S**e ha preguntado por qué siente un deseo incontrolable de comer pizza cada vez que escucha el timbre de su casa? Si no se ha
hecho esta pregunta, entonces una gran cadena de pizzerías ha gastado
grandes sumas de dinero en campañas publicitarias que no están dando
resultado. ¿Por qué habría de sentir un deseo incontenible de comer pizza cuando suena el timbre de su casa? Un anuncio de televisión de esa
cadena de pizzerías muestra una pizza cubierta de queso fundido y otros
exquisitos ingredientes. Eso debería despertarle el apetito al menos un
poco. A continuación, en el anuncio suena el timbre de una casa y, en ese
momento, aparece el repartidor entregando la apetitosa pizza. Lo que
buscan los dueños de esa cadena de pizzerías es que usted, como todos
los televidentes, piense en su producto cada vez que en su casa suene el
timbre. ¿Por qué creen que eso es posible?

Dejemos de lado la pizza y pensemos durante un momento en la filosofía,
que podría revelarnos en qué radica la genialidad de los dueños de la pizzería en cuestión. Hace más de cien años, un grupo de filósofos ingleses
intentaron descubrir la naturaleza del pensamiento. Llegaron a la conclusión de que el pensamiento es una sucesión de ideas que se integran por
medio de la experiencia. Postularon que dos experiencias sensoriales que
se presentan simultáneamente quedan asociadas. Cuando una se presenta, la otra hace su aparición automáticamente. Esos filósofos ingleses
llamaron *aprendizaje asociativo* a ese proceso porque los hechos o experiencias se asocian debido a que ocurren al mismo tiempo. Cada vez que
entro en la autopista quedo en medio del tránsito. Autopista → tránsito
de vehículos. Los dos van juntos. Están asociados.

Para que se forme una asociación, se requieren dos condiciones:

✔ **Contigüidad:** Sólo se forman asociaciones cuando los sucesos ocurren al mismo tiempo. Por ejemplo, cuando me despierto los lunes me deprimo al pensar que tengo que ir a trabajar y que tengo toda la semana laboral por delante. Por lo tanto, en mi caso hay una asociación entre despertarme y pensar en el trabajo.

✔ **Frecuencia:** Cuanto más frecuentemente se presentan juntos dos (o más) sucesos, tanto más fuerte es la asociación entre ellos.

El genio que ideó los anuncios de la pizzería seguramente estudió con ingleses de esa tradición psicológica. O quizás aprendió en clase de psicología qué es el aprendizaje asociativo. Los anuncios utilizan la ley de la contigüidad para tratar de que los televidentes asocien el sonido del timbre de su casa con el deseo de comer pizza. Así, cada vez que oímos el timbre pensamos: "¡Qué rico sería comer pizza! Encarguemos una".

Una investigación casi surrealista

¿Cómo se sentiría si tuviera que investigar los patrones de salivación de los perros? Yo preferiría ir al dentista. Pero no a todo el mundo le disgusta realizar estudios de esa índole. Un hombre valiente, el fisiólogo ruso Iván Pavlov, realizó investigaciones sobre el proceso de la digestión utilizando perros como sujetos de experimentación. Pavlov observó que la presentación del alimento activaba automáticamente en los animales la respuesta de salivación.

Haga la prueba. Piense en algo delicioso y fíjese si se le hace agua la boca. ¿Ha funcionado? Seguramente sí porque salivar es una reacción refleja ante la comida. Es el mecanismo que prepara al organismo para recibir los alimentos. La saliva descompone los alimentos y facilita su paso por el sistema digestivo.

Pavlov inventó un mecanismo para recoger la saliva directamente de las glándulas salivales de los perros mientras realizaba sus experimentos. Eso le permitía saber cuánta saliva habían producido los animales de forma refleja. Imagínese un perro atado dentro de una jaula con un tubo conectado a sus glándulas salivales y a ese excéntrico científico contando cada gota de saliva. Ni en Hollywood se les habría ocurrido una escena más surrealista.

Un día, Pavlov notó algo extraño: a veces los perros salivaban en ausencia de alimento. ¿Qué estaba pasando? Pavlov explicó el fenómeno por medio del concepto de asociación. Los perros habían aprendido a asociar otros estímulos con la comida. Pero ¿cuáles? Realizó muchos experimentos para descubrir cómo habían aprendido a asociar automáticamente el alimento con estímulos totalmente distintos, al extremo de producirles salivación. Un experimento típico de Pavlov era como sigue:

1. Colocaba los perros en las jaulas con tubos conectados a las glándulas salivales.

2. Tocaba una campana y observaba si salivaban o no. Pavlov observó que los perros no salivaban.

3. Tocaba una campana, esperaba unos segundos y luego presentaba el alimento a los perros. Observó que salivaban.

4. Repitió varias veces el paso anterior, pero haciendo más contigua la presentación del sonido de la campana y el alimento. Cada presentación de los estímulos con esta relación de contigüidad se llama *ensayo*.

5. Cuando se sintió satisfecho con el número de ensayos, tocó la campana, pero no presentó alimento a los perros.

6. Descubrió que el sonido de la campana, por sí solo, producía salivación en los perros.

Estímulos y respuestas condicionados

El descubrimiento de Pavlov se conoce como *condicionamiento clásico*. Tras realizar un gran número de experimentos, identificó cuatro componentes fundamentales en este tipo de condicionamiento:

✔ **Respuesta incondicionada (RI):** Cuando les presentaban el alimento, los perros salivaban automáticamente, es decir, presentaban el reflejo de segregar saliva. No habían aprendido a hacerlo. Nadie había tenido que enseñarles a salivar en presencia del alimento. Pavlov denominó a esa reacción *respuesta incondicionada* o no aprendida. Las pizzerías confían en que la imagen de sus deliciosas pizzas hagan sentir automáticamente a los televidentes un deseo incontenible de comer pizza. Pero como saben que ese deseo disminuye después de cenar, presentan sus anuncios antes de la hora en que la mayoría de la gente suele comer.

✔ **Estímulo incondicionado (EI):** El alimento que Pavlov presentaba a los perros se llama *estímulo incondicionado* porque produce una respuesta incondicionada. Alimento → salivación. ¡Fácil!

✔ **Estímulo condicionado (EC):** El sonido de la campana que Pavlov utilizaba en sus experimentos típicos se llama *estímulo condicionado*.

Ese sonido se condicionaba, o asociaba, con el alimento, gracias a que presentaba repetidamente a los animales esos dos estímulos con una relación de contigüidad. Los experimentos de condicionamiento clásico buscan que después de un número suficiente de ensayos el estímulo condicionado produzca por sí solo la respuesta deseada.

✔ **Respuesta condicionada (RC):** Cuando el estímulo condicionado (EC) adquiere la capacidad de producir la respuesta incondicionada (RI) en ausencia del estímulo incondicionado (EI), esa respuesta se denomina *respuesta condicionada* (RC). En forma simbólica, la tabla 8-1 aclara este concepto:

Tabla 8-1		Condicionamiento clásico
Ensayo número		*Estímulos*
	EI → RI	(El alimento produce salivación de manera automática)
1	EC + EI → RI	(Campana + alimento produce salivación)
2		(Campana + alimento)
3		(Campana + alimento)
...		(Campana + alimento varias veces más)
10	EC → RC	(Campana por sí sola produce salivación)

El fenómeno de la extinción

El poder del condicionamiento clásico es impresionante. Por ejemplo, al emparejar dos estímulos, es decir, al presentar uno inmediatamente después del otro, una cantidad suficiente de veces, llega el momento en que el EC produce la respuesta deseada. Pero si, cuando el EC ya produce por sí solo la respuesta, se suspende el emparejamiento de los dos estímulos, el EC pierde la capacidad de generar esa respuesta. Cuando un EC se presenta suficientes veces sin el EI, llega un momento en que deja de producir la RC. Este fenómeno se llama *extinción* y es útil para revertir el proceso de condicionamiento clásico. Por ejemplo, los perros de Pavlov aprendieron a salivar al oír la campana; pero si les hubieran seguido presentando ese sonido sin entregarles comida, finalmente habrían dejado de salivar ante él.

Pero eso no es todo. Si después de haber ocurrido la extinción se vuelve a introducir el EI, se presenta un fenómeno sumamente interesante, llamado *recuperación espontánea*. Esto quiere decir que el EC recupera la capacidad de generar la respuesta condicionada (RC). Así que usted puede utilizar el condicionamiento clásico para enseñar a un perro viejo trucos nuevos y después puede revertir el proceso mediante la extinción. Con esta habilidad, nunca volverá a aburrirse en las reuniones sociales porque deslumbrará a sus amigos con los trucos del condicionamiento clásico.

Si está pensando en aplicar el condicionamiento clásico, haga esto:

1. Reúna a varias personas. Compre varios sobres de limonada en polvo (es muy amarga cuando se toma sin azúcar). Dele un sobre a cada participante.

2. Pida a todos que prueben el polvo tomando un poquito con la punta de un dedo (éste es el EI). Luego pídales que se fijen si se les llena la boca de saliva (esto debe ocurrir).

3. Luego elija un EC (por ejemplo, una campana, una luz, un silbido o cualquier cosa). Ahora proceda a emparejar una y otra vez el EC que haya elegido con el sabor de la limonada en polvo (EC → EI → RI varias veces). Después de diez a veinte ensayos, presente varias veces únicamente el EC y pida a los participantes que se fijen si la boca se les ha hecho agua. ¡Seguro que sí! Eso es condicionamiento clásico. Si quiere sorprenderlos aún más, proceda a la extinción y a la recuperación espontánea.

Vale la pena mencionar otro método para revertir los efectos del condicionamiento clásico. Ya ha hecho la prueba con la limonada y ha enseñado a sus sujetos a salivar ante el estímulo que usted ha elegido. Si desea revocar ese efecto, elija otro EI para que la RI sea distinta y condicione clásicamente el EC que usted elija con el nuevo EI. Este proceso se denomina *contracondicionamiento*.

El contracondicionamiento funciona particularmente bien cuando el nuevo EI produce una respuesta incompatible con la RC anterior. Si la RC anterior era segregar saliva, quizás usted quiera elegir ahora un EI que produzca sequedad bucal. Se me ocurre... comer arena. Le garantizo que si condiciona clásicamente el sonido de una campana y comer arena, al sonido le resultará bastante difícil producir de ahí en adelante la vieja RC, segregar saliva. A menos, claro está, que revierta por completo el proceso. Pero recuerde que debe dejar descansar a sus sujetos de vez en cuando y no le recomiendo que convierta lo de la arena en un juego de mesa.

Generalización y discriminación

Probablemente usted está pensando: "Qué bien. Puedo enseñar a mi perro a salivar ante el sonido de una campana. Pero ¿para qué sirve eso?" El condicionamiento clásico es un fenómeno sumamente importante desde el punto de vista de la supervivencia humana, porque nos ayuda a aprender sin esfuerzo y sólo mediante asociaciones. Esto es sumamente beneficioso. Cuando hemos asociado un EC con un EI y el EC está produciendo la RC, es posible ampliar automáticamente ese aprendizaje mediante un proceso conocido como *generalización*.

Hay generalización cuando algo similar al EC (llamémoslo EC-2) produce una RC, aun cuando nunca hayamos aprendido a asociar el EC-2 con el EI original. Por ejemplo, cuando alguien ha aprendido a asociar determinado gesto, como fruncir el ceño con violencia, al ver ese gesto (EC) sentirá miedo (RC), a pesar de que en el pasado sólo un puño en actitud de golpear o una amenaza verbal (EI) le producían miedo (RI). Entonces, es posible generalizar el EC "fruncir el ceño" y sentir miedo, por ejemplo, ante una mirada sostenida y directa a los ojos (EC-2). La generalización salva vidas y contribuye a la adaptación porque nos permite aplicar lo que hemos aprendido a situaciones nuevas.

Sin embargo, la generalización puede ser contraproducente. Por ejemplo, si un perro dóberman negro me ataca, de ese momento en adelante podría sentir miedo cada vez que vea cualquier perro negro, incluso un chihuahua. Otro ejemplo son las traumáticas experiencias de los veteranos de guerra, que con frecuencia se convierten en el llamado trastorno de estrés postraumático. Hombres que desarrollaron una fuerte reacción de miedo ante, por ejemplo, el tableteo de las ametralladoras pueden reaccionar del mismo modo al oír un ruido intenso, como el de la explosión que producen algunos vehículos viejos por el caño de escape. Esto les complica mucho la vida porque en las áreas urbanas, donde vive tanta gente, los ruidos son muchos y pueden ser ensordecedores.

Generalizar en exceso lo que hemos aprendido indica que no estamos recurriendo a un proceso llamado *discriminación*. Tenemos que aprender a discriminar los estímulos, es decir, a captar la diferencia que hay entre ellos, por ejemplo, entre el tableteo de una ametralladora y la explosión de un vehículo por el caño de escape. La discriminación se aprende cuando el EC-2 (o 3 o 4 o cualquiera) se presenta una cantidad suficiente de veces sin generar la respuesta. Esto nos indica que sólo el EC y no el EC-2, produce la RC.

Reglas del condicionamiento

Todo esto parece fácil, ¿verdad? Un estímulo se presenta inmediatamente después de otro hasta que el primero empieza a generar la respuesta que le corresponde al segundo. Hasta ahora, el proceso ha sido directo. No obstante, es preciso observar algunas reglas para que este proceso de condicionamiento, relativamente sencillo, no se convierta en una tarea imposible.

¿Qué habría sucedido si Pavlov hubiera presentado el sonido de la campana (EC) después del alimento (EI)? ¿O si hubiera tocado la campana por ejemplo quince minutos antes de presentar a los perros el alimento?

Si Pavlov hubiera presentado el EI antes que el EC, se habría producido *condicionamiento hacia atrás* y los perros no habrían formado ninguna asociación, o habrían formado una demasiado débil. Y si hubiera tocado la campana mucho antes de presentarles a los perros el alimento, probablemente no habrían formado ninguna asociación o se habría producido un *condicionamiento huella,* que se caracteriza por el desarrollo de asociaciones demasiado débiles.

En conclusión, para que se produzca aprendizaje por condicionamiento clásico, o sea, para que se forme la asociación, es absolutamente imprescindible que haya contigüidad entre los estímulos y que el EC se presente antes del EI. Como se puede ver, el condicionamiento hacia atrás y el condicionamiento huella no son muy eficaces.

Las condiciones para que se establezca una asociación fuerte son:

✔ Presentar el EC justo antes del EI y mantenerlo "activo" mientras aparece el EI. Esto permite que el sujeto perciba la relación de contigüidad entre los estímulos.

✔ Hacer muchos ensayos emparejando los estímulos condicionado e incondicionado. La fuerza de la asociación entre los estímulos es un resultado directo de la frecuencia de su emparejamiento.

✔ Elegir un EC fuerte o intenso. Por ejemplo, una luz intensa se condiciona con más facilidad que una luz tenue y un sonido fuerte, con más facilidad que uno débil. Si quiere que su EC produzca la RC, imprímale energía.

Continuemos con el tema de la contigüidad

No hay que creer que la única condición para que se produzca aprendizaje por condicionamiento clásico es presentar repetidas veces un EC intenso antes que un EI.

De acuerdo con la regla de la contigüidad, dos estímulos se asocian cuando uno se presenta inmediatamente después del otro. Las cosas no habrían pasado de ahí si no hubiera aparecido en el panorama un estudiante de psicología llamado Robert Rescorla.

Según Rescorla, entre el EC y el EI no sólo tiene que haber una relación de contigüidad, sino que el EC debe predecir puntualmente la aparición del EI. Ésta es la llamada *regla de contingencia*. Si el EC se presenta al azar (por ejemplo, un minuto o siete minutos o dos minutos o doce minutos antes del EI), el sujeto (animal o humano) no podrá predecir la llegada del EI. En otras palabras, el EC no tendrá poder de predicción. Entre la presentación de los dos estímulos tiene que haber una relación que le permita al sujeto prever, con un alto grado de certeza, que el EI está próximo a aparecer.

Aunque agregar un nuevo requisito para el condicionamiento clásico es un importante logro para un estudiante, el aporte de Rescorla iba más allá. Posteriormente y junto con Allan Wagner, otro psicólogo, hizo una gran contribución a la teoría del aprendizaje. De acuerdo con el modelo Rescorla-Wagner (1972), para que el EC tenga máxima eficacia, debe ser inesperado. El proceso de aprendizaje depende también del elemento sorpresa. Si cada vez que el sujeto ve el EC espera que aparezca el EI, aprenderá a asociarlos, pero pronto la fuerza de la asociación llegará a su punto máximo. Esa fuerza aumentará extraordinariamente al principio, pero se nivelará a medida que el EC pierda novedad y se vuelva previsible. Por lo tanto, la fuerza de la asociación es una función del grado de sorpresa. Cuanto más nuevo sea el EC, tanto más fuerte será la asociación.

¿Por qué funciona el condicionamiento clásico?

Usted ya sabe cómo se condiciona clásicamente una conducta y conoce las reglas que se deben observar para que se produzca este tipo de aprendizaje (si no lo sabe, revise las secciones anteriores de este capítulo). La utilidad del condicionamiento clásico es indiscutible. Nos ayuda a aprender acerca de nuestro entorno y nos confiere una mayor adaptabilidad. ¿Por qué funciona? ¿Por qué asociamos estímulos que previamente no tenían ninguna relación?

Pavlov creía que la asociación entre los dos estímulos, el condicionado y el incondicionado, era el resultado de la activación simultánea de dos áreas diferentes del cerebro. Esa activación formaría una nueva "ruta" entre esas áreas, como si se tratara de un cable de teléfono que uniera dos casas que previamente estaban desconectadas. Cuando se activa el EC, el EI "recibe la llamada" gracias a esa nueva conexión.

Clark Hull planteó otra explicación. Según él, la asociación se forma entre el EC y la RI, que luego se convierte en la RC. Los científicos hacen un despliegue de creatividad a la hora de comprobar el poder de predicción de las teorías. Esa creatividad es esencial para diseñar las pruebas experimentales. Holland y Staub se propusieron probar la teoría de Hull y condicionaron ratas utilizando ruido y bolitas de comida.

Según Pavlov, las ratas aprendían a asociar el ruido con el alimento. Pero Holland y Staub confrontaron la noción de Pavlov con la de Hull, haciendo del alimento un EI carente de atractivo. Para eso, colocaron a las ratas en una plataforma giratoria y las hicieron dar vueltas hasta producirles náuseas. Después de un rato les volvieron a presentar el ruido, pero las ratas no manifestaron la conducta de comer.

Pavlov creía que la asociación original se formaba entre el sonido y el alimento. Pero Hull predijo que restar valor al EI no produciría ninguna diferencia en la respuesta del animal, ya que estaba seguro de que la asociación crítica era entre el sonido (EC) y la conducta de comer (RI). Pero sí hubo diferencia. La teoría de Hull sostiene que la asociación se forma entre el sonido y la respuesta, que es comer. Por lo tanto, dar vueltas a los animales en una plataforma y restar atractivo al alimento no tendría que producir ninguna diferencia. Pero Hull estaba equivocado. Tiene que existir una conexión entre el EC y el EI.

Entonces, la teoría del condicionamiento clásico de Pavlov se impuso. Y no por simple tradición, sino por su poder de predicción. Pero no hemos terminado con el tema del aprendizaje. El capítulo 9 continúa con nuevas experiencias.

Los gatos de Thorndike y las ratas de Skinner

*L*os atletas y los apostadores son los individuos más supersticiosos que hay. Cuando yo jugaba al béisbol en la universidad, el lanzador utilizaba la misma camiseta, sin lavar, mientras nuestro equipo siguiera ganando. A algunos de sus compañeros no nos habría molestado perder con tal de que lavara la camiseta. Hay atletas que llevan consigo amuletos de la buena suerte y otros que llevan a cabo rituales o complicadas rutinas con la esperanza de seguir por el camino del éxito.

Yo tenía unas cuantas supersticiones. No podía sacudir el polvo con el bate sólo a uno de mis zapatos de béisbol. Tenía que sacudir la suciedad a los dos, aunque uno estuviera limpio. Y cuando corría por el diamante no pisaba jamás la línea blanca. Al parecer, los demás jugadores nunca se percataron de mis supersticiones. Ellos tenían las suyas, que por cierto eran bastante curiosas. Cuando comencé a estudiar psicología, empecé a preguntarme dónde o cómo las había adquirido. ¿Cómo aprendí que si pisaba la línea blanca jugaría mal? Seguramente una vez que lo hice jugué mal. Entonces, indudablemente percibí una conexión entre lo que había hecho (pisar la línea) y lo que me había ocurrido (jugar mal); es decir, entre mi conducta y una consecuencia, en este caso, negativa. Los psicólogos llaman a estas asociaciones *aprendizaje supersticioso*.

Cuando existe una relación entre la conducta y una consecuencia particular, positiva o negativa, se produce un tipo de aprendizaje. Hemos aprendido que cuando hacemos A, sigue B. Los psicólogos conductuales, o del aprendizaje, consideran que todo aprendizaje es un proceso de *condicionamiento,* es decir, de asociación entre sucesos.

En el capítulo 8 expliqué qué es el condicionamiento clásico, una clase de aprendizaje en el que dos hechos se asocian. En este capítulo explicaré qué es el *condicionamiento operante,* una modalidad de aprendizaje en el que un suceso importante necesariamente sigue a una conducta específica. Piense en esto:

Todos los meses recibo mi sueldo. ¿Me pagan sólo por sentarme y ocupar una oficina? No, me pagan por desempeñar las funciones propias de mi cargo, por trabajar. Hago algo y a continuación ocurre algo. Trabajo y me pagan. ¿Trabajaría si no me pagaran? Probablemente no, por dos razones. Primero, porque tengo cosas más agradables que hacer con mi tiempo que trabajar gratis. Segundo y de acuerdo con la teoría del condicionamiento operante, porque me pagan. O sea que mi conducta de trabajar va seguida de una recompensa, de una consecuencia positiva. En 1993, David Lieberman afirmó que el condicionamiento operante se denomina así porque las respuestas (o conductas) operan en nuestro entorno para producir consecuencias.

El condicionamiento operante funciona en el hogar, en el trabajo, en fin, en todas partes. Por ejemplo, los padres recompensan a sus hijos para lograr que hagan sus deberes. En la siguiente sección veremos cómo funciona esta modalidad de condicionamiento.

Thorndike y sus gatos

Hemos visto que cuando hacemos algo, sucede algo. Pero ¿qué pasa después? Sin duda, el cheque que recibo regularmente ejerce algún efecto en mí, dado que sigo yendo a la oficina mes tras mes. En 1911, Edward Thorndike formuló la *ley del efecto,* que se refiere justamente a la influencia de las consecuencias en el comportamiento.

Thorndike estudió este fenómeno utilizando gatos como sujetos de investigación. Construyó una caja de trucos en madera, con barrotes espaciados y una puerta que se abría mediante un mecanismo especial. Metió dentro de la caja a un gato hambriento y cerró la puerta. Luego puso comida en un plato que colocó fuera de la caja, pero que el gato veía a través de los barrotes. Suena cruel, ¿verdad? Aunque el pobre gato hacía el esfuerzo de alcanzar la comida por entre los barrotes, no lo lograba. La única manera en que podía alcanzarla era que él o Thorndike abrieran la puerta.

Sabemos que, como experimentador, Thorndike no iba a abrir la puerta. Por lo tanto, el gato tenía que encontrar la forma de hacerlo. No sé si usted habrá visto a algún gato abrir una puerta. Yo, por lo menos, jamás he visto eso. ¿Qué iba a hacer entonces nuestro héroe? ¿Abriría la puerta y devoraría el preciado alimento? ¿O pondría el problema en manos de un perverso psicólogo? No se pierda el próximo capítulo...

Como buen científico, Thorndike tuvo paciencia y esperó a que el gato se las arreglara sin ayuda. Observó y esperó todo el tiempo que fue necesario. El gato estaba desesperado, arañaba la caja, sacaba una u otra pata, maullaba, golpeaba las paredes y probaba conductas al azar. Pero en cierto momento sucedió algo extraordinario. El gato golpeó accidentalmente el pestillo que mantenía cerrada la puerta y ¡la caja se abrió! ¡Bravo! El gato se alimentó y todos vivieron felices de ahí en adelante.

¿Qué aprendió Thorndike con ese pequeño experimento? Nada, porque no había concluido su estudio. Entonces metió al gato en la caja nuevamente. Ningún problema, ¿verdad? El gato sabía lo que tenía que hacer: simplemente golpear el pestillo. Pero cuando se vio encerrado de nuevo, se comportó como si no supiera que tenía que golpear el pestillo para abrir la puerta. Actuó como antes, es decir, presentando toda clase de conductas al azar.

Pero tranquilícese porque el gato volvió a golpear el pestillo accidentalmente y recibió su recompensa una vez más. Thorndike repitió ese experimento muchas veces e hizo una importante observación. El gato tardaba cada vez menos en descubrir que la clave para obtener la comida era el pestillo. ¿Por qué? Thorndike argumentó que el alimento ayudaba al animal a aprender que había una asociación entre golpear el pestillo y escapar de la caja.

La ley del efecto de Thorndike postula: "De las diversas conductas que un animal puede presentar en una situación determinada, aquellas que van seguidas de inmediato por una gratificación (manteniendo invariables los demás factores) se asocian más fuertemente con la situación, de modo que cuantas más veces obtenga la gratificación, tanto más probable es que vuelva a presentar esa conducta... Cuanto mayor es la satisfacción... tanto más fuerte es la asociación entre los sucesos". En este caso, entre aprender a abrir la caja y la consecuencia de obtener alimento. La conducta del gato de abrir la caja es como mi trabajo y el alimento es como el cheque que recibo cada mes.

Volviendo a la inquietud inicial sobre si el cheque que recibo mensualmente influye en mí, sólo puedo decir que sigo trabajando. Lo mismo hicieron los gatos de Thorndike: siguieron abriendo la caja para obtener alimento. Por lo tanto, la consecuencia que obtengo por trabajar me mantiene trabajando.

Cómo lograr que su hijo se porte bien: reforzamiento y castigo

La consecuencia de una acción o hecho que aumenta la probabilidad de que esa acción o hecho se vuelva a presentar se denomina *reforzador.* Es como recibir una recompensa. Cuando hacemos algo que va seguido de una consecuencia positiva, tendemos a repetir la acción que produjo esa consecuencia. El condicionamiento operante tiene que ver con los efectos de las consecuencias en nuestro comportamiento.

B. F. Skinner, un prominente psicólogo conductista, también utilizó animales como sujetos de investigación para estudiar el tema del condicionamiento operante. Construyó la llamada *caja de Skinner,* con una palanca en el interior. Cuando el animal presionaba la palanca, salía una bolita de comida de una casilla. El propósito de Skinner era saber si las ratas podían aprender a presionar la palanca para recibir alimento. Pero no era un trabajo fácil, porque las ratas no están acostumbradas a obtener alimento de esa manera.

Para facilitar las cosas, Skinner recurrió al *moldeamiento,* un procedimiento que consiste en recompensar las conductas que se aproximan a la conducta objetivo. Skinner entregaba a las ratas alimento por realizar conductas parecidas, pero no idénticas, a la respuesta requerida. El moldeamiento se realizaba gradualmente hasta que en algún momento las ratas presionaban la palanca y recibían el reforzador, en este caso el alimento. Cuando las ratas "aprendían" el procedimiento, presionaban la palanca para obtener comida del mismo modo que los gatos de Thorndike habían aprendido a abrir la puerta de la caja. La idea era la misma. Las ratas aprendían porque la recompensa (el alimento) les "enseñaba" a presionar la palanca.

Tanto los gatos de Thorndike como las ratas de Skinner aprendieron porque fueron recompensados con comida. Aun cuando el alimento es una poderosa gratificación para cualquier animal, es apenas uno entre una gran variedad de reforzadores. Todo lo que aumenta la probabilidad de que una conducta se repita se puede utilizar como recompensa o reforzador. Por ejemplo, comida, dinero, recreo, vacaciones y muchísimas cosas más.

Reforzamiento y reforzadores

Hay dos clases de reforzamiento:

✔ **Positivo:** Se habla de reforzamiento positivo cuando la entrega de un reforzador aumenta la probabilidad de que una conducta se vuelva a presentar.

✔ **Negativo:** Se habla de reforzamiento negativo cuando la retirada de un estímulo nocivo, desagradable o dañino, aumenta la probabilidad de que una conducta se vuelva a presentar.

Vale la pena insistir en que el principio básico del condicionamiento operante es que los comportamientos que son reforzados (positiva o negativamente) tienen una probabilidad más alta de volverse a presentar. Pero ¿sirve esto para todos los reforzadores? Si Skinner hubiera dado a las ratas unos cuantos dólares cada vez que presionaran la palanca, ¿habrían aprendido de todos modos esa respuesta? Es obvio que no. Hay muchas diferencias entre los reforzadores y esas diferencias determinan el impacto que ejercen en la conducta. No todas las consecuencias son gratificantes o reforzadoras.

Hay dos clases de reforzadores positivos:

✔ **Reforzadores primarios:** Son recompensas que para ser eficaces no requieren entrenamiento previo por parte del sujeto. Entre los reforzadores primarios están el alimento y las sensaciones físicas agradables. En 1971, David Premack expuso la interesante noción de que los reforzadores primarios se pueden identificar observando cómo emplean las personas la mayor parte de su tiempo. Si dedican mucho tiempo a ver la televisión, a andar en bicicleta o a dormir, se puede decir que esas actividades constituyen reforzadores primarios. Según el *principio de Premack*, las conductas que tienen una alta probabilidad de presentarse sirven para reforzar las conductas que tienen poca probabilidad de acontecer. Es como cuando los padres utilizan el postre para que los niños se coman la verdura. Si el niño quiere comer postre (una conducta con alta probabilidad de presentarse), se comerá primero la verdura (una conducta con baja probabilidad de acontecer).

✔ **Reforzadores secundarios:** Son cosas o sucesos que adquieren el poder de reforzar mediante la experiencia y el aprendizaje. Esto se produce asociando por condicionamiento clásico el reforzador secundario con un reforzador primario (ver el capítulo 8). Los entrenadores de delfines tocan un silbato a la vez que recompensan a los animales dándoles peces. Finalmente los delfines asocian el silbido con el alimento y ese sonido se convierte en un reforzador.

Según David Lieberman, algunos investigadores afirman que el silbido es sólo una señal y no un sustituto del alimento. Las investigaciones sobre este tema todavía no han proporcionado resultados concluyentes.

Tras determinar qué tiene poder reforzador para el sujeto, humano o animal, se puede influir en su comportamiento entregándole consecuencias positivas (o recompensas) por realizar la conducta objetivo. Por ejemplo, el gerente de una oficina tiene problemas porque sus subalternos suelen llegar tarde después de comer. ¿Qué puede hacer? En primer lugar, debe descubrir qué tiene poder reforzador para el grupo o para los distintos individuos. Luego debe empezar a dar consecuencias positivas (recompensas) a los que realicen la conducta objetivo de regresar a tiempo a la oficina. Podría darles pequeños regalos, dinero o adhesivos con una cara sonriente.

Analicemos ahora el concepto de reforzamiento negativo, que muchos encuentran confuso. ¿Cómo es que quitarle algo a alguien, o retirar un estímulo desagradable, aumenta la probabilidad de que una conducta se presente? ¿Ha tenido usted alguna vez un perrito que ha llorado una noche entera y no lo ha dejado dormir? Si estaba en otra habitación o en el garaje, con seguridad usted se levantó y fue a ver qué le sucedía. ¿Qué pasó cuando el cachorrito lo vio? Dejó de llorar, ¿verdad? Entonces usted regresó a su habitación y se volvió a dormir. Sin embargo, estoy seguro de que unos minutos más tarde el llanto del animalito lo volvió a despertar y usted se volvió a levantar para ver qué le pasaba.

El problema es que su conducta (la suya, no la del perrito) estaba bajo el control de un reforzador negativo. El llanto del perrito era un estímulo molesto. Cuando usted se acercaba a ver qué le pasaba, el perrito dejaba de llorar, lo que aumentaba la probabilidad de que usted fuera a ver qué le pasaba cada vez que lloraba. En otras palabras, su conducta de levantarse e ir al garaje estaba siendo reforzada negativamente, mientras que la conducta de llorar de su cachorrito estaba siendo reforzada positivamente por la atención que usted le brindaba. ¿Cuál de los dos controlaba la situación, el cachorrito o usted?

Volviendo al gerente de oficina, si grita a sus subalternos cada vez que llegan tarde, lo más probable es que empiecen a llegar a tiempo sólo para no tener que oír esos gritos. Éste es otro ejemplo de reforzamiento negativo.

¿En qué momento se debe reforzar la conducta?

¿Qué habría pasado si el gerente hubiera esperado hasta la fiesta de Navidad de la oficina para reforzar la conducta de los empleados que sí regresaban a tiempo después de la comida? Lo más probable es que ya hubieran olvidado los inconvenientes ocasionados por el retraso de sus colegas y recibieran encantados el regalo sin experimentar sus efectos reforzadores.

Investigaciones realizadas por G. R. Grice y K. W. Spence han demostrado que el reforzador debe presentarse inmediatamente después de la respuesta deseada, o lo más pronto posible. Dejar pasar demasiado tiempo impide que el sujeto (humano o animal) asocie la conducta objetivo con la consecuencia reforzante. Los gatos de Thorndike no habrían logrado salir nunca de esas cajas si la recompensa hubiera sido un bono para canjear por alimentos en su próxima visita a una tienda de alimentos para gatos.

¡Mereces un castigo!

Como ya hemos visto, hablamos de reforzamiento positivo y reforzamiento negativo para referirnos a las consecuencias que aumentan la probabilidad de que una conducta se vuelva a presentar. Pero no hemos hablado del castigo, otra consecuencia de la conducta. *Castigo* es cualquier consecuencia que reduce la probabilidad de que una conducta se presente de nuevo. Hay dos tipos de castigo. El *castigo positivo*, que es el más utilizado, conlleva una consecuencia desagradable o negativa. El *castigo negativo* conlleva el retiro de algo reforzador o positivo, como el permiso de andar en bicicleta o de ver la televisión.

El castigo se utiliza profusamente para tratar de modificar la conducta de los demás. El gerente de la oficina podría haberse limitado a castigar a sus subalternos por llegar tarde. Los padres castigan a sus hijos. La justicia castiga a los delincuentes que han sido declarados culpables. Las tarjetas de crédito castigan a los clientes que se atrasan en sus pagos. Estamos rodeados de castigos por todas partes.

Muchas personas son partidarias del castigo, pero muchas otras se oponen a él. Incluso, hay quienes atribuyen la mala conducta de algunos niños al hecho de que sus padres nunca los castigan. Sin embargo, algunos padres modernos no están de acuerdo con el castigo porque, según ellos, no funciona. ¿Por qué?

El castigo es un medio sumamente eficaz para suprimir conductas. No obstante, hay que tener en cuenta varios aspectos:

✔ La intensidad del castigo debe ser la mínima necesaria para suprimir la conducta indeseada. No debe ser demasiado leve porque, si se aumenta gradualmente, quien lo recibe podría habituarse poco a poco. Tampoco debe ser demasiado severa por las graves consecuencias que acarrea. Para que el efecto sea duradero, el castigo debe ser fuerte, pero no en exceso.

✔ Para que sea eficaz, el castigo debe imponerse inmediatamente después de la conducta que se pretende suprimir. Castigar a los hijos tres semanas después de que hayan roto la lámpara no tendrá ningún efecto, porque no habrá una relación clara entre la conducta y la consecuencia.

✔ El castigo debe ser firme y coherente. Y siempre se debe explicar claramente a la persona por qué está siendo castigada.

Desde luego que mucha gente se siente incómoda ante la idea de infligir dolor o sufrimiento a otro ser humano con el objeto de modificar su conducta. El castigo tiene algunos efectos negativos:

✔ Genera temor. La persona aprende a prever futuros castigos, lo que puede conducir al desarrollo de un estado de ansiedad. Esto tiene consecuencias graves para su vida y puede llevar a la evitación y la apatía.

✔ La agresividad es otro resultado indeseable del castigo. He trabajado en prisiones y he visto a muchos hombres volverse más agresivos, coléricos y hasta miedosos como resultado de las duras condiciones de la reclusión. Pero cuando, supuestamente "rehabilitados", quedan libres y les llega el momento de salir al exterior, no logran hacer la transición porque se han convertido en seres disfuncionales.

La conducta que no se refuerza es conducta que se extingue

¿Qué ocurre si se suspende el reforzamiento cuando el individuo ya está presentando la conducta deseada? Dependiendo de la frecuencia con que haya sido reforzada, llega un momento en que deja de emitir esa conducta. Le aseguro que si me dejaran de pagar el sueldo, no tardaría en dejar de trabajar. Suspender una conducta como resultado del retiro del reforzador se denomina *extinción*. Al igual que el castigo, la extinción es un método útil para suprimir conductas. El capítulo 8 contiene más información sobre el tema de la extinción.

Programación del reforzamiento

¿Se ha preguntado por qué tanta gente no puede dejar de jugar en los casinos a pesar de que siempre pierde? Aunque los casinos siempre terminan ganando, los clientes no logran alejarse de ellos por mucho tiempo.

El motivo por el que tantas personas siguen jugando en los casinos a pesar de sus malas experiencias son los *programas de reforzamiento,* es decir, las condiciones que se han establecido en cuanto a las conductas que serán reforzadas y el momento en que recibirán el reforzador. Hay cuatro programas de reforzamiento y cada uno produce efectos distintos en la conducta:

✔ Programas de razón fija.

✔ Programas de razón variable.

✔ Programas de intervalo fijo.

✔ Programas de intervalo variable.

La modalidad más común de reforzamiento es quizás el *reforzamiento continuo,* que implica presentar un reforzador cada vez que el sujeto emite la respuesta deseada. Cada vez que manipulo la palanca de la máquina tragamonedas, ¡gano! Sí, de acuerdo, estoy pensando con el deseo. El reforzamiento continuo es útil para la fase de moldeamiento o adquisición de la conducta. Aprender nuevos comportamientos toma tiempo y el reforzamiento continuo nos ayuda a aprender más rápido. Pero tiene el inconveniente de que la conducta que ha sido reforzada se extingue deprisa. Si mi jefe me refuerza cada vez que vuelvo a tiempo a la oficina después de la comida, en el momento en que deje de hacerlo yo dejaré de llegar a tiempo.

En la vida real el reforzamiento no suele ser continuo, sino intermitente, esporádico. No ganamos cada vez que manipulamos la palanca de la máquina tragamonedas. El reforzamiento que no es continuo se llama *reforzamiento parcial.* Hay dos clases de programas de reforzamiento parcial y cada uno se subdivide dependiendo de lo predecible o impredecible que sea la aparición del reforzador:

✔ Los *programas de razón* constituyen el primer tipo de reforzamiento parcial. En estos programas, el reforzador sólo se entrega cuando el sujeto ha emitido un número predeterminado de respuestas. Si un padre quisiera utilizar con su hijo un programa de razón, tendría que entregarle la recompensa cuando haya obtenido determinada calificación o cuando haya arreglado su habitación un número predeterminado de veces.

- Los programas de razón se diferencian según requieran un número fijo o variable de respuestas para entregar el reforzador. Cuando se utiliza un programa de reforzamiento de *razón fija* (ver figura 9-1), el reforzador solamente se entrega cuando el sujeto ha emitido la conducta elegida un número preestablecido de veces. Por ejemplo, si decido premiar a mi hijo cada vez que obtenga dos sobresalientes en la escuela, esta condición no debe cambiar. Sólo lo reforzaré cuando se cumpla esta condición.

- En los programas de reforzamiento de *razón variable* (ver figura 9-2), el reforzador se presenta cada vez que el sujeto emite la respuesta elegida un número variable de veces. El reforzador es, entonces, impredecible para el sujeto. Volviendo al ejemplo anterior, con un programa de razón variable no reforzaría a mi hijo únicamente cuando haya obtenido dos sobresalientes, sino, por ejemplo, cuando haya obtenido esa nota una vez, luego cuando la haya obtenido tres veces, después cuando la haya obtenido diez veces y así sucesivamente. La clave es que el sujeto no sepa exactamente cuándo recibirá el reforzador. Esta modalidad de reforzamiento ejerce un efecto poderosísimo en la conducta porque, como el sujeto no sabe cuándo recibirá el reforzador, no tiene otra alternativa que responder constantemente. El reforzamiento variable produce tasas de respuesta sumamente altas y mucho más resistentes a la extinción que el reforzamiento continuo.

Figura 9-1:
En los programas de razón fija, el reforzador se presenta puntualmente.

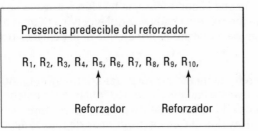

Presencia predecible del reforzador

R_1, R_2, R_3, R_4, R_5, R_6, R_7, R_8, R_9, R_{10},

↑   ↑
Reforzador   Reforzador

Figura 9-2:
En los programas de razón variable, el reforzador se entrega al azar.

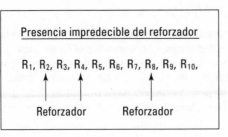

Presencia impredecible del reforzador

R_1, R_2, R_3, R_4, R_5, R_6, R_7, R_8, R_9, R_{10},

↑   ↑   ↑   ↑
Reforzador   Reforzador

✔ Los *programas de intervalo* constituyen el segundo tipo de reforzamiento parcial. El criterio para entregar el reforzador en estos programas no es el número de respuestas, sino el intervalo de tiempo que transcurre entre uno y otro reforzador.

• A mí me pagan una vez al mes. El tiempo determina en qué momento me pagan. Éste es un ejemplo de un programa de reforzamiento de *intervalo fijo* (ver figura 9-3). El lapso que transcurre entre un reforzador y otro es constante.

• En un programa de reforzamiento de *intervalo variable* (ver figura 9-4), el tiempo que transcurre entre los reforzadores varía. Un ejemplo sería recibir el sueldo al final del mes, luego recibirlo dos días después, luego tres semanas más tarde y así sucesivamente. Al igual que los programas de razón variable, los de intervalo variable son muy resistentes a la extinción por el mismo motivo. El sujeto no sabe cuándo va a recibir el reforzador; por lo tanto, responde constantemente para descubrirlo.

Figura 9-3:
En los programas de intervalo fijo, la entrega del reforzador es predecible.

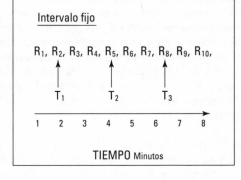

Figura 9-4:
En los programas de intervalo variable, la entrega del reforzador es impredecible.

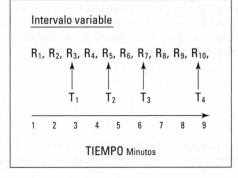

Los programas de reforzamiento de intervalo variable explican la conducta de jugar por dinero. Los casinos lo saben y programan sus máquinas para que den premio de acuerdo con estos programas. Lo anterior genera en los apostantes tasas altísimas de respuesta, es decir, los mantiene apostando sin cesar a la espera del gran premio. Así que la próxima vez que crea que está a punto de ganar porque lleva tres días seguidos apostando en la misma máquina (sin dormir ni bañarse ni comer), recuerde que la programación de las máquinas para entregar dinero es variable. Por eso, no se sorprenda si, luego de darse por vencido, la persona que utilice esa máquina después de usted se gana el premio gordo. Eso es "apostar".

La generalización nos evita problemas

¿Se ha fijado que los conductores reducen la velocidad cuando ven en la autopista un automóvil de la Policía u otros agentes de tránsito? La causa es que muchos hemos tenido que pagar multas en el pasado. Pero ¿qué sucede cuando captamos que se trata de un automóvil de mantenimiento de la autopista? Que nadie reduce la velocidad. ¿Es esto un desacato a la ley? No. Lo que ocurre es que, dependiendo de las experiencias que hayamos tenido, los estímulos influyen en nuestro comportamiento de distinta manera. Esto se conoce como *control de estímulos*. Aunque tanto los autos de mantenimiento como los de la Policía llevan luces de aviso o señalización, no tememos que el primero nos multe. La experiencia nos dice que el castigo (la multa) por exceso de velocidad sólo lo imponen la Policía y los oficiales a cargo del tránsito.

Cuando hemos aprendido alguna conducta mediante el reforzamiento, es factible que la generalicemos ante estímulos similares. Si generalizo mi experiencia con la policía encargada del tránsito, reduciré también la velocidad cuando vea otro auto con luces de aviso. O si mi jefe refuerza mi conducta de volver a tiempo a la oficina después de comer, es posible que generalice esa conducta y empiece a llegar a tiempo por la mañana. La *generalización* agiliza el proceso de aprendizaje porque no hay tiempo de recibir reforzamiento cada vez que emitimos una conducta (para más información, revise el capítulo 8).

Discriminación

Un fenómeno que se presenta con frecuencia es el aprendizaje excesivo. Esto significa que emitimos cierta respuesta cuando no debemos, sencillamente porque la hemos generalizado. Esto también les pasa a los psicoterapeutas cuando no están trabajando, sino, por ejemplo, en una reunión social. Un invitado empieza a hablar sobre las dificultades que tuvo que sortear ese día y al psicoterapeuta lo único que se le ocurre decir es: "Cuénteme cómo se siente al respecto". Todo el mundo se da vuelta a mirarlo como si fuera un bicho raro. Quizás es hora de que se tome unas vacaciones.

En una película vi un ejemplo que me impresionó. Un ex policía reaccionó exageradamente cuando uno de sus nietos lo apuntó con una pistola de agua, ya que lo derribó con fuerza para "controlar la amenaza". El ex policía actuó así por una falla en el proceso de *discriminación*, que implica responder de determinada manera ante un único estímulo entre dos o más estímulos similares. El problema se resuelve presentando al individuo los dos o más estímulos y reforzando la respuesta ante el estímulo correcto. Habría que poner al abuelo ex policía en medio de un asalto a mano armada, meter en la trifulca a su nieto con una pistola de agua y reforzar al abuelo sólo por neutralizar con éxito al ladrón (estímulo 1) y no por derribar a su nieto (estímulo 2). Así, el abuelo aprendería a discriminar entre una amenaza real y una amenaza falsa.

Parte V

Personalidad, sexo, desarrollo y mucho más

"NO ENTIENDO POR QUÉ TE FALTA CONFIANZA EN TI MISMO: ESTÁS USANDO ANTEOJOS VERSACE, LLEVAS UN SUÉTER TOMMY HILFIGER, TIENES JEANS CALVIN KLEIN Y ZAPATILLAS MICHAEL JORDAN. ¡HAZ EL FAVOR DE SALIR A LA CALLE Y SER TÚ MISMO!".

En esta parte...

L a quinta parte introduce al lector al psicoanálisis y al trabajo de Sigmund Freud. Comienza con la estructura básica de la psique y continúa con la teoría del desarrollo psicosexual de Freud, junto con una explicación de los famosos mecanismos de defensa, entre ellos, la negación y la represión. Además, familiariza al lector con algunos psicoanalistas de la segunda generación, como Anna Freud y Erik Erikson.

Esta parte también revisa algunas teorías de la personalidad y los tipos más comunes de personalidad. Toca temas como el conocimiento de uno mismo, el desarrollo de la identidad, la formación de las relaciones y la comunicación. Asimismo, analiza la influencia que los demás ejercen en nuestra conducta y las distintas maneras en que nos comportamos cuando formamos parte de un grupo. Por último, echa una mirada a la psicología del desarrollo y resume la evolución del individuo desde la concepción hasta la adolescencia.

Capítulo 10

Entremos en la onda de Freud

· ·

En este capítulo

▶ La estructura de la personalidad.

▶ Exploremos el interior de la psique.

▶ Hacia la madurez sexual.

▶ Mecanismos de defensa.

· ·

Pocos nombres son tan famosos en la psicología como el de Sigmund Freud. ¿Se debe su fama a haber sido un hombre sexy, como Sean Connery? No precisamente. Sin embargo, sus ideas siguen generando polémica en todas partes: en el cine, en el arte y hasta en nuestras conversaciones cotidianas. "¡Cometiste un lapsus freudiano!", se oye decir en la oficina, el ascensor o el programa de televisión favorito. Todos cometemos lapsus freudianos de vez en cuando; algunos leves, otros más graves. ¿Alguna vez ha llamado a alguien por el nombre de otra persona? (no se lo recomiendo si está casado o comprometido). Aunque tal vez Freud no es un nombre tan popular como Audi o Nestlé, es ampliamente conocido en el campo de la psicología. Quizás usted ha visto alguna película en la que Woody Allen deambula angustiado en una clara demostración de las nociones freudianas de ansiedad psíquica y mecanismos de defensa. Y estoy seguro de que ha tenido por lo menos un jefe que no ha pasado de la etapa anal y que, por vivir pendiente de los detalles y los errores más triviales, le genera a usted un estrés indescriptible. El impacto de Freud es incuestionable. Pero ¿de qué hablaba exactamente?

Atrévase a mostrar su personalidad

La teoría de Freud de la personalidad es una de las más completas que se han formulado. La profundidad de su análisis y el alcance de sus planteamientos no han podido ser igualados. Pero ¿qué significa la palabra personalidad? Hablamos de personalidad todo el tiempo. Por ejemplo, cuando alguien está saliendo con una persona poco atractiva físicamente, no es raro que se justifique diciendo: "Pero ¡tiene una gran personalidad!" Básicamente, *personalidad* se refiere a la organización de los componentes psicológicos y físicos que determinan las características y conductas particulares de cada individuo.

Hay que tener en cuenta algunos aspectos clave:

✔ La personalidad abarca elementos psicológicos y físicos. Forma parte de nuestra mente y de nuestro cerebro.

- El abuso psicológico o mental puede ser tan perjudicial como el abuso físico, dado que tiene la capacidad de afectar nuestra vida mental y, por lo tanto, nuestra personalidad.

- En cuanto a los aspectos físicos, cuando el cerebro se lesiona, por ejemplo a causa de un accidente automovilístico, la personalidad puede sufrir alteraciones y la persona se puede volver excesivamente irritable, o más espontánea y desinhibida.

✔ Nuestra personalidad determina lo que hacemos. Lo que ocurre dentro de la mente y el cerebro moldea nuestra forma de actuar, hablar, sentir y percibir el mundo.

✔ La personalidad es lo que hace de cada uno de nosotros un ser único e irrepetible. Podemos tener el mismo nombre que cientos de personas o parecernos físicamente a otras tantas, pero absolutamente nadie tiene una personalidad idéntica a la nuestra. Cuando asiste a una fiesta después del trabajo, ¿es usted el mismo que fue esa mañana a trabajar? Desde luego que en las reuniones sociales todos actuamos un poco distinto, pero básicamente seguimos siendo la misma persona. Esto se debe a la personalidad, en otras palabras, al conjunto distintivo de componentes psicológicos y físicos que determinan quiénes somos.

Este capítulo expone los planteamientos de Freud sobre la memoria, los instintos y los famosos mecanismos de defensa (conceptos que en realidad se deben a su hija, Anna Freud) y explica cómo contribuyen a hacer de cada uno de nosotros un ser singular y dueño de una personalidad única. Obviamente hablar de Freud exige mencionar su teoría del desarrollo psicosexual y examinar sus nociones sobre el complejo de Edipo y sobre la sexualidad.

La importancia de los recuerdos

¿En qué quedaría convertida nuestra personalidad si se borraran todos nuestros recuerdos? ¿El primer día de escuela? ¿El día de nuestra boda? ¿El primer beso que nos dieron? Freud pensaba que los recuerdos y la forma en que están organizados en la mente constituyen un aspecto vital de nuestra personalidad. Según Freud, la memoria consta de tres componentes (el consciente, el preconsciente y el inconsciente), que se diferencian en el grado de conciencia que tenemos acerca del material que contienen. De los tres, el más célebre es el inconsciente.

El consciente y el preconsciente

Mi conocimiento "activo" o "consciente" de la realidad equivale a darme cuenta o tener conciencia de lo que ocurre en este momento a mi alrededor. Por ejemplo, de que tengo este libro en las manos y del ruido que está haciendo mi estómago a causa del hambre. Mi conocimiento *consciente* de la realidad está sujeto a lo que oigo, veo y siento y también a todo aquello que intento ignorar a causa, por ejemplo, del dolor de cabeza que tengo.

El *preconsciente* consta de recuerdos corrientes, como cumpleaños, aniversarios y cómo andar en bicicleta. A menos que los evoquemos de manera deliberada, pocas veces nos percatamos activamente de ellos. Sin embargo, ejercen una importante influencia en lo que somos.

El inconsciente

El *inconsciente* guarda experiencias y recuerdos que desconocemos a nivel consciente. Esos recuerdos y experiencias están guardados en lo más recóndito de nuestra mente y evocarlos es muy difícil. Por eso, la próxima vez que no pueda responder a una pregunta complicada, dígale a quien se la hizo que la respuesta está oculta en las profundidades de su inconsciente. En nuestra mente suceden millones de cosas de las que no nos percatamos, en otras palabras, de las que no tenemos conciencia, de las que somos inconscientes.

De hecho, Freud creía que el inconsciente está lleno de recuerdos, pensamientos e ideas demasiado inquietantes y perturbadores para ser almacenados en el nivel consciente. El inconsciente alberga nuestros sentimientos más sinceros, aquellos que no filtramos ni modificamos para ajustarlos a las exigencias de la sociedad. ¡El inconsciente no miente! La próxima vez que alguien le pregunte si le gusta el nuevo corte de pelo que le hicieron, respóndale lo que le dicte su inconsciente. Allí no sólo residen nuestros deseos y conflictos más profundos, sino también algunos secretos que, por vergonzosos, ocultamos hasta de nosotros mismos.

El punto fundamental es que, dependiendo de nuestros recuerdos y de la conciencia que tengamos de ellos, nuestra personalidad puede ser distinta de la que estamos manifestando en este momento. Así que relájese, usted no es un ser anónimo en medio de una multitud. Sus recuerdos conscientes, preconscientes e inconscientes lo han convertido en esa criatura excepcional que todos adoran. Está bien, no todos, pero sí por lo menos su madre.

Ello, yo y superyó

Freud habría sido un excelente guionista de Hollywood porque su "historia" sobre la personalidad incluye todos los ingredientes de un éxito de taquilla: deseo, poder, control y libertad. El argumento es complejo y los personajes compiten entre sí. Nuestra personalidad representa todo un drama que se desarrolla en la mente. Somos producto de la interacción de fuerzas y estructuras mentales que viven en permanente competencia. Los antiguos griegos pensaban que los seres humanos éramos actores de los dramas de los dioses. Para Freud, usted y yo somos sencillamente actores del drama de nuestra propia mente, impulsados por los deseos y refrenados por la conciencia. Nuestra personalidad refleja las luchas de poder que se libran en lo más profundo de cada uno de nosotros. Los principales actores de este drama son tres:

✔ **Ello:** Es la sede de nuestros impulsos.

✔ **Yo:** Es el encargado de negociar con el ello y de complacer al superyó.

✔ **Superyó:** Es el responsable de mantenernos por el camino recto.

Cada uno de estos actores tiene su propia idea sobre cómo debe ser el final de la historia. Poderosas motivaciones los instigan a luchar y cada uno defiende su causa.

Deseo, luego existo

El ello es el primer componente mental del drama de Freud sobre la personalidad. ¿Alguna vez ha experimentado un impulso o un deseo tan fuerte que se sintió completamente dominado por él? ¿Tener un automóvil último modelo? ¿Conquistar a la novia de un amigo? La respuesta probablemente es un "¡Sí!" rotundo. ¿De dónde proceden esos impulsos y deseos? Según Freud, del componente de la personalidad llamado *ello*. Así que preste atención a lo que sucede a su alrededor y también en su interior. Observe a sus compañeros de trabajo, a su jefe. El ello está en el interior de todo el mundo, incluso en el de la anciana que toma el micro con usted todas las mañanas. Bajo esa apariencia maternal se oculta una caldera en la que bullen deseos de toda clase.

En el ello residen los impulsos primitivos y animales que exigen ser satisfechos de inmediato. Es ese diablillo que nos trata de hacer caer en toda clase de tentaciones. Cada vez que veo en el supermercado a un niño caprichoso exigiendo a sus padres que le compren algo que quiere y haciendo un berrinche si no le hacen caso, sé que el ello está dominando la situación.

El ello es una especie de "contenedor" de nuestros deseos. Impulsado inexorablemente por una fuerza que Freud denominó *libido*, que es la energía colectiva de los instintos vitales, el ello exige ser satisfecho. Desde el nacimiento, el ello se manifiesta con fuerza y no hace caso de las limitaciones que nos impone el mundo. Cuando un bebé tiene hambre, ¿se queda tranquilo esperando a que alguien se acuerde de alimentarlo? Quien haya tenido que levantarse a las tres de la madrugada a darle el biberón a un bebé conoce la respuesta.

Pero no quiero desprestigiar al ello. ¿Qué sería de nosotros si careciéramos de deseos? Ellos constituyen un incentivo para vivir y nos alientan a buscar lo que necesitamos para sobrevivir. Si no existiera el ello, moriríamos o, por lo menos, seríamos sumamente aburridos. No hay que olvidar, entonces, que una gran parte de la personalidad se compone de deseos y de los esfuerzos que hacemos para satisfacerlos.

Le presento al yo

¿No sería sensacional poder obtener todo lo que deseamos? Desafortunadamente la vida no es tan fácil. Todos conocemos la frustración de no poder satisfacer nuestros deseos. Pero por fortuna podemos culpar al yo. El *yo* es el segundo componente mental de la personalidad y su función principal es mediar entre las exigencias del ello y el mundo que nos rodea, en otras palabras, la realidad.

Hasta ahora da la sensación de que si no fuera por la realidad viviríamos más contentos. A pesar de que el yo entra frecuentemente en conflicto con el ello, satisfacer nuestros deseos no es imposible. El yo es como el representante de un atleta famoso. Aunque el atleta insista en que sólo le interesan los contratos multimillonarios, su representante se encarga de recordarle que ser tan exigente puede ser contraproducente. Por lo tanto, para otorgarle lo que desea sin tener que pagar un precio demasiado alto a largo plazo, el yo negocia con el ello. El yo realiza esta importante labor, por una parte, transformando las poderosas fuerzas del ello en modalidades de satisfacción más útiles y realistas y, por otra parte, encauzando su fuerza y regulándola para obtener satisfacción a pesar de las limitaciones que impone la realidad.

El juicio final

Como si actuar de árbitro entre el ello y la realidad no fuera suficientemente complicado para el yo, el *superyó* —el tercer componente mental de la personalidad— actúa como un juez implacable que vigila constantemente su tarea. El superyó, otra manera de referirse a la conciencia, espera que el yo libre eficazmente sus batallas contra la fuerza de la libido.

La conciencia proviene generalmente de nuestros padres o de una figura paterna. A medida que crecemos asumimos internamente sus normas de conducta, que son las mismas por las que nos sentimos culpables cada vez que decimos una mentira o que hacemos trampa con los impuestos. ¿Tiene conciencia todo el mundo? La historia registra hechos tan atroces que uno se pregunta si los responsables tenían conciencia. ¿Cómo puede un asesino brutal cometer crímenes tan horrendos? Se podría argüir que individuos como ésos carecen de la capacidad de sentirse culpables y, por lo tanto, nada les impide hacer realidad sus horripilantes fantasías. Un famoso psiquiatra dijo una vez que los hombres malvados llevan a cabo lo que los hombres buenos sólo hacen en sueños.

¿Gira todo en torno al sexo?

Parece el título de un artículo periodístico: "La satisfacción sexual promueve el desarrollo de la personalidad". Ahora bien, la teoría psicosexual del desarrollo de la personalidad, planteada por Freud, definitivamente tiene que ver con el placer. ¿A qué se deben las diferencias de personalidad? Freud descubrió que la infancia es la clave para comprender la personalidad única de cada individuo. ¡La infancia determina el destino! La personalidad con la que vivimos hoy, esa misma que nos sirve para encontrar pareja, llegar siempre tarde al trabajo y mantener la casa impecablemente limpia, se forjó en medio de las penas y dificultades de la niñez. De hecho, Freud postuló que, al llegar a la pubertad, el individuo ya es un producto terminado.

Pero ¿de qué depende esa singularidad? Fíjese en esos pequeños anuncios que a menudo publican los diarios: "Mujer soltera busca hombre que no fume y que tenga hábitos saludables, para pasear por la playa y conversar". No sé qué piensa usted al respecto, pero a mí esos anuncios me producen desconfianza. ¿Cómo es realmente esa mujer soltera? Después de unas cuantas citas, cuando el romance se haya enfriado, ¿todavía será tolerable? ¿Qué peculiaridades y caprichos tendrá? ¿Hablará demasiado de sí misma? ¿Será su piso un cuchitril? Aquí es donde interviene la personalidad. Tras las máscaras genéricas que todos nos ponemos se oculta lo que hace de cada uno de nosotros un ser especial e irrepetible.

De acuerdo con Freud, el carácter y los rasgos distintivos de cada persona son producto del desarrollo de la personalidad durante la infancia. En la niñez, e incluso durante la adolescencia, pasamos por una serie de etapas que nos ayudan a crecer y madurar. Esas etapas son:

✔ **Oral:** Del nacimiento a los dieciocho meses.

✔ **Anal:** De los dieciocho meses a los tres años.

✔ **Fálica:** De los tres a los siete u ocho años.

✔ **De latencia:** De los siete u ocho años a la pubertad.

✔ **Genital:** De la pubertad a la edad adulta.

Es como si, antes de llegar a la madurez, tuviéramos cinco personalidades en miniatura. Esto me recuerda al estudiante típico de los primeros años de secundaria, que empieza el año escolar con una personalidad y lo termina convertido en una persona totalmente distinta, incluidos la vestimenta y el lenguaje. Cada etapa plantea un reto particular y quienes los superan todos con éxito adquieren una personalidad completamente madura. Pero quienes no superan el reto de alguna etapa, quedan estancados en ella. Éste es el origen de muchas de nuestras peculiaridades: el estancamiento, o fijación, en alguna etapa del desarrollo de la personalidad.

En cada etapa el individuo se centra en una parte distinta de su cuerpo. Esas diferentes partes se conocen como *zonas erógenas*. El placer que persiguen nuestros instintos se basa en el deseo sexual y la gratificación mediante la estimulación adecuada de las zonas erógenas. Cuando la estimulación es correcta, avanzamos a través de las etapas hasta que llegamos a la madurez sexual y psíquica propuesta por Freud. De lo contrario, quedamos fijados en la zona erógena cuya estimulación no fue adecuada y estancados en esa etapa del desarrollo. Es decir, no avanzamos hacia etapas más maduras.

Explorando el mundo con la boca

En la teoría de Freud sobre el desarrollo de la personalidad, la *etapa oral* es la primera. Desde el nacimiento y hasta los dieciocho meses, aproximadamente, la vida del bebé gira en torno a su boca. Cuando yo era adolescente, sentía un asco tremendo cada vez que el hermano pequeño de un amigo se metía a la boca todo lo que encontraba: latas de refresco, llaves, lo que fuera. Aunque era repulsivo y sucio, el pequeño no podía evitar hacer eso. El mayor interés del bebé en esta etapa es satisfacer el deseo oral mediante la estimulación de la zona erógena de la boca. Vale la pena fijarse en el reflejo de succión del bebé, que lo lleva a volver la cabeza y la boca hacia todo lo que se le acerca. El niño nace con el sentido del gusto muy bien desarrollado y, mucho más que las manos y los dedos, la boca es el instrumento más sofisticado con el que cuenta para explorar el mundo.

Uno de los primeros objetos que le proporcionan satisfacción oral al bebé y que se encuentra "fuera" en el mundo, es el pecho de su madre. Ésta es su principal fuente de comunicación y satisfacción. Pero ¿podría llegar a convertirse en un problema? ¿Cuándo fue la última vez que usted vio a una madre amamantando a su hijo de diez años? Finalmente todos los bebés tienen que dejar el pecho materno. El destete plantea al niño el primer conflicto entre su deseo y la realidad. Si no acepta ser destetado, o si se lo desteta a la fuerza o incompletamente, quedará fijado en la etapa oral. Desarrollará un carácter oral, lo que significa que lo dominarán los sentimientos de dependencia y desesperanza. Esto se debe a que durante la etapa oral el bebé no puede proporcionarse a sí mismo satisfacción, sino que depende por completo de su madre.

Al superar con éxito el desafío del destete y adquirir control sobre la capacidad de satisfacer sus deseos orales, el bebé avanza hacia la siguiente etapa del desarrollo de la personalidad. Sin embargo, quienes quedan fijados en la primera etapa suelen obsesionarse con todo lo oral, como hablar, comer, fumar y beber. No logran vencer la necesidad de recibir estimulación oral constantemente. Así que aquel hombre que no paró de hablar en la fiesta de Navidad de su oficina sólo es un bebé grande que nunca se sobrepuso al hecho de ser destetado. Pero, por favor, no se lo diga.

Piense en su infancia durante un momento. Aun cuando no es fácil, todos podemos evocar algún recuerdo de cuando teníamos dos o tres años. ¿Utilizó usted chupete? ¿Durante cuánto tiempo? ¿Se chupaba el pulgar?

Amor de madre

Nuestra madre generalmente es el primer ser humano con el que tenemos contacto. A excepción de los rostros del obstetra y de las enfermeras presentes en el momento del parto, el rostro de nuestra madre es el primero que vemos. Ella es el centro del mundo de su hijo porque, como durante mucho tiempo el pequeño no se podrá valer por sí mismo, depende de ella para todo. Las madres son altamente respetadas en el mundo entero. Hay una leyenda urbana que dice que el tatuaje más común es "Amor de madre". Sea cierto o no, madre no hay más que una.

¿Era muy "oral" usted? ¿Suele llevarse los lápices a la boca? ¿Es usted sarcástico? Freud se sentiría tentado a decir: "¡Usted quedó fijado en la etapa oral!".

Utilizar la pelela o no utilizarla: ¡qué dilema!

Hacia el final del primer año de vida se inicia la *etapa anal,* la segunda del desarrollo de la personalidad, según Freud. Retener las heces a su antojo se convierte en el placer fundamental del niño entre los dieciocho meses y los tres años. El principal conflicto del niño que empieza a caminar es tener que aprender a controlar esta función corporal, ya que lo que le gustaría es poder hacer sus necesidades cuando quiere y donde quiere. Por ejemplo, en sus pantaloncitos. Sin embargo, debe aprender a refrenar ese deseo. Ése es su conflicto en esa etapa.

¿Qué o quién le impide al niño darse el gusto de hacer sus necesidades cuando quiere y donde quiere? Los padres y las restricciones de la realidad (para más información sobre las limitaciones que impone la realidad, ver más atrás en este capítulo "Ello, yo y superyó"). De hecho, algunas de las características de los adultos pueden ser consecuencia del modo en que sus padres les enseñaron a utilizar la pelela. La creatividad y la productividad de los adultos tiene relación, de acuerdo con Freud, con lo bien o mal que superaron la etapa anal.

La fijación en la etapa anal se puede manifestar en cualquiera de las siguientes maneras:

✔ El desorden, el descuido y el desaliño reflejarían rebeldía y el deseo de "expulsar" el control de los padres.

✔ La obstinación y la obsesión por la limpieza y el orden reflejarían un exceso de control durante el aprendizaje para utilizar la pelela.

En cualquiera de los dos casos, el común denominador es el control. Cuando el niño supera con éxito la etapa anal, adquiere la capacidad de controlarse a sí mismo.

¿Casarme con mi mamá?

Justo cuando usted pensaba que sus rasgos de personalidad ya habían quedado descritos, aparece Freud con la *etapa fálica*. Usted ya sabe por qué su vecino de mesa, en el trabajo, no puede parar de mordisquear el lápiz. Y cuando haya aprendido más sobre la etapa anal, nunca más volverá a ver con los mismos ojos el revoltijo de ropa que suele haber por el suelo de su dormitorio. Pero he prometido hablar de sexo y ha llegado la hora. Entre los tres y los cinco años, el niño se centra en la estimulación de la zona genital, específicamente el pene y la vagina. En la etapa fálica, la gratificación comienza con el autoerotismo. Esto significa masturbación para quienes ya no están en esa etapa. Sin embargo, el deseo de satisfacción pronto se vuelca hacia los padres, en particular el del sexo opuesto. El niño puede experimentar el complejo de Edipo, uno de los conceptos más controvertidos y curiosos de la teoría de Freud sobre el desarrollo de la personalidad.

La mayoría de los adultos rechazamos la idea de tener relaciones sexuales y casarnos con alguien igual a nuestro padre o madre. Sin embargo, todos hemos conocido a algún niño o niña que quiere crecer para poderse casar con su papá o con su mamá. Pero hay un problema: prácticamente en todas las culturas el sexo entre padres e hijos es tabú. Freud observó que los niños que están en la etapa fálica del desarrollo de la personalidad pasan de la autogratificación a buscar gratificación del progenitor del sexo opuesto. Pero ese tabú no es el único obstáculo que se interpone entre el niño y su deseo, sino la existencia de su otro progenitor. ¿Cómo se sentiría su padre si usted coqueteara con su madre o viceversa? Pero como la libido no conoce límites y exige ser satisfecha, desde su punto de vista el padre del sexo opuesto es un objeto de deseo perfectamente legítimo. ¿Por qué?

Aquí es donde se complica la teoría de Freud. Inicialmente todos los niños se sienten atraídos por su madre, ya que es su cuidadora y fuente primaria de placer y satisfacción. Pero más adelante sienten atracción por el progenitor del sexo opuesto.

El rey Edipo

Los planteamientos de Freud sobre el deseo sexual que el niño experimenta por el progenitor del sexo opuesto encuentran apoyo en *Edipo rey,* la famosa obra del poeta trágico griego Sófocles. La obra narra la historia de un rey a quien un oráculo le advierte que un día su hijo lo matará para casarse con su mujer, la reina. Para evitar esa tragedia, el rey lleva a su hijo al bosque y lo abandona a su suerte. Pero unos pastores lo encuentran y el niño llega a la edad adulta. Un día que se dirige a la ciudad a buscar fortuna, se encuentra con el rey, pero ninguno de los dos conoce la relación que existe entre ellos. Hay una pelea y el rey muere. El joven logra amasar una fortuna en la ciudad y abrirse paso hasta lo más encumbrado de la sociedad. Pronto la reina se siente atraída por él, con quien termina casándose, cumpliéndose así la profecía del oráculo.

Los niños varones

La atracción que el niño varón siente por su madre con el tiempo da paso a lo que Freud denominó *complejo de Edipo.* Como su padre es un obstáculo entre él y su madre, el niño siente una tremenda frustración que se transforma en odio hacia su padre. Se podría decir, como el oráculo de la obra de Sófocles, que es un odio asesino.

El complejo de Edipo es básicamente un conflicto, ya que el niño teme a su padre porque desea a su madre sólo para él. Freud llamó a este temor *ansiedad de castración* porque el pequeño teme que su padre lo castigue cortándole el pene. A causa de ese temor, el niño opta por identificarse con su padre y adoptar algunos de sus rasgos masculinos. El niño no puede tener sexo con su madre, pero puede vivirlo vicariamente a través de su padre. Así satisface su libido y obtiene acceso, al menos simbólicamente, a su madre.

Las niñas

Freud fue muy criticado por hacer caso omiso de la sexualidad femenina. Para enmendar este descuido, volvió a consultar a los autores griegos y encontró una historia similar a la de Edipo, pero referida a una mujer de nombre Electra. Esa mujer convenció a alguien para matar a su madre y vengar así la muerte de su padre.

La atracción inicial que la niña siente por su madre se transfiere a su padre cuando empieza a ver a su progenitora como una rival hostil por una extraña razón: *la envidia del pene*. De acuerdo con Freud, la niña deja de desear a su madre porque capta que no tiene pene, como su padre. Entonces, como le sucede al niño varón, la niña tampoco se puede identificar con su padre. ¿Qué camino le queda? Pasar el resto de su vida buscando un pene, en otras palabras, un hombre que la complete.

Muchos planteamientos de Freud han sido duramente criticados. No sería raro que en este momento usted estuviera pensando: "¡Por favor! ¡Esto ya es demasiado!". Para sacar algún provecho de las ideas de Freud y no estancarse en los descabellados deseos de tener sexo con la madre y asesinar al padre, piense simbólicamente. Las ideas de Freud se comprenden mejor cuando se procesan de este modo. Por ejemplo, intente imaginarse a Edipo como un muchacho frustrado que tiene que compartir la atención de su madre con su padre. Papá es un obstáculo y, por lo tanto, debe ser eliminado. Recuerde: no se deje impresionar por la teatralidad de esta noción.

Sé que lo anterior es difícil de asimilar y un poquito raro. ¿Dije "un poquito"? De acuerdo, de poquito no tiene nada. Es raro de verdad. Pero ¿cómo se relaciona todo eso con la personalidad? Superar adecuadamente la ansiedad de castración de la etapa fálica se refleja más adelante en la búsqueda de éxitos, de conquistas amorosas y hasta de una posición destacada en la sociedad. Desafortunadamente no todos los hombres superan exitosamente esta etapa. Si el individuo no une fuerzas con su padre, queda fijado en ella y sufre una especie de castración. Se convierte en un fracasado por la culpa que le produce el hecho de haber competido con su padre por la atención de su madre.

En el caso de las niñas, cuando el complejo de Electra se resuelve bien, quedan equipadas para vivir correctamente sus relaciones íntimas durante la edad adulta. La niña transforma la envidia del pene en una búsqueda sana de un esposo bueno y "paternal". Pero cuando ese complejo no se resuelve satisfactoriamente, la niña queda fijada y puede volverse seductora y coqueta en extremo. Sí, claro que lo sé... pero el movimiento de liberación femenina fue mucho después de Freud.

Un período de calma

Una vez resueltos favorablemente los conflictos de las etapas anteriores, el niño entra en un período más tranquilo de su desarrollo psicosexual, llamado *etapa de latencia*. La influencia de la libido en la personalidad pierde fuerza y los impulsos se calman y dejan de dominar el comportamiento. El niño tiene más libertad para explorar y cultivar las habilidades que ha adquirido en las etapas anteriores. La etapa de latencia va de los seis años hasta la pubertad y en ella no hay rivalidad con el progenitor del sexo opuesto ni hay que luchar contra el deseo de satisfacer ciertas necesidades. Es una época de exploración social en que se hacen amigos y se forman grupos y bandas. Pienso que, mucho más que las etapas previas postuladas por Freud, ésta se ajusta mejor a la idea que la mayoría de la gente tiene sobre la infancia. De hecho, es una noción menos perversa y conflictiva.

La madurez psicosexual

Con la llegada de la pubertad se acaba ese período de calma. Los conflictos de las etapas anteriores se reavivan y el deseo resurge, pero de un modo distinto. La búsqueda de placer centrada en el propio cuerpo, que caracteriza a las etapas anteriores, lleva a una forma más madura de satisfacción. La preocupación por el placer de los demás empieza a moldear el desarrollo psicosexual y el joven empieza a mostrar interés en aprender a entablar relaciones amorosas mutuamente satisfactorias. Recordemos que, según Freud, no todo el mundo logra la madurez total. Se trata, más bien, de un ideal que hay que buscar, de un proyecto que puede requerir toda la vida. Pero si el individuo no avanza en esa dirección, podría presentar un retroceso a la etapa fálica, cuando se centra en sí mismo. El amante egoísta a quien no le importa si su pareja siente o no placer es un ejemplo de este fenómeno. Mientras obtenga lo que quiere, se siente satisfecho.

¿Yo a la defensiva?

Supongamos que usted va caminando por la montaña y de repente se encuentra cara a cara con un oso que, levantándose sobre los cuartos traseros, lo mira con furia. ¿Qué haría usted? ¿Lucharía contra el oso o saldría corriendo? Si la situación fuera de verdad peligrosa, quizá tendría que defenderse. Pero ¿acaso preservar la integridad física es la única razón para estar a la defensiva? Yo he tenido que defender mi reputación no una, sino varias veces. Porque en algunas ocasiones nos vemos ante la imperiosa necesidad de defendernos o protegernos psicológicamente. Éste es un aspecto importante de nuestra personalidad.

A Anna Freud, la hija de Sigmund, le debemos el concepto de los mecanismos de defensa. Podemos sentir miedo de cualquier cosa: de los osos, de los fanfarrones y hasta de los chismes. La conducta impulsiva puede meternos en líos o enemistarnos con personas que apreciamos. ¿Alguna vez ha sentido miedo de sí mismo? Es posible temer a nuestra propia conciencia o a su instrumento, la culpa. "¡Deja de estar a la defensiva!" es algo que todos hemos escuchado. Pero no hay que preocuparse, porque todos actuamos "a la defensiva" de vez en cuando. Freud consideraba que la manera característica en que nos defendemos de nuestras ansiedades determina en alto grado nuestra personalidad. ¿Cómo nos enfrentamos a las dificultades? ¿Cómo nos defendemos desde el punto de vista psicológico? ¿Cómo nos protegemos de los pensamientos y los impulsos que nos causan dolor?

Sigmund y Anna Freud sostuvieron que existen varios mecanismos de defensa:

✔ **Represión:** Sirve para mantener un pensamiento, un sentimiento o un recuerdo fuera de la conciencia. "¡Olvídelo!" Muchas cosas pueden ser objeto de represión, como impulsos o deseos vergonzosos o situaciones emocionales dolorosas. Quizás usted está pensando que esto no le ha sucedido. Está bien, pero procure imaginarse a sus padres teniendo relaciones sexuales. ¿Verdad que no es fácil? ¿Qué hace usted cuando está en una reunión familiar y alguien saca a colación alguna situación bochornosa de su pasado?

✔ **Negación:** Consiste en no aceptar que algo existe o que algo ocurrió. Es también alterar el significado de un suceso doloroso para reducir su impacto. Cuando fracasamos en algo que es importante para nosotros, no es raro que nos tranquilicemos diciéndonos, por ejemplo:

CONSEJO

La hijita de Freud

Anna Freud era hija de Sigmund Freud. Ella siguió los pasos de su padre, cuya teoría sobre la personalidad enriqueció con importantes aportaciones. Por alguna razón, la ansiedad y la protección tuvieron un papel preponderante en el trabajo de los Freud sobre la personalidad. Uno se queda con la curiosidad de saber en qué clase de hogar creció Anna. Me la imagino llegando a su casa con una mala nota en el examen final de psicología. ¿Cómo pudo responder mal esa pregunta sobre el ello, el yo y el superyó?

Quizás estaba demasiado ocupada pensando en los mecanismos de defensa. En su práctica psicoterapéutica, Anna aplicó gran parte de la teoría de su padre a la solución de problemas infantiles. Sus aportes ampliaron el trabajo teórico de Sigmund. Aunque la mayoría de la gente nunca ha oído hablar de ella, es importante saber que Anna Freud heredó el don de su padre de entender la personalidad humana.

"Después de todo, no era tan importante". Vienen a mi mente recuerdos de mis primeros años de universidad, cuando sin ningún éxito invité a salir a algunas chicas de último año. "No importa, de todos modos, no me gustaba mucho", me decía, en lugar de enfrentarme al rechazo. La negación es un mecanismo de defensa al que la mayoría de la gente recurre. ¡No lo niegue!

✔ **Proyección:** Es librarse de algún aspecto negativo de la propia personalidad o de los deseos o impulsos amenazantes, atribuyéndoselos a otra persona. Cualquier impulso inaceptable se puede proyectar. En lugar de reconocer que estamos enojados con alguien, acusamos a esa persona de estar enojada con nosotros. Es frecuente recurrir a la proyección cuando se experimentan impulsos agresivos. El individuo le atribuye su agresión a otro y termina sintiendo temor de la respuesta agresiva de la persona a quien le atribuyó su propia agresión. Así que la próxima vez que usted le diga a alguien que se está comportando como si fuera un paranoico, piense con quién está realmente molesto.

✔ **Racionalización:** Se refiere a crear una explicación aceptable, pero incorrecta, de una situación particular. Una vez conocí a un ladrón que solamente robaba a grandes empresas. Jamás le habría robado ni un alfiler a un vecino, pero las grandes tiendas tenían que protegerse de él. Como su explicación era que las grandes empresas hacen dinero "estafando a la gente", no sentía que estuviera obrando mal. Era algo así como un Robin Hood moderno. Por desgracia para él, el juez que lo condenó no se dejó convencer por esos cuentos de hadas.

✔ **Intelectualización:** Se trata de pensar en algo "lógicamente" o fríamente y sin emoción alguna.

- **Terapeuta:** Sr. Pérez, su mujer lo ha dejado y usted se ha quedado sin trabajo. ¿Cómo se siente al respecto?

- **Paciente:** Bueno, he notado que ahora la vida en casa va mejor y que hay menos desorden. Las cosas de ella ocupaban mucho espacio. Y en cuanto al trabajo, yo ya sabía que iba a pasar eso, porque la economía ha entrado en una época de recesión.

✔ **Formación reactiva:** Es hacer lo opuesto a lo que uno quisiera hacer. ¿Alguna vez ha sido amable con alguien que no le agrada? Lo sé, hay que amar a los enemigos. Pero si ser amistoso es una formación reactiva, yo preferiría buscar otro mecanismo de defensa que no afecte tanto mi dignidad.

✔ **Regresión:** Es recurrir a mecanismos de defensa infantiles o propios de etapas anteriores del desarrollo. El estrés físico y psicológico a veces nos hace olvidar los mecanismos de defensa más maduros. Si alguna vez ha pedido a su jefe un aumento de sueldo como si estuviera gimiendo, lo más seguro es que haya recurrido a la regresión.

La ansiedad y el conflicto afectan nuestras interacciones con el mundo. Compartir la oficina, tener un compañero de habitación y estar llenos de deudas son ejemplos de los conflictos que enfrentamos todos los días. Los inigualables aportes de los Freud han ayudado a comprender que nuestra personalidad se ve reflejada en los mecanismos con que solemos afrontar las dificultades de la vida. Sería un error suponer que defendernos desde el punto de vista psicológico es un comportamiento negativo. Por el contrario, es fundamental para nuestra supervivencia. Nuestras defensas nos protegen e impiden que nos sintamos abrumados. Sin ellas, todos terminaríamos con un colapso nervioso.

Capítulo 11

Cómo desarrollar
una personalidad triunfadora

*L*a personalidad es un conjunto estable de tendencias a actuar, pensar y sentir de una manera particular. Describir la personalidad de alguien es básicamente crear una imagen de esa persona a partir de los diversos fragmentos de información disponibles sobre ella. Esa descripción casi siempre implica reducir un conjunto de tendencias de conducta a un conjunto menor de cualidades y atributos.

Las teorías de la personalidad suponen que a partir de unas cuantas características generales es posible deducir cómo es el individuo. Las características que primero me vienen a la mente cuando pienso en una persona son las que más resaltan en ella. Cuanto más destacado es el rasgo, tanto más útil es para predecir su conducta y distinguirla de las demás personas.

Para todas las teorías y las ideas que expongo en este capítulo, la adaptación es uno de los componentes más importantes de la personalidad. De hecho, la función de la personalidad es permitir al individuo adaptarse al mundo de la mejor manera. Desde esta perspectiva, la personalidad se puede concebir como una herramienta de supervivencia. A través de la evolución, los animales desarrollaron piel para mantener el calor corporal y garras para defenderse de las amenazas del medio. Los humanos hemos desarrollado la personalidad.

A medida que lea las teorías de la personalidad, tenga en cuenta que nadie encaja perfectamente en una categoría particular. Un importante concepto psicológico es el de las diferencias individuales. Las teorías son herramientas para entender el complejo mundo del comportamiento, el pensamiento y las emociones del ser humano y nadie es una teoría "viviente".

Quién es quién

Nos demos cuenta o no, todos utilizamos alguna teoría de la personalidad para clasificar a la gente. Cuando yo estaba en la escuela secundaria, había varias clasificaciones para los estudiantes, como vivarachos, deportistas y tragalibros. Pese a su simplicidad, en algunas ocasiones este esquema resultaba útil.

Cada uno de nosotros es, entonces, un pequeño teórico de la personalidad. Pero en el mundo hay muchos grupos de teóricos de la personalidad. Durante siglos, los astrólogos, los filósofos, los teólogos, los poetas y muchos otros han intentado clasificar a la gente y crear teorías basándose en su visión particular de lo que es la personalidad.

Piense en las siguientes descripciones de la personalidad:

Usted tiene muchas capacidades que no ha sabido utilizar en su propio beneficio.

A veces usted duda sobre si ha tomado la decisión correcta.

En algunas ocasiones usted es sociable y en otras es introvertido.

La seguridad es una de sus metas en la vida.

¿Estas características lo describen a usted? Si su respuesta es afirmativa, ¿tendrá oculto este libro un microchip para analizar la personalidad de los lectores? ¿O serán estas descripciones tan vagas y generales que pueden aplicarse a cualquiera que las lea? Yo voto por lo segundo. El *efecto Barnum* se refiere a las teorías de la personalidad que, lejos de dar información específica sobre un individuo particular, son tan generales que se refieren prácticamente a cualquiera. Este efecto lleva el nombre de P. T. Barnum, el propietario de un famoso circo, que supuestamente perfeccionó esta técnica para realizar sus actos de adivinación. Después de saber qué es el efecto Barnum, espero que nunca vuelva a ver con los mismos ojos una galleta de la suerte o un horóscopo.

Otras ideas sobre el yo

¿Se acuerda del yo? Según Freud, el yo es el gran negociador entre el deseo y la conciencia (para mayor información sobre Freud, ver el capítulo 10). Aun cuando los planteamientos de Freud siguen causando un fuerte impacto, algunos colegas y contemporáneos suyos decidieron tomar otro camino y desarrollar sus propias teorías de la personalidad. Muchos de ellos consideraban que el yo es mucho más que un simple mediador y criticaban a Freud no haber atribuido a este componente el papel que le correspondía en la formación de la personalidad. Para algunos, el yo equivalía a la personalidad.

Heinz Hartmann

H. Hartmann fue el seguidor de Freud que encabezó la disidencia y el que primero destacó el papel del yo en la personalidad. Para Hartmann, este componente tiene dos responsabilidades clave en la formación de la personalidad:

✔ Reducir el conflicto.

✔ Promover la adaptación.

El conflicto entre el ello, el yo y el superyó fue un tema que Sigmund Freud trató insistentemente. En esencia, la incompatibilidad entre los deseos y la posibilidad de satisfacerlos de un modo socialmente aceptable genera mucha tensión. Hartmann conceptuó el yo de una manera similar a Freud, en el sentido de que ayuda a satisfacer los deseos del ello

La frenología, una teoría desacreditada

A finales del siglo XVIII y comienzos del XIX, un científico de nombre Franz Joseph Gall trató de clasificar la personalidad basándose en la forma del cráneo y en sus prominencias y depresiones. Pero no se preocupe, hace mucho tiempo que esta teoría cayó en el descrédito. Grandes pensadores que hicieron aportaciones a otras áreas del saber formularon teorías de la personalidad relativamente inútiles. Una buena teoría de la personalidad permite describir correctamente a los individuos y distinguir unos de otros. En cambio, una mala teoría adolece del llamado efecto Barnum (ver más atrás en este capítulo la sección "Quién es quién").

La clave es el equilibrio

La capacidad de controlar nuestros impulsos y de adaptarnos a las exigencias de la situación se llama *control del yo*. Pero no hay que exagerar porque se puede convertir en un exceso de control. Vivir únicamente para trabajar y no dejar tiempo para descansar y divertirse es poco sano. Es fundamental encontrar un equilibrio entre la rigidez total y la total falta de control. Ésta es la clave.

y a aplacar la rigidez del superyó. Pero el yo, según Hartmann, tiene una peculiaridad que Freud nunca consideró.

Para Hartmann, el yo es un componente central de la personalidad, con deseos y la necesidad de satisfacerlos, mientras que para Freud era una especie de árbitro sin autonomía. ¿Qué satisface al yo, según Hartmann? El pensamiento, la planificación, la imaginación y la integración. Estos procesos generan satisfacción y nos impulsan a buscar mayor independencia y autonomía. Los niños se sienten felices cuando les dicen que se están portando como "niños mayores". No saben lo que les espera cuando de verdad sean mayores... Pobrecitos.

Robert White

Robert White, otro psicoanalista, complementó los postulados de Hartmann sobre el yo. La búsqueda de la autosuficiencia y la satisfacción que conlleva derivan, según White, de la necesidad que tenemos de influir, de ejercer algún impacto, en el mundo que nos rodea. Es como si en nuestro interior tuviéramos un pequeño activista que nos impulsa a "aportar algo" de una manera personal e individual.

White enriqueció posteriormente ese planteamiento afirmando que no sólo tenemos la necesidad de influir en el mundo, sino de hacerlo eficazmente. De modo que no basta con ejercer impacto; es más satisfactorio cuando ese impacto es eficaz. Pienso, por ejemplo, que quienes pintan grafitis buscan satisfacer su necesidad de ejercer algún impacto en el medio, pero no tienen en cuenta el aspecto de la eficacia. Podrán llamarme insensible, pero no les encuentro el arte a esas inscripciones en los muros.

La necesidad de ejercer impacto y de ejercerlo eficazmente, nos impulsa a hacer bien las cosas. Pero hay que tener en cuenta que Hartmann y White no se referían a la necesidad de ser líderes de los demás, sino de nosotros mismos. En otras palabras, a la necesidad de ejercer autocontrol. Permanentemente buscamos información y alicientes para controlar nuestro mundo y a nosotros mismos. Satisfacer sanamente esta necesidad es señal de que hemos logrado un alto nivel de adaptación controlando nuestros impulsos y afrontando con flexibilidad las dificultades y exigencias de la vida. Aunque someter a los demás a mi voluntad me hiciera sentir como todo un amo y señor, no estaría satisfaciendo sanamente mi necesidad de ejercer control.

Alfred Adler

Alfred Adler fue otro psicoanalista que estuvo en desacuerdo con Freud. Adler se interesó en investigar el origen de la necesidad de superioridad que tiene el ser humano. Esta necesidad y el impulso a alcanzar metas son resultado de un complejo proceso de autoevaluación.

Adler pensaba que todos tenemos una imagen ideal de nosotros mismos y que poseemos aspiraciones que buscamos hacer realidad. Esas necesidades son una manifestación de la necesidad más general de forjarnos un espacio personal en un mundo vasto, ambiguo y anónimo. Cuando hay discrepancia entre nuestra imagen ideal y lo que somos, surge un *complejo de inferioridad.* Esos sentimientos de inferioridad nos impulsan a reducir la distancia entre nuestro yo ideal y nuestro yo real y a lograr la autorrealización. Entonces, la superioridad no consiste en alcanzar un lugar prominente en la sociedad, sino en la capacidad de vivir a la altura de nuestras expectativas. Supongo que, para Adler, no estoy mal, ya que entre mi yo ideal y mi yo real no hay mayor diferencia. Mis aspiraciones son fáciles de alcanzar.

Teoría psicosocial de Erikson

Erik Erikson mantuvo un fuerte nexo con la teoría freudiana o psicoanalítica de la personalidad y, al igual que todos los que se distanciaron del enfoque teórico de Freud, hizo planteamientos muy interesantes. Erikson no habló mucho del lujurioso ello ni del moralista superyó. Se centró en el yo, pero de una manera muy diferente de Freud.

Erikson concebía la personalidad como el resultado de la interacción social y de las decisiones que tomamos en la vida. Consideró al yo como nuestra identidad personal, que se moldea a través de nuestras experiencias y a lo largo de toda nuestra vida. Al relacionarnos con los demás, pasamos por una serie de etapas cuyo objetivo es desarrollar un sentido coherente de lo que somos. Cada etapa nos plantea un desafío o crisis, que nos lleva a tomar decisiones que tienen un profundo efecto en lo que somos. Las etapas del desarrollo psicosexual formuladas por Erikson se presentan a continuación.

Confianza/desconfianza

¿Por qué sabemos que el sol va a salir mañana? Porque la experiencia nos lo dice. ¿Por qué sabemos que nuestras necesidades van a ser satisfechas? Por la misma razón, porque la experiencia nos lo dice. La vivencia crucial de interactuar muy pronto en la vida con un cuidador fiable se transforma en confianza hacia el mundo (la etapa de confianza/desconfianza abarca el primer año de vida del niño). A medida que el cuidador satisface las necesidades del bebé, en él se desarrolla un sentido de predicción y continuidad. Esa confianza básica también incluye confiar en uno mismo y saber que, en ausencia de personas que nos cuiden, seremos capaces de hacerlo por nosotros mismos.

Pero ¿qué ocurre cuando los padres no cumplen bien su tarea? El niño cuyo cuidado es inconstante y cuyas necesidades no son atendidas de manera adecuada, por lo general, no aprende a confiar en quienes lo rodean. El cuidado intermitente suele conducir a la desconfianza. La necesidad insatisfecha de sentir confianza hacia los demás suele llevar al aislamiento y al rechazo de las oportunidades de establecer relaciones con los demás.

Autonomía/inseguridad

A medida que el bebé crece, sus habilidades (verbales, sociales, físicas y cognitivas) se multiplican rápidamente y se convierte en una maquinita de caminar, hablar y hacer preguntas. El niño quiere estar en todo. Con su persistencia y su capacidad para armar alboroto, el niño expresa su independencia. A medida que su mente y su cuerpo crecen, adquiere confianza y empieza a explorar el mundo.

Pero ¿qué sucede cuando los padres sobreprotegen a su hijo? Los niños de uno a tres años necesitan explorar su entorno. Cuando los padres les impiden que toquen las cosas, que hablen, en fin, que disfruten de su recién adquirida confianza, los niños pueden volverse temerosos e inseguros. Quienes los cuidan deben buscar el equilibro entre la seguridad del bebé y una sana libertad para que explore y experimente con independencia.

Iniciativa/vergüenza

Acorde con los éxitos logrados en las dos primeras etapas, el sentido de independencia del preescolar sigue expandiéndose, pero de una manera más refinada. Esa independencia se dirige hacia comportamientos más responsables y orientados a metas. Las acciones tienen ahora menos elementos de rebeldía y más de iniciativa. La palabra "iniciativa" implica iniciar u originar. Durante este período se manifiestan los deseos singulares del niño, los cuales empiezan a definir su personalidad. Quizá desee ayudar en casa o vestirse con su ropa favorita, que bien puede ser el disfraz de carnaval.

Yo también tengo problemas. Por ejemplo, detesto que me llamen "irresponsable". Quizá me quedé en esta etapa, pero sea cual sea la razón, siento verdadera vergüenza cuando percibo que no he actuado con responsabilidad. Esto mismo puede ocurrir cuando el preescolar no desarrolla el sentido de la iniciativa. La vergüenza puede surgir cuando nos sentimos demasiado ansiosos o cuando creemos que nuestras acciones van desencaminadas. Es como sentirnos decepcionados de nosotros mismos. ¡Eres haragán! ¡Eres irresponsable! ¡Socorro! ¡Necesito terapia!

Diligencia/inferioridad

"Ya es hora de que crezcas", les suelen decir a los niños entre los seis años y la adolescencia. Ya no se les tolerará que experimenten con el mundo que los rodea. Siempre que el niño se dedica a algo, se espera que logre algo. El juego desordenado y sin un propósito aparente se considera vagancia. Se supone que el niño debe ser el líder de su clase, que debe mostrar logros en lugar de perder el tiempo. Jugar al fútbol en el recreo con los amigos ya no se ve como un juego de niños, sino como una demostración de liderazgo, de habilidad para alcanzar metas. Sé que estos ejemplos son un poco exagerados, pero muestran que el propósito de esta etapa es dirigir las habilidades hacia tareas y objetivos específicos. Ya no es adecuado pintar garabatos; a los padres eso ya no les hace gracia. Quieren resultados. Quieren que su hijo pinte sin salirse de las líneas. Y eso es sólo el principio.

¿Qué ocurre si el niño piensa que el recreo es para relajarse y descansar de las presiones de la escuela? ¿Se estará volviendo vago? No, utilizar el recreo para relajarse está bien porque tiene un propósito. No obstante, cuando la conducta del niño parece carecer de objetivo, la sensación de ser un "vago" o de no tener una meta puede producir sentimientos de inferioridad.

Identidad/crisis de identidad

Cuando yo era adolescente pasé por varias identidades antes de quedarme con la de surfista. Un mes me teñía el pelo de lila y el siguiente me vestía como un gángster. Lo sé, yo era un descentrado. Pero, según Erikson, ese comportamiento era una parte normal de mi desarrollo. Durante la adolescencia, el joven experimenta con diferentes identidades. Siente urgencia de descubrir quién es exactamente. Erikson denominó *crisis de identidad* a este fenómeno. Cuando el adolescente supera con éxito esta crisis, adquiere un sentido más sólido de lo que es y una identidad más definida. De lo contrario...

Cuando la crisis de identidad no se resuelve adecuadamente, se presenta un fenómeno conocido como *confusión de identidad*. Yo solía pensar que un amigo mío de treinta años que seguía llevando dobladas las perneras de los pantalones y usando camisetas típicas de cantante de rock padecía de confusión de identidad. Pero más tarde comprendí que había resuelto muy bien su problema de identidad: nunca dejó de ser el chico que conocí en primaria. Ahí no había confusión alguna. Sin embargo, a veces los adolescentes se desorientan en medio de la enrevesada búsqueda de una identidad genuina, se aíslan y se sienten extraños en su propia piel.

Intimidad/aislamiento

¿En qué momento pasa la fiebre por la soltería y la fiesta? Para muchos ese momento llega entre los dieciocho y los 35 años. Cuando yo tenía poco más de veinte años, una noche vi en una discoteca a un hombre de unos 45 años que, apoyado en la barra, intentaba por todos los medios seducir a las jovencitas. Su actitud me pareció verdaderamente penosa. Desde luego que ése fue un juicio de valor. Pero, según Erikson, hay una época de la vida en que el objetivo fundamental del desarrollo de la personalidad es cultivar la habilidad de establecer relaciones íntimas. Cuando el individuo ya sabe quién es, empieza a entablar relaciones cercanas con otras personas que también saben ya quiénes son. La meta es la intimidad. ¿Será por eso que tanta gente se casa en esta época de su vida?

No tengo ni idea de si el hombre de la discoteca ya había alcanzado ese nivel de intimidad, o si, por el contrario, tenía miedo a la intimidad. De todos modos, Erikson afirmó que quienes no establecen relaciones íntimas en esa época de su vida tienen una alta probabilidad de aislarse socialmente. Pero no hay que creer que la esencia de la intimidad es necesariamente el romanticismo. La intimidad tiene que ver con el desarrollo de relaciones estrechas, ya sea con amigos, novios u otras personas. Quienes tienen dificultad para entablar amistades o para relacionarse afectivamente tienden a aislarse.

Generatividad/inutilidad

En las cárceles no es raro observar algo sorprendente entre los reclusos mayores. Las prisiones generalmente están llenas de individuos rudos, e incluso malos, que no mostraron la menor empatía hacia sus víctimas cuando cometieron sus delitos. Sin embargo, muchos adoptan el papel de "hermanos mayores" de los internos más jóvenes. Quizás usted está pensando: "Claro, hacen de hermanos mayores porque les enseñan mejores métodos para delinquir". Pero no es así. De hecho, los mayores tratan de disuadir a los menores de seguir por el camino de la delincuencia. Éste es un buen ejemplo de lo que Erikson llamó *generatividad*, que es la necesidad que tenemos de ser útiles y de sentir que, de una u otra manera, podemos guiar a la "siguiente generación". El deseo de dejar un legado y de influir en los más jóvenes se desarrolla a mediados de la edad adulta.

Sentir que no hemos hecho nada, o que no podemos hacer nada, por la siguiente generación produce una sensación de vacío y de aislamiento por no poder transmitir a nadie la sabiduría y la experiencia de toda una vida. Éste es un proceso muy interesante de observar y se puede comparar con una alarma interna que se apaga. La gente por lo regular desea tener hijos y nietos o, de alguna forma, servir de guía a los más jóvenes. Cuando no se tiene la capacidad o la oportunidad de satisfacer este deseo, se produce una sensación de estancamiento e inutilidad.

Plenitud/desesperanza

Al acercarse la vejez es normal reflexionar sobre lo que hemos logrado y evaluar si hemos vivido bien o, por el contrario, si hemos desperdiciado la vida. Cuando la persona se siente satisfecha con ese balance, experimenta una sensación de plenitud. De lo contrario, se siente desesperanzada. ¿Ha notado que a los viejos les encanta contar historias de su vida? Yo pienso que eso se debe a que están en pleno proceso de reflexionar sobre su pasado. De modo que si no queremos que los viejos entren en un estado de desesperanza, debemos demostrarles que sus historias nos interesan y nos divierten aunque no les encontremos ninguna gracia.

El niño explora el mundo

Continuando con el enfoque social de las teorías de la personalidad vistas en las secciones anteriores, la *teoría de las relaciones objetales* complementa la de Freud y se ha convertido en una de las más influyentes de los últimos cincuenta años. Parte de la premisa de que las relaciones interpersonales constituyen el cimiento de la personalidad. En esencia, la personalidad es el resultado de nuestra representación mental de los demás, de nosotros mismos y de la relación entre nosotros y ellos. Es decir, lo importante no son las otras personas ni nuestras relaciones con ellas, sino lo que pensamos acerca de los demás. El término "objetales" de la teoría se refiere a los objetos, en este caso, las otras personas. Y las relaciones... bueno, obviamente son las relaciones con ellas. Sencillo, ¿verdad?

La teoría de las relaciones objetales no es realmente una teoría, sino un conjunto de teorías de diversos pensadores. Los tres más conocidos son Melanie Klein, Ronald Fairbairn y D. W. Winnicott. Otra figura prominente de esta perspectiva psicoanalítica es Margaret Mahler, que elaboró una interesante síntesis del trabajo de los demás y cuyo trabajo será el eje de esta exposición.

Todos los teóricos de las relaciones objetales comparten dos nociones:

✔ Los patrones de interacción se forman a partir de las relaciones con personas significativas durante la infancia temprana.

✔ El patrón que se desarrolla tiende a presentarse repetidamente en el transcurso de la vida.

Según Mahler, el bebé nace sin la capacidad de diferenciar entre él y lo que lo rodea, es decir, lo que no es él. Los bebés se hallan prácticamente en un estado de fusión psicológica con los objetos de su entorno.

Las mujeres que han tenido hijos saben de qué estoy hablando. La madre y su feto están estrechamente unidos desde el punto de vista biológico. Tanto que si algo le sucede a la madre también le sucede al feto y viceversa.

Mahler tomó esta idea y le dio un sentido psicológico. Al nacer, la personalidad del bebé se encuentra fusionada con la de su madre o con la de su cuidador primario. ¿Se debe esto al profundo amor que hay entre ellos? No. Esa fusión es producto de la dependencia del bebé ya que sus habilidades para sobrevivir son aún muy escasas. A medida que el bebé crece y que su personalidad se desarrolla, esa fusión se rompe y el bebé adquiere poco a poco una personalidad diferenciada y separada no sólo de la de su madre, sino también de la de los demás.

Teniendo presente que la meta es el desarrollo de una personalidad completamente diferenciada, Mahler postuló la existencia de varias etapas en el desarrollo de la personalidad:

✔ **Autismo (2 primeros meses):** El bebé se encuentra en un estado de adormecimiento y aislamiento psicológico similar al del período de gestación. Ésta es una etapa de unión total en la que el bebé no puede diferenciar entre él y su madre. Es como si considerara a su madre una extensión de sí mismo. La etapa autista es un sistema cerrado en el que toda la energía emocional se centra en el propio cuerpo del bebé y no se dirige a los objetos externos.

✔ **Simbiosis (2 a 6 meses):** Empieza a emerger una leve conciencia del "otro". Ese otro se experimenta como "algo" que satisface el hambre, la sed y otras necesidades. Es como si el otro sólo existiera para satisfacer las necesidades del bebé (algunos maridos anticuados creen que ése es también el papel de su esposa). El bebé no diferencia todavía entre "yo" y "tú". Los dos son un mismo ser.

✔ **Salida del cascarón (6 a 10 meses):** El mundo del niño comienza a expandirse. El bebé empieza a captar que él y los objetos del mundo son diferentes. Sin embargo, como esto puede producir temor, no abandona del todo la comodidad de la etapa simbiótica.

Al irse abriendo al mundo, los niños casi siempre necesitan algo que los acompañe: el *objeto de transición*. ¿Se acuerda de *Charlie Brown,* la conocida tira cómica con el simpático Snoopy*?* Linus llevaba a todas partes una manta que le daba seguridad. Ése era su objeto de transición. Pero Linus no tenía diez meses; por lo tanto, debía de tener algún problema. Durante esta etapa, los niños también experimentan miedo ante las personas que no han visto antes.

✔ **Experimentación (10 a 16 meses):** En esta etapa el pequeño ya es completamente consciente de que es un ser distinto de los demás y se siente ansioso de experimentar su recién adquirida independencia. Algunos psicólogos consideran que los niños vuelven a pasar por esta etapa en la adolescencia. ¿Ha notado que a esta edad los pequeños dicen todo el tiempo "no"? Éste es un magnífico ejemplo de que el niño está "experimentando" con su independencia. Así que la próxima vez que un mocoso de quince meses le grite "¡No!", ármese de paciencia. Pronto pasará a otra etapa y se dará cuenta de que está solito en este mundo. Es un poco cruel, ¿no le parece?

✔ **Reconciliación (16 a 24 meses):** Justamente cuando el niño cree que es el dueño del mundo, su confianza empieza a flaquear porque capta que está solo. Si esto asusta a cualquiera, imaginemos lo que significa para un pequeño de un año y medio. ¿La solución? Reconciliarse con mamá, volver a cerrar filas con ella. Algo así como verse obligado a regresar a casa de los padres por no haber podido pagar el alquiler del primer departamento, aunque no sé lo avergonzado que se siente un pequeño de veinte meses.

✔ **Constancia del objeto (24 a 36 meses):** Después de que el niño regrese a casa, por decirlo del algun modo, finalmente adquiere seguridad psicológica y desarrolla un fuerte sentido de sí mismo. Esto se debe en gran parte a que capta que existe cierta congruencia entre su fluctuante estado anímico y su estado mental. Antes de esta etapa, con cada estado de ánimo y con cada pensamiento el niño experimenta inseguridad acerca de su identidad. Pero al comenzar esta etapa, surge en él un sentido más sólido de sí mismo.

El yo en la teoría de Carl Jung

¿Dónde se originan los impulsos más oscuros del ser humano? ¿Alguna vez ha notado que no es usted o que está viviendo la vida de otra persona? Si le ha ocurrido eso, entonces llame a Shirley Maclain. Ella lo convencerá de que usted es la reencarnación del rey Carlos V. No obstante, antes de que se emocione demasiado, quisiera molestar a su alteza con una explicación alternativa.

Un psicólogo de nombre Carl Jung formuló una de las teorías de la personalidad más metafísicas y esotéricas que existen. Sin embargo, es también una de las más populares porque se refiere a fenómenos que avivan la imaginación y la curiosidad. Su teoría es convencional en el sentido de que también habla del yo y del inconsciente. Pero es totalmente distinta por haberle incorporado el concepto de inconsciente colectivo.

Para Jung, el núcleo de la conciencia es el yo. El papel que desempeña este componente de la personalidad en la adaptación del individuo ha sido muy controvertido. Sin embargo, para Jung es el centro de donde parten todos los esfuerzos conscientes y deliberados que hacemos para adaptarnos y sólo puede funcionar con aquello de lo que tenemos conciencia. Según Jung, este componente sólo lidia con lo conocido.

De acuerdo con Jung, el inconsciente individual y el inconsciente colectivo representan los aspectos desconocidos de la personalidad.

✔ **El inconsciente individual:** Consta de información olvidada y de recuerdos de los que no tenemos conciencia en el momento. El inconsciente individual abarca la información cotidiana y nuestras historias personales y mundanas. ¿Se acuerda del día en que decidió no ir a la escuela para ir a la playa? ¿Ya se ha olvidado? No se preocupe. Todas las experiencias que ha olvidado están muy bien guardadas y a salvo en su inconsciente personal. ¡Qué suerte!

✔ **El inconsciente colectivo:** Si el inconsciente individual contiene información de nuestra historia personal, ¿qué contiene el inconsciente colectivo? La historia de la humanidad, heredada en la estructura de nuestra mente. Es una especie de almacén que contiene información de toda clase y que proviene de la experiencia acumulada de la especie humana desde los tiempos remotos en que cazábamos mamuts y no conocíamos el lenguaje. Esos contenidos influyen en nuestro comportamiento de forma que no llegamos a comprender. El inconsciente colectivo está fuera del alcance del consciente. De hecho, los artistas y los visionarios son quienes tienen mayor acceso a él. Jung creía que esos individuos perciben aspectos que van más allá de las tribulaciones y las dificultades normales de la vida.

El inconsciente colectivo alberga imágenes y símbolos primitivos que han dado origen a los cuentos de hadas, a los mitos y a otras historias que se transmiten de generación en generación. Jung denominó *arquetipos* a esas imágenes y símbolos y puso especial énfasis en tres: la sombra, el ánima y el ánimus.

✔ La *sombra* representa el lado más oscuro de la humanidad y desafía la concepción moral que tenemos de nosotros mismos. Aun cuando puede o no representar el "demonio interior", definitivamente pone en tela de juicio la creencia de que somos seres intrínsecamente buenos. Los psicoterapeutas jungianos dedican mucho tiempo a ayudar a sus pacientes a entrar en contacto con este aspecto de sí mismos. De modo que si usted todavía no ha consultado con un terapeuta jungiano, ¡no lo haga!

✔ El *ánima* representa la energía y los aspectos femeninos del individuo, sea hombre o mujer. Además, produce los estados de ánimo y orienta nuestras acciones de acuerdo con las emociones. También nos ayuda a ser más sociables y conscientes de nuestra relación con los demás y con todo lo que nos rodea. De modo que más les vale a los hombres rudos dejar de luchar contra su lado femenino.

✔ Así como el ánima representa el lado femenino de nuestro inconsciente, el *ánimus* representa el lado masculino. Es la guía racional de nuestra vida. Las personas en quienes prevalece el ánimus son exigentes, críticas y sabiondas. Recuerde que el inconsciente colectivo posee ánima y ánimus, que se complementan y trabajan al unísono para guiarnos y ayudarnos a vivir equilibradamente.

Otra importante aportación de Jung a la psicología de la personalidad fueron sus conceptos de introversión y extroversión. ¿Es usted cauteloso, contemplativo e indeciso? ¿O, por el contrario, se emociona con lo desconocido, es impulsivo y piensa después de actuar?

Las personas introvertidas son analíticas y ponderadas. Evitan correr riesgos y, como lo analizan todo a fondo, suelen tener dificultades para adaptarse a este mundo tan vertiginoso. Por su parte, las personas extrovertidas suelen ser espontáneas e irreflexivas, lo que les ocasiona problemas. Por lo general se desenvuelven bien en las situaciones novedosas, pero cometen errores que habrían podido evitar fácilmente.

La buena noticia es que, según Jung, en todos nosotros se mezclan la introversión y la extroversión. No es un asunto de todo o nada. Esto me recuerda lo que mis alumnos responden cuando les pregunto si están de acuerdo con alguna teoría psicológica: "Depende". O cuando les propongo elegir entre hacer el examen final en el aula o en su casa: "Depende" (tenga cuidado porque los exámenes finales que se pueden hacer en casa suelen ser tremendamente difíciles).

Somos imitadores por naturaleza

El tema de la violencia en televisión ha sido muy controvertido en los últimos años. Muchos piensan que la violencia con que nos bombardean permanentemente los medios de comunicación de masas está forjando sociedades violentas. Es indiscutible que en la actualidad hay más violencia en las escuelas que en otras épocas. ¿Por qué? Éste es un problema complejo para el cual se han planteado diversas explicaciones. Algunos argumentan que lo que pasa es que hoy sencillamente hay más gente violenta en el mundo. Después de leer sobre las teorías de la personalidad expuestas hasta ahora, ¿qué piensa usted sobre el concepto de personalidad "violenta"?

En 1977, Albert Bandura realizó una investigación sobre el aprendizaje de la violencia que se convirtió en una teoría general de la personalidad. Bandura llevó a cabo su investigación utilizando un muñeco Bobo. Estos muñecos son de plástico, tienen el tamaño de un adulto y un peso en la base que impide que se caigan cuando son golpeados. En el experimento, un adulto golpeaba al muñeco, lo derribaba y le daba patadas mientras un niño observaba. A continuación, el niño se quedaba solo con el muñeco. Adivine qué ocurrió. El pequeño se lanzó contra Bobo, lo golpeó, lo derribó y le dio patadas como había hecho el adulto.

La *teoría del aprendizaje social* de Bandura explica este fenómeno. Básicamente afirma que aprendemos conductas observando a los demás. Aunque esta afirmación puede parecer obvia y hasta simplona, nadie había explicado esto como Bandura. La teoría del aprendizaje social ocupa un lugar sumamente destacado entre las teorías del desarrollo de la personalidad. La personalidad es producto de las experiencias de aprendizaje mediante la observación de quienes nos rodean. Somos una banda de imitadores.

Para completar su teoría de la personalidad, Bandura investigó por qué hacemos las cosas que hacemos. En otras palabras, qué nos motiva a actuar de determinadas maneras. Introdujo dos conceptos de suma importancia:

✔ *Percepción de autoeficacia:* Es lo que creemos acerca de nuestra capacidad para realizar satisfactoriamente una conducta particular. Esa creencia se basa en lo que Bandura llamó *proceso de autoevaluación,* que es sencillamente el análisis que hacemos de nuestros actos, nuestros aciertos y fracasos. La manera en que se desarrollan nuestros comportamientos y creencias determina el sentido de nuestra capacidad o eficacia. Nuestras creencias nos motivan y nuestras expectativas de fracaso nos inhiben. Hacemos lo que creemos que podemos hacer y evitamos lo que creemos que somos incapaces de hacer.

✔ *Autorreforzamiento:* Es recompensarnos a nosotros mismos por hacer ciertas cosas. Los padres suelen recompensar o reforzar a sus hijos por hacer sus deberes escolares o por colaborar en las tareas del hogar. Bandura creía que no sólo hacemos las cosas para obtener reforzadores de los demás, sino de nosotros mismos. Así que la próxima vez que haga algo, dese una pequeña recompensa. Le servirá para su percepción de autoeficacia.

Le presento a...

Algunos psicólogos sostienen que un aspecto fundamental de nuestra personalidad y nuestro comportamiento es la imagen o representación que tenemos de nosotros mismos y de nuestras experiencias. Quizás alguna vez hayamos asistido a alguna reunión social en que alguien tuvo el detalle, supuestamente simpático, de colocarles a los invitados en la solapa una etiqueta con su nombre. Esas etiquetas nos representaron, o presentaron, de una forma tosca ante los demás. Los apodos son ejemplos de etiquetas que dicen un poco más sobre las personas que sus nombres de pila. Cuando nos presentan a alguien apodado *el Flaco,* nos formamos una impresión distinta de la que nos formaríamos si su apodo fuera *Cretino.*

Las etiquetas, los nombres de pila y los apodos son representaciones de lo que es cada uno. Son una manera cómoda y sencilla de organizar una gran cantidad de información sobre las personas. ¿Le ha sucedido que al estar charlando con un amigo sobre una película no logra recordar el nombre del actor principal? "Sí, hombre, el protagonista, el que se casa con la rubia". Decir solamente "Brad Pitt" es mucho más fácil que enumerar las características del individuo cada vez que queremos hablar de él. Esta forma de organizar la información sobre la gente y el mundo es resultado de la tendencia de la mente a imponer orden y estructura a nuestras experiencias.

Los esquemas

La representación estructurada de la experiencia se basa en la presentación repetida, a través del tiempo y en circunstancias similares, de determinados rasgos del individuo o del acontecimiento. Así se forman los esquemas, o constructos mentales, como "Pablo", "Brad Pitt" o "yo". Pablo es mi vecino que pone la música a todo volumen. Brad Pitt es el famoso actor que todos los hombres envidian. ¿Y yo quién soy? Un tipo que envidia a Brad Pitt. Esas representaciones estructuradas de la gente (incluido yo) nos sirven para reconocer y entender la información que recibimos del mundo continuamente.

Para los psicólogos de orientación cognitiva, la representación de la experiencia basada en esquemas constituye el principio organizador de la personalidad humana. En la determinación de las regularidades y los patrones de personalidad, los autoesquemas y los esquemas de importancia social son los más relevantes.

Los *autoesquemas,* también conocidos como autoconceptos, son unidades organizadas de información acerca de nosotros mismos. A pesar de que analizar a fondo el desarrollo de la identidad no es el objetivo de esta sección, hay que saber que nuestra identidad se representa en forma de esquemas. Los autoesquemas son redes integradas de conceptos que incorporan tanto nuestra opinión de nosotros mismos como la opinión que los demás tienen de nosotros. Los autoesquemas nos proporcionan información personal, desde datos demográficos (por ejemplo, cuántos años tenemos) hasta los valores que nos caracterizan. Se actualizan automáticamente a través de la experiencia. Asimismo, se pueden someter a revisión mediante el esfuerzo y la atención consciente.

Los guiones

Los *esquemas de importancia social,* el otro componente clave para el desarrollo de la personalidad, son las representaciones de las personas, los entornos, las conductas sociales y las expectativas estereotipadas en categorías. Estos esquemas también se conocen como guiones. ¿En las películas, los actores se comportan de acuerdo con su verdadera personalidad o conforme a un guión que les indica qué deben hacer, cuándo deben hablar, cuándo deben llorar y así sucesivamente? Por supuesto que siguen un guión. Imaginemos que todos seguimos un guión de "personalidad" escrito por el autor de la experiencia y el desarrollo. Esos guiones definen nuestro comportamiento.

Lo anterior podría llevar a pensar que la personalidad es un asunto bastante sencillo. Pero somos mucho más complejos que eso. Walter Mischel (1980) le puso un poco de sal a esta versión un tanto desabrida de la personalidad. Propuso cinco clases de guiones: competencias, estrategias de codificación, expectativas, valores subjetivos y mecanismos de autorregulación.

La personalidad es mucho más de lo que parece a simple vista. Uno de sus aspectos esenciales son las habilidades que poseemos para resolver problemas y analizar el mundo, llamadas por Mischel *competencias*. La forma en que nos enfrentamos a los desafíos de la vida determina, al menos en parte, nuestra personalidad. ¿Es usted pasivo? ¿O emprendedor y dinámico? ¿Ha construido usted una casita para el perro o una habitación adicional en su casa? ¿Cómo ha sacado adelante ese proyecto? Algunos hacen planos, toman medidas precisas y estudian muy bien cada detalle antes de emprender la tarea. Otros simplemente compran lo que creen que van a necesitar y toman decisiones a medida que avanzan en el trabajo. Cuando usted compra algún artículo para armar, ¿lee las instrucciones o éstas no le interesan?

Teniendo en cuenta que la teoría cognitiva de la personalidad pone tanto énfasis en los procesos de almacenamiento e interpretación de la información, un aspecto vital de nuestra personalidad son las estrategias y patrones que utilizamos para organizarla. Éste es, en realidad, el proceso de construcción de los esquemas y guiones complejos que guían nuestra conducta. Las *estrategias de codificación* son las formas originales en que el individuo percibe e interpreta el mundo. No es raro que dos personas que presencian el mismo suceso lo interpreten de formas totalmente distintas. Quienquiera que haya tenido una discusión con la pareja u otra persona cercana estará de acuerdo.

¿Es usted un optimista o un eterno pesimista? Las *expectativas* son predicciones de que un acontecimiento seguirá necesariamente a otro. Las expectativas definen las reglas sobre lo que debemos hacer y el modo en que debemos afrontar situaciones específicas. Cuando las reglas corresponden a la situación real, entonces la conducta es eficaz y surge una sensación de idoneidad. Pero cuando no corresponden a la situación real, la única opción es seguir intentándolo.

¿Es usted de esas personas que no cobran por su trabajo? Poca gente trabaja únicamente por gusto. La mayoría lo hacemos por el incentivo de la retribución económica. Los incentivos nos motivan a realizar determinadas conductas. Pero hay que saber que no a todos nos tientan las mismas cosas. Los *valores subjetivos* representan lo que es importante para uno como individuo y determinan lo que estamos dispuestos a hacer para vivir de acuerdo con ellos. Si en lugar de recibir un aumento cuando hace un trabajo sobresaliente usted prefiere que le coloquen estrellitas doradas en el cheque, dese el gusto. Eso hace de usted un ser especial.

¿Cuáles son sus metas en la vida? ¿Tiene algo así como un plan maestro? Quizá no se haya percatado, pero según Mischel todos tenemos lo que él llamó *mecanismos de autorregulación.* Nos ponemos una meta, vamos en busca de ella, analizamos si la estamos alcanzando y hacemos los ajustes necesarios. La manera en que vivimos este proceso caracteriza nuestro estilo personal.

Por último y de acuerdo con esta perspectiva representacional de la personalidad, la visión que tenemos de nosotros mismos y del mundo y la manera como esta visión se traduce en proyectos conductuales, representa nuestra personalidad.

La autorregulación

¿Tiene a veces la sensación de que una fuerza o poder superior lo está guiando? ¿Y si sólo fuéramos robots provenientes de otro planeta que hemos sido enviados a la Tierra para espiar e informar a nuestros superiores alienígenas? ¿Le parece todo esto un poco descabellado? Sin embargo, algunos psicólogos de orientación cognitiva piensan que no lo es. En realidad no afirman que usted y yo seamos robots, lo que plantean es que un complejo sistema de procesos mentales autorreguladores nos guían y constituyen nuestra personalidad.

Piense en esto como si se tratara de un termostato de la personalidad. Lo mejor de los termostatos es que se regulan internamente. Cuando usted gradúa el termostato de su casa a la temperatura deseada y selecciona "automático", los sistemas de calefacción o refrigeración se activan cuando es necesario para mantener esa temperatura. Cuando baja de esa temperatura, la calefacción se activa; cuando sube, el sistema de refrigeración se conecta. Dos psicólogos, Ajzen y Fishbein (1988), propusieron que la personalidad humana funciona exactamente igual.

Las "funciones" de la personalidad se manifiestan en la formación de intenciones conductuales que posteriormente se emplean para alcanzar una "temperatura" particular. En este punto se lleva a cabo una especie de operación algebraica mental que permite integrar diversas clases de información, lo que da como resultado que una conducta particular tenga cierta probabilidad de presentarse. Si la probabilidad es suficientemente alta, se forma una intención y la conducta se realiza. El análisis cognitivo y la intención determinan lo importante que es realizar esa conducta.

Las intenciones proceden del análisis tanto de la probabilidad de un resultado como del grado en que se desee obtener ese resultado. Desde este punto de vista, nuestra personalidad es perezosa y toma el camino más fácil porque forma sus intenciones a partir de las conductas que tienen mayor probabilidad de éxito. La intensidad con que se desea una conducta determinada es función del significado que tiene para el individuo y de lo mucho o poco que personas importantes para él desean que la lleve a cabo. Es muy poco probable que tengamos la intención de hacer algo que alguien a quien no apreciamos desea que hagamos simplemente porque esta persona lo quiera.

Capítulo 12

Conectar con los demás

- -

- -

*U*no de los rasgos que diferencian la psicología de las demás ciencias sociales es el enfoque de sus investigaciones y de su aplicación. Aunque en algunas ocasiones los psicólogos trabajan con grupos, la mayoría del tiempo lo hacen a nivel individual. Por ejemplo, la terapia es un asunto típicamente individual, aunque sea terapia de grupo.

¿Quién no admira a las personas independientes y seguras de sí mismas? ¿A las que saben lo que son? ¿A las que no ceden a la presión del grupo y actúan de acuerdo con sus convicciones? Esto se llama integridad. Entre los significados que atribuimos a esta palabra están carácter, entereza, plenitud, totalidad.

En caso de que no lo haya notado, le cuento que los psicólogos no damos nada por sentado. Si un individuo llegara a mi consultorio con esa actitud de "Yo sé quién soy y nadie me va a hacer cambiar", yo lo desafiaría diciéndole: "Está bien. ¿Quién es usted?" A menos que alguien nos formule esta pregunta, vamos por el mundo creyendo que sabemos quiénes somos. Desde la antigüedad, el ser humano se ha preguntado: ¿Cuál es mi identidad? ¿Quién soy? ¿Qué me define?

La conciencia de uno mismo

¿Alguna vez ha visto un perro ante un espejo? Lo que suele hacer es ladrar a su imagen o quedarse mirando, como atontado. Lo crea o no, reconocerse en un espejo es una habilidad bastante avanzada y los perros todavía no han demostrado que la tengan. Algunos psicólogos sostienen que es una habilidad eminentemente humana, aunque por lo menos una investigación ha revelado que los chimpancés jóvenes se pueden reconocer a sí mismos en un espejo.

Desarrollar el sentido de uno mismo significa que se ha alcanzado un estado de autoconciencia. ¿Por qué he utilizado el verbo "desarrollar"? ¿Acaso tenemos conciencia de nosotros mismos desde el momento en que nacemos? De ninguna manera. De hecho, los bebés tardan entre cinco y seis meses en desarrollar algo remotamente parecido a la conciencia de sí mismos.

Entre las técnicas que utilizan los psicólogos para evaluar el nivel de autoconciencia de los bebes está la del espejo. La forma más sencilla de aplicar esta prueba es colocar al niño ante un espejo y observar su reacción. Se ha visto que los pequeños de entre cinco y seis meses de edad intentan tocar la imagen que les devuelve el espejo, lo que sugiere que piensan que se trata de otro bebé o, por lo menos, de alguien distinto a ellos.

En 1979, Michael Lewis y Jeanne Brooks-Gunn diseñaron una versión sofisticada de la prueba del espejo. Les aplicaron colorete en la nariz a dos grupos de niños. El primer grupo estaba formado por pequeños de entre quince y diecisiete meses y el segundo, por niños de entre dieciocho y veinticuatro meses. La idea era que si los niños trataban de tocarse el colorete o de retirárselo al mirar el espejo, se podría concluir que se habían reconocido en la imagen. ¿Qué ocurrió? Solamente unos pocos niños del primer grupo se tocaron la nariz o mostraron interés en ella, mientras que la mayoría de los del segundo grupo lo hicieron. Entonces, esos niños seguramente se reconocieron en el espejo.

Sueños embarazosos

Yo solía soñar que estaba desnudo en un lugar público. En uno de esos sueños me veía en la escuela primaria cubierto únicamente por un abrigo de piel, ni ropa interior llevaba. El significado de esos sueños me preocupaba mucho. ¿Era el abrigo de piel un fetiche para mí? ¿O era yo, sencillamente, un exhibicionista? Me alegró saber que esos sueños probablemente tenían que ver con la conciencia de mí mismo. Todos nos sentimos especialmente conscientes de nosotros mismos y expuestos ante los demás en ciertas situaciones. Para algunos, esa situación es hablar en público; para otros, bailar en una discoteca.

La autoconciencia significa, para muchos, percatarse hasta de su más mínima imperfección o error. Pero en esta sección me referiré a otra clase de autoconciencia:

✔ Conciencia del cuerpo.

✔ Autoconciencia privada.

✔ Autoconciencia pública.

La conciencia del cuerpo

La conciencia de nuestro cuerpo parte de una sencilla pregunta: ¿Dónde comienzo yo, desde el punto de vista físico y dónde termino? Piense en la película *Malicia*, con Bill Pullman, Nicole Kidman y Alec Baldwin. En una escena, Bill y Alec están sentados en un bar y Alec le pregunta a Bill qué parte de su cuerpo estaría dispuesto a perder sin que eso supusiera un golpe devastador para su sentido de la integridad. Si vio la película, entonces sabe por qué le hizo esa inquietante pregunta. Por una premonición.

¿Qué parte de su cuerpo es más importante para su sentido del *self*?* Aunque parezca extraño, poder diferenciar entre nuestro cuerpo y el de los otros es crucial para la autoconciencia. Piense en un recién nacido. El vínculo físico entre el bebé y su madre es incuestionable y el sentido de la diferencia, o sea, de ser una criatura separada de ella, sólo se desarrolla con el tiempo.

Autoconciencia privada

¿Se conoce usted bien? ¿Vive luchando por entenderse? Focalizarnos en nuestros pensamientos, sentimientos y motivaciones se llama *autoconciencia privada*. Es el sentido de nosotros mismos, del *self,* cuando indagamos en nuestro interior.

Autoconciencia pública

Una mañana salí de casa para ir a trabajar, pero cuando ya estaba dentro del automóvil me di cuenta de que había olvidado algo. Así que regresé

---

* *Self:* Término descriptivo auxiliar usado en psicología que puntualiza a la persona como algo distinto del mundo de objetos circundantes. Traducido usualmente como "sí mismo" o "individualidad". (*N. de la T.*)

haciendo la clase de gestos que todos hacemos en una situación como ésa. ¿Por qué hacemos esos gestos cuando olvidamos algo? Porque, por lo menos en mi caso, de no haberlos hecho parecería un idiota que se dirige a su automóvil y luego se va sin ninguna razón aparente. Pero ¿por qué necesitaba yo mostrar que tenía una razón para volver? ¡Porque alguien me estaba mirando!

Éste es el fenómeno de la *audiencia invisible:* la sensación de que estamos "actuando en un escenario" cuando nos están mirando. Los adolescentes parecen estar siempre en un escenario. Por ejemplo, si tropiezan en la calle, se ruborizan y siguen su camino con una risita tonta. Éste es un ejemplo de *autoconciencia pública*, es decir, del sentido de nosotros mismos cuando estamos en presencia de otros. Esto se conoce también como imagen pública.

Un ejemplo claro de la autoconciencia pública es el interés que le dedicamos a nuestro aspecto. Por algo gastamos tanto dinero en ropa, gimnasios y dietas. La autoconciencia pública es una parte muy importante de lo que somos y de la forma en que nos vemos a nosotros mismos.

¿Quién soy yo?

Una manera sencilla de descubrir quiénes somos es preguntárselo a los demás. Con frecuencia, nuestra identidad se relaciona estrechamente con la visión que los demás tienen de nosotros. ¿Se ha preguntado cómo lo ve la gente? ¿Qué opinan de usted? ¿Ven a la misma persona que usted ve reflejada en el espejo? Lo que los demás piensan de nosotros es uno de

Somos lo que hacemos

Lo más interesante de la identidad es que, con el paso del tiempo, cambia la manera en que nos definimos. Los niños que están en la escuela primaria generalmente se definen por lo que hacen. Dicen, por ejemplo: "Yo corro", o "Yo juego" o "Yo ando en bicicleta". En la adolescencia, la autodefinición es distinta y el joven utiliza conceptos de tipo psicológico, como creencias, motivaciones, deseos y sentimientos. Por ejemplo: "Yo quiero ir al baile" o "Me siento muy triste hoy". ¿Cómo nos autodefinimos los adultos? Casi siempre combinando actividades y conceptos psicológicos. Por ejemplo: "Yo soy un psicólogo que está triste porque no puede jugar golf".

los aspectos más importantes del autoconcepto. Al fin y al cabo, somos seres sociales.

La teoría del autoconcepto de Daniel Stern examina la manera en que cada persona empieza a identificarse como un ser único y singular. Gracias a sus investigaciones con niños pequeños, Stern propuso que nacemos con la facultad de tomar conciencia de nosotros mismos mediante una serie de experiencias.

El *self emergente* nos acompaña desde el momento en que nacemos y consiste fundamentalmente en nuestras experiencias subjetivas de alegría, preocupación, ira y sorpresa. ¡Sentimientos! Nuestro *self primordial* comienza a surgir entre los dos y los cuatro meses de edad, cuando se empiezan a formar los recuerdos y el sentido de nuestras capacidades físicas. Más adelante, cuando el niño capta que puede compartir sus experiencias con otros, emerge el *self subjetivo.* Un buen ejemplo es cuando el bebé trata de dar a otra persona su mamadera para que beba antes que él. Por último, el *self verbal* se desarrolla a medida que utilizamos nuestra habilidad verbal para organizar los elementos que nos permiten entender lo que somos.

Según Arnold Buss, nuestra identidad tiene dos dimensiones:

✔ Personal.

✔ Social.

Cómo se forja la identidad personal

La *identidad personal* es todo aquello que nos distingue de los demás. Por ejemplo, a mí me distinguen mi musculatura y mi físico tipo adonis. A pesar de que la apariencia física forma parte de nuestra identidad, debo referirme a aspectos de orden psicológico. De acuerdo con Buss, la identidad personal tiene dos componentes: el *self público* y el *self privado,* cada uno con sus respectivos componentes. El *self* público tiene tres aspectos importantes:

✔ **Apariencia:** Como he dicho en la sección "Autoconciencia pública" (más atrás en este capítulo), la apariencia física es un importante aspecto de la identidad. Esto no se aplica solamente a la cultura occidental. De acuerdo con su definición particular, todas las culturas utilizan medios sofisticados para mejorar la apariencia y realzar la belleza física. Incluso algunos filósofos han afirmado que el sentido de la estética es crucial para una buena vida y, sin duda, lo es para nuestro autoconcepto.

✔ **Estilo:** James Dean tenía estilo. Su forma de hablar, su lenguaje corporal y sus expresiones faciales le daban un aire inconfundible. Todos tenemos una manera peculiar de hablar y de movernos. No hay dos personas que escriban exactamente igual. Todo eso define nuestro estilo. Pero "estilo" no significa "estar a la moda". Cada uno tiene el suyo, por anticuado o alocado que les parezca a los demás.

✔ **Personalidad:** Las teorías de la personalidad buscan explicar nuestra individualidad basándose en las diferencias. Si fuera posible introducir mi personalidad en el cuerpo de otro hombre, ¿me reconocerían mis amigos? Quizás no al principio, pero finalmente notarían algo extraño, ya que nuestra personalidad es única. La mía es lo que me identifica como "yo". Nuestra personalidad no cambia con facilidad. Debido a su carácter estable, es una excelente representación de lo que somos, a pesar de que en algunas ocasiones actuemos un poco distinto. El capítulo 11 versa sobre este tema.

Nuestro *self* privado consta de todo lo que los demás no pueden observar. Cuando un paciente llega a psicoterapia pero se niega a hablar sobre su *self* privado (sus pensamientos, sentimientos y fantasías), para el psicólogo es prácticamente imposible ayudarlo. He aquí de qué consta:

✔ **Pensamientos:** Es muy difícil saber lo que otra persona está pensando, a menos que nos lo diga. Algunos parecen intuir lo que los demás piensan; sin embargo, ése no deja de ser un proceso de adivinación.

✔ **Sentimientos:** Los profesionales de la salud mental evalúan a los pacientes recién llegados a los hospitales psiquiátricos con un instrumento llamado *examen del estatus mental.* El profesional observa a los pacientes, entre otras razones, para descubrir cuáles son sus sentimientos. El aspecto observable de los sentimientos es el *afecto.* Pero ¿qué importancia tiene lo que las personas dicen? Aunque alguien me cuente que está sumamente triste, yo no veo su tristeza por ninguna parte. La vivencia privada, subjetiva, de un sentimiento se denomina *estado de ánimo.* Cuando un paciente me cuenta cómo se siente, yo tengo que creerle.

✔ **Fantasías:** ¿Qué sería de nosotros si no tuviéramos fantasías ni sueños? Nuestras fantasías también son privadas (en particular, las de contenido sexual) y contribuyen a definirnos.

Cómo se forja la identidad social

¿Cómo nos llamamos? ¿Dónde nacimos? ¿Qué religión profesamos? Cada uno de estos aspectos forma parte de nuestra *identidad social,* es decir, todo aquello que nos identifica con una categoría social particular. La *afiliación grupal* se refiere a nuestra vocación, a las actividades que realizamos para distraernos y a los grupos a los que pertenecemos. La identidad social consta de los siguientes factores que, tomados en conjunto, equivalen a nuestro "yo" social.

Parentesco

Todos sabemos lo importante que es el parentesco para nuestra identidad social. Los parientes son el "linaje" y de ellos recibimos el apellido. En la sociedad occidental, los apellidos son nombres legales y un importante medio de identificación. En cambio, en la cultura árabe el apellido no es la identificación principal. Aunque legalmente los apellidos se utilizan como identificación, desde el punto de vista social el individuo se identifica por el nombre de su padre y éste se identifica por el nombre de su hijo mayor. Para más información sobre la familia, ver más adelante en este capítulo la sección "Las relaciones con la familia y los amigos".

Origen étnico y nacionalidad

El *origen étnico* es otro importante componente de nuestra identidad social. ¿Es usted blanco? ¿Árabe? ¿Latinoamericano? Pese a sus limitaciones y a su arbitrariedad, esas categorías incluyen abundante información. Hay gente que prefiere no mencionar su origen étnico por temor a la discriminación. Sin embargo, este aspecto influye poderosamente en nuestra cultura y, por lo tanto, en lo que somos.

Nacionalidad no es lo mismo que origen étnico. Por ejemplo, una persona puede nacer y crecer en Canadá, e incluso ser ciudadana de ese país, pero ser de ascendencia japonesa. Tanto la nacionalidad como el origen étnico son importantes ya que, por ejemplo, entre un ciudadano del Perú de ascendencia japonesa y un ciudadano de Canadá de ascendencia japonesa hay grandes diferencias.

Afiliación religiosa y grupal

La *afiliación religiosa* es otro aspecto central de la identidad. Por ejemplo, la mayoría de los habitantes de la ciudad de Nazaret, en Israel, son de ascendencia árabe. Sin embargo, forman dos grupos religiosos totalmente separados: musulmanes y cristianos. La afiliación religiosa es de gran importancia para determinar quiénes somos. En Europa central, la distinción entre católicos y protestantes aún es muy importante, así como en otros países como Irlanda. En España, sin embargo, la tradición católica pesa tanto que las otras confesiones tienen una presencia muy minoritaria.

La afiliación grupal se refiere a aspectos tales como la profesión y las aficiones. Mucha gente se identifica por su ocupación: "Soy bombero" o "Soy policía". Yo soy psicólogo. Otra dimensión de nuestra identidad es la clase de entidades sociales y asociaciones a las que pertenecemos. Sean cuales sean los grupos o asociaciones a los que pertenezcamos, nos proporcionan un sentido de singularidad que va más allá de los demás aspectos de la identidad personal.

Enriquezca su autoestima

No siempre es positivo que nuestro autoconcepto dependa de la manera en que los demás nos ven (ver más atrás en este capítulo "¿Quién soy yo?"). Mientras nos vean con buenos ojos, no hay problema. Pero esto no ocurre siempre. Una enorme cantidad de niños son víctimas del menosprecio y el abuso verbal de sus padres, quienes, al no tener a sus hijos en alta estima, demuestran que tampoco se estiman a sí mismos.

Lamento presentar este tema con una afirmación tan deprimente, pero la verdad es que la mayoría de la gente comprende lo que es la *autoestima,* es decir, la evaluación que hace el individuo de su propia valía, mediante su ausencia. Aparentemente es fácil detectar la falta de autoestima en quienes nos rodean. A propósito, ¿conoce la sección de libros de autoayuda de alguna librería de su localidad? Es grande, ¿verdad?

Según Buss, hay seis fuentes principales de autoestima:

✔ **Apariencia:** Solemos sentirnos mejor con nosotros mismos cuando sabemos que somos atractivos físicamente. Diversos estudios de psicología social han revelado que los individuos considerados atractivos tienen una vida social con más éxito y gozan de privilegios de los que carecen quienes no son considerados atractivos. ¡Verse bien es sentirse bien!

✔ **Habilidad y rendimiento:** Nos sentimos mejor con nosotros mismos cuando obtenemos buenas notas, cuando nuestro rendimiento laboral es bueno y, por lo general, cuando hacemos bien las cosas. Cuanto más somos capaces de lograr, tanto mejor nos sentimos con nosotros mismos.

✔ **Poder:** Controlar nuestra vida nos hace sentir bien. El sentido del poder tiene, por lo menos, tres orígenes: autoridad, estatus social y dinero. La autoridad se puede lograr mediante la coacción, la competencia o el liderazgo. El estatus y el dinero no necesitan explicación. No estoy diciendo que las personas desconocidas o pobres se sienten necesariamente mal consigo mismas, sino que quizá se sentirían mejor si tuvieran un estatus social más alto y una cuenta bancaria más abultada.

✔ **Recompensas sociales:** Tres clases de recompensas sociales nos hacen sentir bien:

- Afecto: Cuando los demás nos demuestran que les gustamos.

- Reconocimiento: Cuando alguien nos dice que hemos hecho un buen trabajo.

- Respeto: Cuando los demás valoran nuestras opiniones, pensamientos y acciones.

✔ **Fuentes vicarias:** Se refiere a que hechos "externos", y no "internos", nos hacen sentir bien con nosotros mismos. El concepto de *gloria reflejada* significa sentirse bien por tener contacto con personas de éxito, poderosas o populares. Es una especie de autoestima basada en "yo conozco gente famosa". Las posesiones materiales también pueden contribuir a que nos sintamos bien.

✔ **Moralidad:** La moralidad implica ser una persona buena y vivir de acuerdo con las normas de conducta social. Ser bueno nunca es nocivo para la autoestima. La moralidad es un concepto relativo. Sentir que hemos optado por el camino de la moralidad (sea cual sea la definición que le demos) en alguna situación es muy positivo para la autoestima.

Además de estas fuentes de autoestima, varios estudios han revelado que algunos aspectos de la personalidad repercuten en ella. Se ha encontrado que la timidez y el aislamiento social se relacionan con una baja autoestima. También se ha visto que la gente optimista y sociable se siente mejor consigo misma. Parece, entonces, que para sentirnos bien es importante ser sociables y tener buenas relaciones interpersonales. Esto nos aparta del aislamiento y nos introduce en las relaciones.

El apego, fuente de seguridad

El ser humano es indudablemente una criatura social. Aun cuando hay personas más sociables que otras, la mayoría deseamos los contactos sociales por lo menos un poco. De hecho, quienes demuestran un desinterés extremo en las interacciones sociales pueden padecer del llamado trastorno de personalidad esquizoide (los trastornos de personalidad se discuten a fondo en el capítulo 16).

La relación más básica es entre dos personas: entre marido y mujer, entre hermanos, entre amigos. Pero ¿cómo supera el niño el aislamiento y empieza a formar relaciones con quienes lo rodean? Los psicólogos han abordado este tema estudiando la relación entre madre e hijo, que suele ser la primera. Pero no siempre lo es, ya que en muchos casos los abuelos o padres sustitutos crían a los niños. Por lo tanto, la relación más temprana que tenemos es con quien nos cuida, que puede ser nuestra madre u otra persona.

Hasta los monos sienten tristeza

Los investigadores generalmente analizan la relación primaria entre un bebé y la persona que lo cuida recurriendo al concepto de *apego*. John Bowlby es considerado una autoridad en el tema del apego por las investigaciones que ha realizado. Según Bowlby, los bebés dependen de quienes los cuidan para satisfacer sus necesidades vitales (alimento, refugio, estimulación, amor, etc.). Si bien los bebés son indefensos, tienen la capacidad de "apegarse" a esas personas y formar relaciones con ellas. Esta conexión garantiza la satisfacción de sus necesidades. Cuando el bebé se encuentra en una situación amenazante, hace todo lo posible por reconectarse con la persona que lo cuida. Ésta es la llamada *conducta de apego*, o sea, todo lo que el bebé hace para acercarse a la persona de quien depende para afrontar el mundo, o para no separarse de ella. Entonces, el cuidador primario es para el bebé su *figura de apego*. Saber que nuestra figura de apego está disponible cuando la necesitamos nos hace sentir seguros.

Para Bowlby, el apego es un aspecto esencial para una vida sana y productiva desde el punto de vista psicológico. De hecho, cuando no se forma el vínculo de apego, los bebés pueden sufrir de depresión, ansiedad y malestar psicológico generalizado. Por ejemplo, en la década de los años 50, varios profesionales de la salud mental iniciaron una investigación sobre los efectos a largo plazo de la hospitalización e ingreso en orfanatos en los niños pequeños. Los resultados mostraron que los efectos son sumamente graves. Las consecuencias adversas de la falta de atención durante los primeros años de vida, o de una atención inadecuada, son innegables. Los niños necesitan que quienes los cuidan sean personas conocidas y con las que se puedan sentir conectados.

En 1959, Harry Harlow hizo un interesante experimento. Colocó varios monos recién nacidos en una jaula con dos maniquíes que hacían de "madres": uno era de alambre y tenía alimento; el otro era de peluche y no tenía alimento. Los monitos prefirieron el contacto con la "madre" de peluche, a pesar de que no les proporcionaba alimento. En otro experimento, Harlow impidió que monos *rhesus* tuvieran contacto con otros monos durante seis meses. Cuando, pasado ese período, se les permitió relacionarse con otros animales, su comportamiento fue similar al de los seres humanos deprimidos y ansiosos. Presentaron altos niveles de aislamiento, conductas autolesionantes (como morderse a sí mismos) y nerviosismo.

Estilos de apego

La relación de apego es vital para el ser humano. Sin embargo, esta relación no siempre se desarrolla de manera óptima. Muchas personas están en psicoterapia como consecuencia de las relaciones que tuvieron con sus cuidadores primarios.

Si bien la teoría de Bowlby se centra en lo que debería ser una relación ideal entre el niño y la persona que lo cuida, otras teorías se refieren a distintos estilos de apego. Recurriendo a la *técnica de la situación extraña,* esas teorías han establecido la naturaleza y el alcance del apego en los niños. En la situación extraña, el niño y su cuidador primario se sitúan en una habitación con algunos juguetes. Luego, el cuidador abandona la habitación y los investigadores observan las reacciones del niño y las registran. Después de un rato, una persona extraña para el niño entra en la habitación y la reacción del niño se vuelve a registrar. Por último, el cuidador del niño regresa y la reacción del pequeño se registra por última vez.

Los investigadores diseñaron la técnica de la situación extraña para responder los siguientes interrogantes:

✔ ¿Ve el niño a la persona que lo cuida como un apoyo desde el cual lanzarse a explorar su entorno?

✔ Cuando esa persona lo deja solo, ¿el niño protesta o da muestras de inquietud o agitación?

✔ Si el niño protesta, ¿lo hace porque prefiere estar con su cuidador o porque teme que no regrese?

✔ Cuando regresa, ¿lo recibe el niño con muestras de alegría o, por el contrario, con resentimiento o indiferencia?

Las respuestas a estos interrogantes definen tres estilos básicos de apego:

✔ **Seguro:** Los niños con un vínculo de apego seguro exhiben el siguiente patrón de conducta:

  • Ven en su cuidador primario una fuente de seguridad y un apoyo desde el cual explorar su entorno.

  • Protestan un poco cuando se quedan solos, pero finalmente se calman, lo que sugiere que confían en que su cuidador regresará.

- Cuando están con extraños u otros adultos, se muestran amigables, pero no en exceso.

- Cuando vuelven a ver a la persona que los cuida, buscan relacionarse con ella.

✔ **Ansioso o ambivalente:** Los niños con un vínculo de apego caracterizado por la ansiedad o la ambivalencia se comportan de la siguiente manera:

- No ven en su cuidador primario un apoyo desde el cual lanzarse a explorar su entorno.

- A menudo se resisten inicialmente a tener contacto con esa persona; sin embargo, una vez establecido el contacto se oponen visiblemente a cualquier intento de romperlo.

- Evitan a los extraños o se muestran agresivos delante de ellos.

- Lloran mucho cuando son separados de su cuidador y es difícil consolarlos.

✔ **De evitación:** Cuando la evitación caracteriza su relación de apego, los niños:

- Parecen necesitar menos contacto con la persona que los cuida.

- Se muestran indiferentes cuando se quedan solos, o lloran porque se sienten solos y no, aparentemente, porque extrañen a esa persona.

- Cuando regresa, la evitan o la ignoran.

Antes de que a algún lector se le ocurra diseñar su propia "situación extraña" en su hogar para ver cuánto lo quieren sus hijos, es importante señalar que la compatibilidad entre los temperamentos y las personalidades del niño y de la persona encargada de su cuidado afecta el estilo de apego y se debe tener en cuenta antes de calificarse como un mal padre (o madre) o de pensar que el pequeño no es digno de amor.

Hay casos en que los niños y quienes los cuidan están perfectamente sincronizados, pero en algunas ocasiones parecen no coincidir en nada. Por ejemplo, si la madre es nerviosa e hiperactiva, puede tener dificultades para entenderse bien con un bebé pasivo, o viceversa. Recuerde que el tipo de interacción y la manera en que fluye determina en gran medida el estilo de apego que se establece. De modo que si piensa que su hijo no ha establecido con usted una relación de apego sana y segura, reflexione sobre el estilo de interacción y vea qué puede hacer para que mejore.

Las relaciones con la familia y los amigos

¿Por qué tanta gente se deprime en Navidad y en otras festividades? Además de que esas fechas recuerdan a muchas personas lo solas que están, yo tengo otra explicación. La Navidad, por ejemplo, es una ocasión en que la mayoría de la gente se reúne con su familia. No sé por qué pasa esto, pero los familiares tienen la habilidad de hacernos sentir avergonzados delante de nuestros novios, porque destacan lo gordos que estamos o la cantidad de pelo que hemos perdido o lo mucho que hemos cambiado. ¡Y esto es deprimente! Pero por fortuna también hacen bien algunas cosas.

Una *familia* consta de por lo menos dos personas relacionadas por parentesco, matrimonio o adopción. Aun cuando el esquema familiar se ha transformado enormemente en los últimos veinte años (segundos y terceros matrimonios, con hermanastros, medio hermanos, etc., etc.), muchas funciones básicas de la familia se mantienen inalteradas.

De acuerdo con el modelo de McMaster, las funciones principales de la familia son seis:

- ✔ **Solución de problemas:** Es la capacidad de resolver los problemas y de mantenerse funcionando como familia.

- ✔ **Comunicación:** Se refiere a la claridad y la exactitud en el intercambio de información entre los integrantes de la familia.

- ✔ **Roles:** Son los distintos comportamientos y responsabilidades de cada uno de los miembros, entre ellos la satisfacción de las necesidades básicas, las tareas domésticas y el apoyo emocional.

- ✔ **Apertura afectiva:** Se refiere a la posibilidad que tienen los integrantes de ese núcleo familiar de experimentar y expresar toda clase de emociones.

- ✔ **Control conductual:** Son las normas de conducta. En mi familia estaba rotundamente prohibido eructar cuando estábamos sentados a la mesa.

- ✔ **Funcionamiento general:** Es la capacidad de la familia de cumplir sus tareas diarias según las cinco áreas anteriores. Si usted tuviera que puntuar a la suya, ¿qué nota le pondría?

Los hijos del divorcio

El tema de las consecuencias del divorcio en los hijos ha generado un sinfín de controversias. Muchos padres siguen juntos "por el bien de los hijos". La mayoría de las investigaciones han revelado que el divorcio de los padres no perjudica necesariamente a los hijos. Sin embargo, a los niños les cuesta más trabajo que a las niñas sobreponerse a largo plazo. El elemento de predicción más importante sobre la forma en que los niños afrontarán el divorcio de sus padres es la naturaleza del matrimonio. Si es turbulento y los padres viven peleándose, hay una alta probabilidad de que el divorcio sea complicado. Los investigadores recomiendan a las parejas que no discutan frente a sus hijos sobre temas relacionados con el divorcio y que se controlen para que el conflicto sea mínimo.

¿Qué tipo de padre o madre es usted?

Unos amigos míos tuvieron un bebé hace poco. Precisamente cuando yo estaba a punto de ofrecerles algunos consejos psicológicos sobre la educación, mi amigo empezó a contarme la cantidad de recomendaciones y consejos que recibe de todo el mundo y lo mucho que eso le molesta. Resolví callarme. "Es bueno que lloren para que se les desarrollen los pulmones", "No hay que darles chupete" y mil consejos más. Pienso que hay tantas opiniones sobre la educación de los hijos como padres en este planeta. Afortunadamente los psicólogos han hecho lo posible por simplificar las cosas.

Baumrind planteó la educación de los hijos en términos más manejables. Encontró que existen tres estilos de educación: autoritario, democrático y permisivo:

- ✔ **Autoritario:** Los padres que educan a sus hijos con un estilo autoritario son rígidos y dictatoriales. No escuchan a sus hijos, que se sienten como prisioneros de su propia familia. Estos niños no tienen voz ni voto en su propia casa. Desafortunadamente esa dureza suele producir el efecto contrario al que se busca, ya que los hijos tienden a ser pasivos o, por el contrario, excesivamente rebeldes y hostiles. A estos padres les conviene aprender del siguiente estilo de crianza.

- ✔ **Democrático o autoritativo:** La gente mayor suele criticar a los padres jóvenes por razonar con sus hijos y por educarlos con un estilo

democrático. "¡Lo que los niños necesitan son unas cuantas cacheta-
das!" Los padres democráticos escuchan a sus hijos, pero sin perder
autoridad ni dejar de ejercer control. Este estilo de educación favorece el sano desarrollo de los niños, que tienden a ser bien adaptados,
sociables y seguros de sí mismos.

✔ **Permisivo:** Hay dos clases de padres permisivos:

- **Indulgentes:** Cuando me cuentan de esas fiestas locas que hacen los jóvenes, en que se emborrachan y hacen toda clase de
barrabasadas, invariablemente me pregunto dónde estaban sus
padres mientras tanto. Los padres indulgentes se interesan por
sus hijos, pero se asustan a la hora de ejercer autoridad y de
imponer disciplina. Incluso permiten a veces que se comporten
mal porque no desean ganarse su antipatía.

- **Indiferentes:** Estos padres son aún más negligentes que los anteriores. Esta actitud puede deberse a muchos factores, entre
ellos, el uso de sustancias psicoactivas o la exagerada dedica-
ción al trabajo. Sea por la razón que sea, los hijos de padres
permisivos no suelen estar bien preparados para afrontar las
dificultades y las exigencias de la vida.

Rivalidad en casa: los hermanos

¿Se ha preguntado para qué sirven los hermanos? Los hijos únicos suelen
fantasear acerca de las maravillas de tener uno o más hermanos. Pero
quienes sí los tenemos pensamos que sólo sirven para pelear o robarle a
uno sus novias. No obstante, los psicólogos han descubierto que desempeñan un papel muy importante en nuestra vida.

Los hermanos ejercen una enorme influencia en nuestro desarrollo como
seres humanos. Contribuyen a crear un ambiente familiar que sería muy
distinto sin su presencia. También son fuente de amistades, compañía y
afecto y hasta sirven de modelos de conducta. Algunas funciones adicionales de los hermanos son:

✔ **Regulación mutua:** Los hermanos hacen las veces de campo de entrenamiento de nuevas conductas. Por ejemplo, cuando una chica
decide terminar su relación con el novio, su hermano puede ayudarla
a practicar el discurso correspondiente.

✔ **Servicios directos:** Los hermanos ayudan con las tareas del hogar y
los deberes escolares y brindan apoyo de distinta índole, como ase-
soría en cuestiones de moda.

✔ **Mediación con los padres:** Los hermanos suelen formar alianzas que
son de gran ayuda en momentos de dificultad.

La discordia y la rivalidad entre hermanos son bien conocidas. Las investigaciones muestran que el antagonismo y las peleas son los aspectos negativos más comunes de esta relación. Algunos opinan que las peleas disminuyen a medida que los hermanos crecen; sin embargo, el carácter emocional de la relación es bastante estable. El tipo de interacción puede cambiar, pero los sentimientos prácticamente no cambian.

¡Los amigos son buenos para la salud!

En este capítulo he procurado mostrar cómo se expande nuestra vida social. He pasado de estar centrado en sí mismo, que es característica del bebé, a los cuidadores, los padres y los hermanos, para llegar ahora al terreno de las amistades. Los amigos son importantes. ¿Por qué recordamos a Obelix? Porque es el amigo de Asterix.

Los psicólogos Willard Hartup y Nan Stevens han estudiado a fondo el tema de la amistad. Ellos definen la *amistad* como la relación basada en la reciprocidad que establecen personas que se sienten atraídas mutuamente. La diferencia entre los amigos y los no amigos es que, con los primeros, la relación es recíproca. Damos, recibimos y volvemos a dar.

Los buenos amigos se apoyan y se ayudan en los momentos difíciles. Hacer amigos no siempre es fácil porque requiere mucha habilidad social (el capítulo 13 examina el tema de la adaptación social). Para que las amistades perduren, es fundamental tener sentido de la justicia y de la igualdad y saber desenvolverse en los conflictos.

¿Quiénes son nuestros amigos? Son personas parecidas a nosotros. Con frecuencia son de nuestra misma edad y del mismo sexo, origen étnico y capacidad. Su estilo de vida casi siempre es muy parecido al nuestro. Los amigos de las personas mayores generalmente son sus compañeros de trabajo, lo que significa que tienen un estatus socioeconómico similar.

¿Por qué tenemos amigos? Se ha descubierto que tener amigos produce bienestar psicológico. Las personas que cultivan sus amistades tienden a ser más sociables, serviciales y seguras de sí mismas. Los amigos son buenos para la salud. ¡Decídase, salga al mundo y haga amistad con unas cuantas personas!

Capítulo 13

Conócete a ti mismo y conoce a los demás

De una cosa estoy seguro: el mundo es un lugar complicado. Nuestro entorno es como una sinfonía constituida por múltiples instrumentos, en la que cada uno toca su parte para crear una melodía coherente. Percibir la armonía de una obra musical depende en gran medida de nuestras habilidades perceptuales. Si éstas no funcionan bien, podríamos pensar que los músicos están desafinados. Las demás personas son quizá los instrumentos más sonoros de la sinfonía que es nuestro entorno. Ellas dominan la música y se destacan como elementos centrales de nuestra percepción del mundo.

¿Por qué es importante percibir el mundo de una manera organizada? ¿Alguna vez se ha perdido en una ciudad desconocida? No es nada divertido. Percibir el medio de manera coherente es necesario para sobrevivir. Comprender la complejidad del entorno siempre ha sido decisivo para la supervivencia del ser humano.

La gente que nos rodea es una fuerza poderosísima, aún más importante que el clima. Al fin y al cabo, somos seres sociales. Nuestra supervivencia parece depender, entonces, de nuestra capacidad para comprender nuestro entorno humano y social, sin mencionar el clima. Aspectos cruciales de la comprensión de nuestro entorno social son, por ejemplo, las alianzas, los enemigos, la asignación de los recursos, la división del trabajo, las relaciones interpersonales, la comunicación y la comprensión de uno mismo. Todos necesitamos un nivel básico de *habilidad social* para desenvolvernos en nuestro medio. Phillips ofrece una excelente definición de habilidad social: la capacidad de comunicarnos e interactuar con los demás buscando la satisfacción de nuestras necesidades y metas, pero sin interferir en la satisfacción de las necesidades y metas de los otros.

Las siguientes secciones examinan cuatro habilidades sociales de suma importancia: entender el comportamiento ajeno, entender nuestro propio comportamiento, ayudar a los otros y llevarnos bien con ellos y comunicarnos adecuadamente.

Aprenda a conocer a los demás

Comprender a la gente, incluidos nosotros mismos, forma parte del campo de la *cognición social*. Utilizamos la palabra "cognición" porque el aspecto fundamental son los procesos de pensamiento que intervienen cuando observamos a la gente y sacamos conclusiones basándonos en esas observaciones.

Continuamente observamos a los demás. ¿Ha ido alguna vez a un lugar público, como un parque o un centro comercial, sólo para mirar a la gente? Es un ejercicio interesante. Nos fijamos en la ropa que llevan, en las bolsas que cargan, en las conversaciones que sostienen y en muchos otros detalles. Y utilizamos todas esas observaciones para sacar conclusiones sobre esas personas.

¿No me cree? ¿Acaso nunca ha llamado *yuppies* a los jóvenes que, vestidos con traje y corbata, conducen lujosos automóviles deportivos? ¿Nunca ha pensado que los adolescentes de pelo color púrpura y con un *piercing* en la nariz sencillamente están tratando de llamar la atención? ¿Cómo lo sabe? A lo mejor el *yuppie* que vio ayer es un ladrón de automóviles de lujo que iba vestido con elegancia o los chicos de pelo de colores están participando en un experimento psicológico. ¿Cómo lo sabe? ¿Ha hablado con ellos? Probablemente no; sin embargo, no tiene que hacerlo para sacar conclusiones sobre ellos basándose en lo que ve, oye y siente.

El complejo proceso de sacar conclusiones sobre las intenciones y las características de la gente de acuerdo con nuestras observaciones se llama *percepción de persona*. Para llevar a cabo este proceso, partimos de algunas suposiciones:

✔ Que los demás son *agentes causales,* o sea, que desempeñan un papel activo en su propia conducta. Esta afirmación parece tonta, pero

¿acaso las nubes flotan en el cielo porque quieren? El punto es que cuando vemos a alguien actuar de cierta manera, casi siempre inferimos que tiene la intención de comportarse así (ver el capítulo 1 si desea saber por qué la gente hace las cosas que hace).

✔ Que los demás piensan y sienten lo mismo que nosotros. Esto nos lleva a utilizarnos a nosotros mismos para entender a la gente. Yo sé que lloro cuando estoy triste; por lo tanto, cuando veo llorar a otra persona supongo que también está triste.

Como científico del comportamiento y los procesos mentales del ser humano, sé lo difícil que es entender y organizar las observaciones sobre los demás. Los psicólogos han diseñado técnicas e instrumentos para medir y ordenar sus observaciones. Barker y Wright compararon el comportamiento con un río para destacar el hecho de que las acciones fluyen continuamente y no son fragmentos separados unos de otros. Si es imposible extraer un fragmento de un río, ¿cómo podemos extraer un fragmento del curso del comportamiento humano, o sea, del *flujo conductual?* Según Newston y Engquist, poseemos la habilidad natural de elegir "puntos de ruptura", o fragmentos de conducta, como unidades naturales de información.

Solemos tomar fragmentos de la conducta ajena como si fueran independientes, como si cada uno tuviera su propio objetivo. Por ejemplo, cuando vemos un partido de fútbol, ¿qué es más fácil, prestar atención al conjunto de jugadores, que se mueven por el campo, o al que está en posesión de la pelota en ese momento? Desde luego, es más fácil prestar atención a los jugadores que realizan una acción distinta de los demás. Pero ¿qué sucede cuando observamos la cabellera de alguien? No pensamos que cada mechón se mueve a su propio ritmo. Por el contrario, vemos la masa completa de pelo moverse al unísono en respuesta a los movimientos de la cabeza.

También tenemos la tendencia natural a advertir los cambios bruscos de conducta (ver el capítulo 16 para mayor información sobre los cambios en el comportamiento). Notamos menos el movimiento de alguien que va por la vereda y gradualmente empieza a caminar en dirección a nosotros, que el salto de un metro que da alguien para ponerse a nuestro lado. Advertimos más fácilmente las conductas que sobresalen.

La conducta ajena

Tratar de explicar la conducta ajena es bastante difícil. No podemos mirar dentro de la mente de nadle. Lo único que podemos hacer es adivinar lo que ocurre allí. Pero esta dificultad no impide que continuamente procuremos entender por qué las otras personas se comportan de cierta manera.

Juicios a primera vista

¿Ha sentido alguna vez amor a primera vista? Siempre me ha despertado la curiosidad saber cómo funciona esto. ¿Cómo puede uno enamorarse de una persona sólo con verla? Quizá convendría estudiar a fondo este tema de los juicios espontáneos, que son evaluaciones instantáneas, inconscientes y automáticas de los demás.

Utilizamos dos clases de señales para hacer juicios espontáneos:

✔ **Señales estáticas:** Son aspectos de la otra persona que cambian muy poco, o que no cambian, como la apariencia, el sexo y la constitución física. Utilizamos esta información para hacer juicios sobre los demás, que pueden ser acertados o equivocados. Por ejemplo, a un hombre que suele usar moño lo puedo evaluar como franco y amante de la diversión, o como rígido y conservador. En cualquier caso, me baso en un aspecto de la apariencia física para juzgar qué clase de persona es.

✔ **Señales dinámicas:** Son aspectos que tienden a cambiar según la situación, como las expresiones faciales y los ademanes. Cuando veo que la persona sonríe, puedo evaluarla como un ser generalmente feliz o puedo pensar que acaba de escuchar un chiste. El punto es que utilizamos información superficial para hacer evaluaciones espontáneas sobre la vida o la personalidad de las otras personas.

¿La primera impresión sí es la que cuenta?

Los juicios espontáneos, impremeditados, son apenas el comienzo de nuestros esfuerzos por descubrir cómo son las otras personas. Todos hacemos juicios de esta naturaleza, aunque no siempre nos damos cuenta. Pero en el proceso de formarnos una impresión vamos más allá de los juicios espontáneos y hacemos inferencias más profundas sobre la clase de persona que alguien es. Piense en los siguientes adjetivos: trabajador, tenso, capaz, frío. ¿De qué clase de persona se trata? Sea cual sea su conclusión, usted está intentando unir esas palabras basándose en su experiencia y en sus conocimientos para formarse una imagen que resuma lo que esa persona es.

Solomon Asch postuló una teoría sobre la *formación de las impresiones* que se centra en la existencia de rasgos sobresalientes que influyen en nuestras interpretaciones y en el significado que les damos a otras características observables. Es como si estuviéramos programados para unir determinados rasgos. Por ejemplo, cuando se les presenta algún problema con su automóvil en una autopista, las personas físicamente atractivas obtienen ayuda con mucha más facilidad que las personas poco atractivas. Esto se debe posiblemente a que suponemos que el atributo "atractivo físico" va unido automáticamente al atributo "gratitud". Yo no ayudaría a cambiar el neumático a alguien que, aparte de no ser atractivo, fuera desagradecido.

Teoría de la personalidad implícita

Este sentido de unidad entre determinados rasgos forma parte de la teoría de la *personalidad implícita*, postulada por Bruner y Tagiuri. Aprendemos que ciertos rasgos van juntos porque lo hemos escuchado u observado. A mí me dijeron miles de veces que la gente bien educada no interrumpe; por lo tanto, debo de ser muy maleducado porque interrumpo todo el tiempo. Interrumpir y mala educación van juntos en mi teoría de la personalidad implícita.

Las teorías de la personalidad implícita tratan realmente sobre estereotipos. Los estereotipos son una consecuencia inevitable de la necesidad que tenemos de dar sentido a nuestro entorno social. Son como atajos del pensamiento. No podríamos almacenar todas las evaluaciones que hemos hecho de la gente con la que hemos tenido contacto desde que nacimos. Ocuparía demasiado espacio en la memoria. Entonces agrupamos a la gente en categorías que, con el tiempo, se convierten en estereotipos. Desafortunadamente, en nuestro esfuerzo por simplificar el mundo solemos generalizar demasiado los aspectos negativos de los demás, lo que a menudo conduce a los prejuicios y al racismo.

¿Qué o quién tiene la culpa?

No sólo hacemos juicios espontáneos sobre los demás según la poca información que tenemos, sino que también tratamos de deducir por qué hacen lo que hacen. Según Heider, tendemos a atribuir la causa de la conducta o bien a la persona (causa interna), o bien al entorno (causa externa).

La última vez que estuve en un casino en Las Vegas vi a una anciana ganar una suma inmensa. Al acercarme, lo que fue difícil por la gran cantidad de personas que la rodeaban para verla jugar, escuché a la señora explicar su estrategia a sus recién adquiridos admiradores. No pude menos que reír, pensando que su buena racha no tenía nada de estrategia. Era pura suerte. En esa situación yo atribuí el éxito a una causa externa: la programación de la máquina de apostar en la que ella estaba jugando. Pero la buena señora se lo atribuyó a su habilidad.

Al hacer atribuciones de causalidad, tendemos a centrarnos en tres fragmentos de información:

✔ **Coherencia:** Solemos comportarnos de la misma manera en distintas situaciones. Cuando alguien se comporta de manera coherente, solemos atribuirlo a su personalidad. Algo en su interior es la causa de su comportamiento. En cambio, cuanto menos coherente es la conducta tanto más la atribuimos a las circunstancias. Si pierdo en Las Vegas no es porque sea mal jugador, sino por las circunstancias. Eso espero.

✔ **Globalidad:** Yo creía que un amigo mío tenía un problema serio con las mujeres. Siempre terminaba abofeteado y quejándose ante sus amigos. Sólo después de observar cómo trataba a todo el mundo y no sólo a las mujeres, me percaté de lo irrespetuoso que era. Como su conducta no cambiaba según el contexto o el medio, probablemente era una característica interna.

✔ **Consenso:** Cuando Tomás va al cine, compra pochoclos y una bebida, le entrega la entrada al acomodador, busca su butaca, se sienta, mira la pantalla, no habla y se concentra en la película. ¿Qué dice todo eso acerca de Tomás? Absolutamente nada. ¿Por qué? Porque está actuando como todos cuando vamos al cine. Hay consenso alrededor de la conducta que se debe tener al ir al cine. Esto me lleva a pensar que la conducta de Tomás es producto de la situación. Si él se levantara y empezara a gritar al empezar la película, estaría actuando al margen del consenso, lo que posiblemente revelaría más acerca de su verdadera personalidad.

Estos tres fragmentos de información se pueden combinar de muchas maneras: alta coherencia, alta globalidad, bajo consenso y así sucesivamente. Se ha visto que la combinación de alta coherencia, baja globalidad y bajo consenso genera atribuciones internas de causalidad (atribuir a las personas la causa de su conducta). Si su conducta es coherente en diversas situaciones, si todas las veces reacciona igual ante los mismos estímulos y si actúa de forma distinta de los demás en la misma situación, lo más probable es que ése sea usted. Alta coherencia, alta globalidad y alto consenso suelen llevar a atribuciones externas. Cuando actuamos igual en diversas situaciones, pero reaccionamos distinto ante los mismos estímulos y todo el mundo hace otro tanto, la causa probablemente es la situación o el entorno. ¿A qué le podríamos atribuir mi pasión por la polca? ¿Acaso no le gusta a todo el mundo?

Todos cometemos errores

A propósito de juicios, vale la pena preguntarnos si nuestras atribuciones de causalidad son correctas. Todos cometemos el llamado *error funda-*

mental de atribución. Esto significa que acostumbramos a subestimar la influencia de los factores externos en la conducta de los otros y tendemos a ver lo que hacen como algo inherente a su forma de ser. Es decir, hacemos atribuciones causales internas. Cuando no tenemos suficiente información sobre la conducta de alguien en distintas situaciones, tendemos a atribuírsela al individuo. Por eso, cuanta más información tengamos, mejores jueces seremos.

Por otra parte, tendemos a atribuir nuestra propia conducta, mucho más que la conducta ajena, a causas externas (Jones y Nisbett). Esta tendencia probablemente se debe a que disponemos de más información cuando se trata de nosotros mismos. Además, atribuimos nuestros éxitos a causas internas y nuestros fracasos a causas externas, pero hacemos lo contrario tratándose de otras personas. Si gano una gran suma de dinero en Las Vegas, seguramente haré lo mismo que la anciana: atribuiré mi éxito a mi habilidad innata para apostar. Y ella se reirá de mí, pensando que todo fue gracias a la suerte.

¿Actuamos siempre de acuerdo con nuestras creencias?

¿Las personas famosas que hacen anuncios de televisión realmente utilizan los productos que anuncian? ¿Las celebridades toman siempre esos yogures? ¿De verdad conducen el automóvil en las publicidades? Aunque no tengo la menor idea, supongamos que la respuesta a estas preguntas fuera sí. En caso de preguntar a los famosos por qué anuncian esos productos, ¿qué responderían? ¿Y qué nos dirían sus respuestas acerca de lo mucho o poco que se conocen a sí mismos?

Festinger y Carlsmith llevaron a cabo un experimento clásico que es muy esclarecedor. Pidieron a los sujetos de investigación que realizaran una tarea sumamente aburrida y les ofrecieron dinero por decir a otras personas que había sido muy interesante. Luego dividieron a los sujetos en dos grupos. A cada miembro del primer grupo le ofrecieron un dólar, mientras que a cada miembro del segundo grupo le ofrecieron veinte dólares. Al pedirles posteriormente que dijeran con toda franqueza qué les había parecido la actividad y comparar las respuestas de los miembros de ambos grupos, los que sólo recibieron un dólar manifestaron que les había parecido más interesante. El hecho de recibir veinte dólares creó en los miembros del segundo grupo una discrepancia mayor entre sus acciones y lo que realmente pensaban. Este experimento demuestra el concepto de *disonancia cognitiva,* que es el proceso de modificar nuestras creencias para ajustarlas a nuestras acciones. Si hago algo que va en contra de mis creencias, alteraré mis creencias para ajustarlas a mi conducta.

Los sujetos que recibían solamente un dólar debieron de pensar que, si se habían dejado sobornar por una suma tan baja, entonces la actividad no les debía de haber parecido tan aburrida. Cuanto mayor es el soborno, tanto mayor es la falta de correspondencia o disonancia que percibimos entre la actividad y nuestras verdaderas creencias.

¿Qué nos dice todo esto sobre los personajes que salen en televisión anunciando productos? Si de verdad los utilizan, probablemente lo hacen para no tener que reconocer que los anuncian sólo por dinero. Pienso que a las celebridades les resultaría difícil asumir que haya otros yogures que les gusten más, porque les fascina recibir el dinero que el fabricante les paga por decir lo contrario. Así que decide modificar su actitud para ajustarla a su conducta. (De hecho, no sé qué marca de yogures consumen, pero es un buen ejemplo).

El concepto de disonancia cognitiva explica, en gran parte, cómo conocemos aspectos de nosotros mismos y cómo llevamos a cabo el proceso de *autoatribución*. De acuerdo con la teoría de la autopercepción de Daryl Bem, sabemos cuáles son nuestras creencias sacando conclusiones basadas en la observación de nuestro propio comportamiento, tal como hacemos con la conducta de los demás. Esto significa que nos conocemos a nosotros mismos igual que conocemos a los otros: observando nuestra conducta. Y cuando encontramos que hay disonancia entre nuestra conducta y nuestras creencias, generalmente modificamos nuestras creencias.

Al tratar de conocernos a nosotros mismos y de juzgar nuestra conducta, a menudo cometemos algunas distorsiones interesantes, entre las cuales están las siguientes:

✔ **Efecto de falso consenso:** Esta distorsión consiste en la tendencia a sobreestimar lo comunes que son nuestras opiniones y conductas, especialmente las menos deseables. "¡Pero si todo el mundo lo hace!" Tendemos a ver un consenso compatible con nuestra opinión, exista o no. Cuando yo estaba en sexto grado, compré unas zapatillas deportivas de color rosa brillante porque creía que serían la envidia de todos mis compañeros. Sólo las llevé a la escuela un día.

✔ **Efecto de falsa singularidad:** La mayoría de quienes acuden por primera vez a Alcohólicos Anónimos cree que sus problemas son tan especiales, tan distintos de los del resto de la humanidad, que nadie podría entenderlos. El *efecto de falsa singularidad* se refiere a la tendencia a subestimar cuán comunes son nuestras creencias, especialmente las más deseables. Tras deshacerme de las zapatillas rosas, compré un par de zapatos superexclusivos por una suma escandalosa. ¿Se imagina mi conmoción cuando vi que todos los chicos de la escuela los usaban?

✔ **Autoincapacitación:** Cuando estaba en la universidad y pensaba que por mucho que estudiara no lograría sacar una buena nota en un examen particularmente difícil, por lo general decidía no estudiar. Así, en caso de sacar una nota deficiente podría culpar al hecho de no haber estudiado, en lugar de culparme a mí mismo por mi falta de capacidad o de inteligencia. Crear excusas para nuestros fracasos a fin de proteger la autoestima, o autoimagen, es una conducta autoincapacitante. Pienso que los futbolistas profesionales hacen esto a veces. Cuando pierden el pase que podría haberles dado la victoria sobre el equipo contrario, se tiran al suelo y hacen como si se hubieran lesionado, o le gritan al árbitro que un jugador del equipo contrario se ha interpuesto.

El arte de comunicarse eficazmente

Uno de los apodos que tenía el ex presidente Ronald Reagan era "El gran comunicador". Se dice que tenía una facilidad extraordinaria para transmitir sus mensajes y que sus discursos verdaderamente llegaban a los estadounidenses. Yo no me he detenido a pensar detalladamente en las habilidades de comunicación que tenía Reagan. Pero sea usted el presidente de su país o un cliente que quiere pedir una hamburguesa en un establecimiento de comida rápida, saber comunicarse adecuadamente tiene mucha importancia. La buena comunicación es una habilidad social fundamental.

Hargie, Saunders y Dickson desarrollaron un modelo de comunicación interpersonal que incluye varios elementos clave de este proceso. Cuando nos estamos comunicando con otra persona, todos aportamos nuestras motivaciones, conocimientos, actitudes, características de personalidad y emociones. Las diferentes situaciones exigen distintos estilos o aspectos de la comunicación. Por ejemplo, en una situación formal me comunicaré de una manera distinta de como lo haría si estuviera en una situación informal. Yo, por ejemplo, me abstengo de utilizar insultos en una entrevista de trabajo, pero las uso sin problema cuando estoy viendo un partido de fútbol.

Todos los episodios en que interviene la comunicación tienen uno o más objetivos. Las conversaciones varían en función del objetivo que se busca.

Si mi meta es visitar a un amigo, los temas que tocaré serán muy diferentes de los que trataría durante una evaluación psicológica.

Hay varios procesos mediadores que definen la comunicación. Cualquier recurso psicológico que afecte el resultado que se busca por medio de la comunicación es un *proceso mediador*. Uno de los que ejercen más impacto es la *focalización*, o sea, aquello a lo que prestamos atención. Otros procesos importantes son la forma en que relacionamos la información que recibimos con conocimientos previos y la *inferencia*, que se refiere a profundizar y no quedarnos en la superficie de la información.

Otro elemento esencial del proceso de la comunicación es la retroalimentación, o *feedback y* el uso que hacemos de ella. La retroalimentación es la información que nos proporciona nuestro interlocutor acerca de lo eficientemente que estamos transmitiéndole nuestro mensaje. Su importancia radica en que nos permite modificar la manera de comunicarnos a fin de lograr nuestro propósito. Algunas personas se dedican a divagar y no prestan atención a las señales que les envían sus interlocutores cuando no están entendiendo el mensaje. Esos individuos no aprovechan la retroalimentación que reciben. Un consejo: si su interlocutor se duerme mientras usted está hablando, piense qué significa ese *feedback*.

La buena comunicación exige tres habilidades: saber preguntar, saber explicar y saber escuchar.

¿Sabe usted preguntar?

Una característica importante de la comunicación eficaz es saber preguntar (Hargie, Saunders y Dickson). Hacer preguntas es una excelente manera de abrir canales de comunicación, recopilar información y expresar al interlocutor que nos interesa lo que nos está diciendo. Hay varios tipos de preguntas. "¿Dónde estaba usted el 12 de noviembre a las diez de la noche?" Éste es un ejemplo de una pregunta de recordatorio; la respuesta exige recordar información precisa. Otro tipo de preguntas exigen análisis, evaluación o resolución de problemas para poderlas responder. Por ejemplo, las preguntas cerradas requieren por respuesta un sí, un no o una identificación, mientras que responder a una pregunta abierta requiere descripción y elaboración.

Saber preguntar es un arte y parte de ese arte implica contextualizar la pregunta. Empiece diciendo, por ejemplo: "Tengo tres preguntas principales para hacerle". Lo importante es ubicar al interlocutor en el tema; algo así como proporcionarle un mapa para que sepa dónde está situado. En algunas ocasiones necesitamos una guía para responder apropiadamente a la pregunta. Esto se llama *instigación* y *parafraseo*. Frases o ideas anteriores también son de ayuda para quien va a responder.

¿Sabe usted explicar?

Además de saber preguntar, la buena comunicación requiere cierta habilidad para explicar. Las explicaciones sirven para aclarar, suministrar información y probar algo.

Cuando estamos tratando de comprobar algo en el curso de una conversación, podemos reforzar nuestro argumento dando una explicación sólida. Las buenas explicaciones son claras, concretas y acordes con el nivel de conocimientos de quien escucha. Es importante ser breve y evitar las muletillas, como "ummm", "¿no?", etc. Las muletillas no sólo pierden su fuerza expresiva a causa de la repetición, sino que le restan fluidez a la comunicación y pueden hacerle perder interés al oyente.

A veces conviene hacer una pausa y resumir brevemente lo que se ha dicho para dar la oportunidad a la otra persona de organizar y asimilar la información. También se debe utilizar un lenguaje apropiado para el público o el interlocutor porque el uso de demasiados tecnicismos, o de un lenguaje excesivamente coloquial o elemental, puede hacer que pierdan interés.

¿Sabe escuchar?

El tercer aspecto de la comunicación eficaz, saber escuchar, es de suma importancia. Las conversaciones de un solo sentido no permiten comunicarse adecuadamente. La comunicación requiere un emisor y un receptor; si nadie escucha, no hay comunicación. De acuerdo con Hargie, Saunders y Dickson, saber escuchar implica:

✔ Prepararse físicamente y preparar el medio. Apagar la radio, disminuir el nivel de ruido y situarse de manera que se oiga bien al interlocutor.

✔ Tener en cuenta los prejuicios e ideas preconcebidas y prepararse mentalmente para prestar atención.

✔ Permanecer concentrado y hacerse preguntas mentales acerca de lo que está diciendo la otra persona.

✔ En lo posible, no interrumpir.

✔ Identificar mentalmente el punto central del mensaje del emisor y organizar lo que está diciendo en categorías; por ejemplo, quién, qué, cuándo, por qué y cómo.

✔ No recurrir a mecanismos que bloqueen la comunicación, como invalidar los sentimientos de la otra persona o cambiar de tema.

✔ Mantener el contacto visual.

✔ Asentir con la cabeza.

✔ En lo posible, colocarse frente al interlocutor y mantener una postura relajada. No cruzar los brazos ni darle la espalda.

✔ No juguetear con llaves, lápices, etc. Responder un correo electrónico mientras alguien nos está hablando revela a las claras que no lo estamos escuchando.

Ser asertivo no es ser agresivo

Uno de los problemas que veo con más frecuencia en mi práctica clínica es que la gente no sabe defender sus puntos de vista ni comunicar sus necesidades de una manera directa y calmada. Las quejas sobre los abusos del jefe, la desconsideración de los compañeros de trabajo y el mal humor del cónyuge suelen ser resultado de la falta de asertividad. Algunas personas son asertivas por naturaleza, saben cómo decir a los demás lo que piensan sin hacerlos sentir mal.

No hay que confundir la asertividad con la agresividad. Ésta implica cierto nivel de hostilidad y falta de respeto por los derechos de las otras personas. Ser asertivo es algo completamente distinto.

La *asertividad* se define como la capacidad de defender nuestros derechos y de expresar nuestros pensamientos, sentimientos, opiniones y creencias de una manera directa, honesta y respetuosa con los demás. ¿Alguna vez alguien ha intentado colársele en la fila para pagar en el supermercado? ¿Le dijo usted que se dirigiera al final de la fila o sencillamente se guardó sus pensamientos y descargó su ira más tarde, deseando haber sido capaz de decir algo? ¿Y qué pasó cuando pidió su plato favorito en un restaurante y le trajeron otro? ¿Cenó sin chistar o pidió que se lo cambiaran? Suena fácil, pero muchísimas personas son incapaces de hacer un reclamo por temor a herir los sentimientos ajenos o a quedar mal.

Ser asertivo es una habilidad social que se puede aprender. Cuando nos volvemos asertivos, la calidad de nuestras relaciones interpersonales mejora. Dejamos de sentir que tenemos que ocultar lo que pensamos y que, en aras de la amistad, tenemos que ser pasivos. Cuando aprendemos a comunicarnos asertivamente, nos abrimos a una gran cantidad de posibilidades.

¿Quiere ser más asertivo? Frases que reflejan que es una persona asertiva son, por ejemplo: "No, no me ha gustado esa película", o "Gracias, pero ya ha comido suficiente torta". La asertividad y la empatía no son excluyentes. Por el contrario, la primera nos ayuda a transmitir el mensaje de que entendemos el punto de vista del otro aunque no lo compartamos. "Veo que prefieres comer una hamburguesa, pero yo tengo muchísimas ganas de ir a un restaurante italiano." Veamos un ejemplo de una interacción con una vendedora insistente, que muestra cómo se puede poner en práctica la asertividad:

> **Vendedora:** ¿Puedo ayudarla en algo?
>
> **Cliente:** No, gracias.
>
> **Vendedora:** Tenemos excelentes descuentos en ropa para señora.
>
> **Cliente:** No estoy interesada, gracias.
>
> **Vendedora:** Fíjese en estas prendas...
>
> **Cliente:** Por tercera vez le digo que no insista. No estoy interesada en que me ayude.

Una magnífica estrategia para comunicarse asertivamente es empezar con la palabra "yo" y no con la palabra "usted". En esta clase de mensajes el énfasis recae en nuestras necesidades, opiniones o deseos, en vez de recaer en la conducta de la otra persona, lo que suele dar lugar a intercambios hostiles. En lugar de decir a mi jefe que me está haciendo la vida imposible con sus sermones, puedo decirle: "Yo creo que usted me ha presionado últimamente mucho más que a los otros empleados. Cuando eso ocurre, me siento muy molesto". Sé que es más fácil decirlo que hacerlo, pero funciona de maravilla. ¡Compruébelo!

Fry elaboró una lista de estrategias verbales de defensa que se pueden utilizar contra la gente manipuladora y grosera:

✔ **Disco rayado:** Se trata de repetir una y otra vez: "Le dije que no. ¿Qué es lo que no entiende? Se lo diré una vez más: ¡No!"

✔ **Seguir la corriente:** Es mostrarnos de acuerdo con lo que nos están diciendo, pero sin modificar nuestra posición. "Tienes razón; debo cuidarme más. He aumentado de peso últimamente". Mientras tanto, usted piensa algo como: "Seguiré comiendo lo que tenga ganas".

✔ **Nivel superior:** Es llevar la conversación a un nivel más abstracto. "Pienso que éste es un buen ejemplo de lo complicado que es transmitir con exactitud la idea que uno tiene. Muchas veces me he preguntado cómo hemos logrado superar esto". "Pero ¿cuál es el peso ideal? El exceso de peso se identificaba antes con la belleza y la prosperidad. Soy sencillamente una mujer bella y próspera, no gorda".

Capítulo 14

Amóldese como un contorsionista: la psicología social

*N*unca olvidaré una escena que presentó un progama de noticias sobre dos grupos de monjes budistas que se estaban disputando a golpes el control de un monasterio. Me conmocionó ver actuar de un modo tan violento a personas que yo creía pacíficas. Aunque las imágenes eran perturbadoras, demostraban cómo puede transformarse la conducta individual como consecuencia de la situación o de la influencia del grupo. Esos monjes, que raramente pierden la serenidad, se vieron abrumados por la situación e incluso algunos presentaron un comportamiento que no pudieron explicar posteriormente.

La psicología estaría incompleta si no tomara en consideración los efectos de las variables sociales en nuestro comportamiento. La dinámica de nuestra personalidad nos impulsa y nos refrena; nuestra constitución genética nos hace actuar de manera instintiva; nuestra conducta varía de acuerdo con la interpretación que hacemos de los hechos y, como si lo anterior fuera poco, estamos sujetos a influencias sociales.

La *psicología social* estudia la influencia de los factores sociales en la conducta del ser humano. Como demuestra este capítulo, no se debe subestimar el poder de estos factores, que constituyen el último aspecto del modelo bio-psicosocial de la conducta humana (ver el capítulo 1 para más información sobre este modelo). Desde hace mucho tiempo los psicólogos sociales han afirmado que gran parte de la conducta humana se puede explicar a la luz de conceptos como normas de grupo, roles de género, conformidad y presión del grupo. Este capítulo explora algunas de las influencias sociales en nuestra conducta y el efecto que vivir en comunidad tiene en la conducta individual.

Los niños se visten de azul; las niñas, de rosa

A menos que vivamos como ermitaños en un desierto, formamos parte de una matriz social, o sea, de un sistema de relaciones sociales que van desde las que se establecen entre padres e hijos hasta las que se forman entre compañeros de trabajo. Imagínese que usted se encuentra en el centro de un inmenso círculo formado por múltiples anillos y que cada anillo representa un nivel de organización social.

A cada uno de esos círculos le corresponde un conjunto de reglas que determinan lo que los individuos deben hacer. Las reglas de cada grupo social, o expectativas conductuales, se denominan *normas*. Las culturas, las subculturas y las familias tienen normas. Una subcultura es un pequeño grupo social que suele estructurarse en torno a una actividad recreativa. Una pandilla es un subgrupo con su propia subcultura. Cada pandilla tiene un lenguaje, un estilo de vestir y unos rituales que definen las reglas de conducta que deben observar sus miembros.

A mucha gente le molesta tener que acatar normas. Pero tener que observar algunas reglas de conducta no es malo, porque simplifican las situaciones sociales complejas y nos permiten pensar en cosas distintas de cómo actuar y qué decir. Las situaciones sociales se desarrollan con más facilidad cuando las normas son claras. Por ejemplo, Argote descubrió que los grupos que trabajan juntos son más eficientes cuando las normas son claras y han sido convenidas por todos.

La mayoría de las normas son universales. Por ejemplo, no creo que exista una sola cultura que tenga la norma de golpear a la gente en la cara al saludarse. En 1965, Brown encontró que en prácticamente todo el mundo la gente se dirige con respeto a quienes tienen un estatus más alto y de manera informal a quienes tienen un estatus más bajo. Esto se observa también en la estructura de algunas lenguas, entre ellas el español y el francés, en las que el verbo se conjuga según la confianza que haya con el interlocutor.

Pero las normas universales admiten variaciones. Por ejemplo, un cristiano palestino no acepta ningún alimento cuando está de visita y sólo come algo tras muchísima insistencia por parte del anfitrión. En cambio, los estadounidenses piden algo de comer o de beber con total soltura. Otra variación en las normas sociales tiene que ver con la espera en una fila. Hay culturas que no dan importancia al orden en las filas y la gente se abalanza sobre el mostrador, por ejemplo, en los restaurantes de comida rápida. La norma del espacio personal (un área o espacio físico determinado alrededor de cada individuo) también difiere entre culturas. En algunas, ese espacio es grande; en otras, más pequeño.

Un *rol* es un tipo de norma que define cómo debemos actuar en una situación específica. Todos desempeñamos diversos roles (estudiante, empleado, hermano, padre, hijo, etc.) y cada uno determina cómo debe ser nuestro comportamiento en la situación respectiva. Hay roles que son evidentes. Sin embargo, muchas veces se desdibujan, como cuando el padre trata de ser "amigo" de su hijo adolescente. Ser padre no es lo mismo que ser amigo, y cuando la línea que separa los dos roles se vuelve imprecisa, el llamado padre viola una de las normas que rigen la paternidad. Desde luego que valdría la pena preguntarse por qué un adulto querría ser amigo de un detestable adolescente.

Cuando se pierde el sentido de la realidad

En algunas ocasiones, la definición de los roles es un determinante más poderoso de la conducta que la personalidad y las preferencias. En 1972, Phil Zimbardo realizó el famoso estudio llamado Experimento de la Prisión de Stanford, que demuestra la influencia decisiva de los roles. Estudiantes universitarios participaron en una situación simulada en la que hacían de prisioneros o de guardianes de prisión. El experimento se llevó a cabo en una supuesta cárcel en el sótano de la facultad de psicología de la Universidad de Stanford.

Todos sabemos lo que implican los roles de prisionero y de guardián de prisión. Debido a lo que empezó a ocurrir, Zimbardo tuvo que suspender el experimento una semana después de haberlo iniciado. Jóvenes que siempre se habían comportado como estudiantes sanos y normales tomaron esos roles con excesiva seriedad. Los que hacían de guardianes empezaron a tratar a los que hacían de internos no sólo con desprecio, sino de un modo inhumano; y los que hacían de internos empezaron a odiar de verdad a sus guardianes y a pensar únicamente en sobrevivir y en hallar los medios de burlar el sistema "carcelario". En otras palabras, se dejaron dominar por sus roles y aparentemente perdieron el sentido de la realidad de la situación.

Un factor crucial de la conducta individual es el *rol de género* o *de sexo*: conductas que se esperan de los hombres y de las mujeres. Los niños se visten de azul y las niñas, de rosa. Los niños trepan a los árboles y las niñas juegan con muñecas. Las niñas son protectoras y dulces; los niños, egoístas y rudos. Y así sucesivamente. La sociedad está llena de roles de sexo que definen la conducta que se considera apropiada para los niños y para las niñas. Me divierte mucho ver películas viejas, en las que las mujeres montan a caballo de lado. Parece que no se consideraba muy femenino que las damas se sentaran a horcajadas en la silla.

A lo largo del tiempo ha habido muchos cambios en la definición de los roles de sexo. Un buen ejemplo son los hombres que usan aros y los que se maquillan. ¿Utilizar pantalón las mujeres? ¡A quién se le ocurre! Hoy son pocas las mujeres que no trabajan fuera del hogar y hasta he visto a varios hombres llorar. Pero, a pesar de los cambios que se han producido, todavía estamos lejos de alcanzar la igualdad total de los sexos.

Andanzas en grupo

En un episodio clásico de la serie televisiva *Dimensión desconocida,* al llegar a la adolescencia todos los jóvenes se hacen cirugía plástica para transformarse y quedar iguales a Ken, los muchachos y las muchachas, como Barbie. Pero una chica que decide conservar su apariencia natural es atormentada y ridiculizada por querer ser ella misma. Esa muchacha estaba bajo una tremenda presión para ser como todas, es decir, para someterse a los deseos del grupo. Los grupos ejercen toda clase de presiones sobre sus miembros. Con frecuencia tienen reglas explícitas para mantener el orden y la disciplina, pero a veces las reglas y la presión son sutiles.

La conformidad con el grupo

La *conformidad* se define como el cambio de conducta que se produce por efecto de la presión del grupo, ya sea real o percibida. Solemos plegarnos a las demandas del grupo mucho más de lo que creemos. ¿Cuántas casas de color violeta hay en su calle? Estoy seguro de que muy pocas, si es que hay alguna.

En 1937, Sherif investigó cómo varían nuestros juicios dependiendo de las respuestas de los demás. Les pidió a los sujetos de investigación que calcularan la distancia que recorría una luz en un cuarto oscuro. Sherif descubrió que cuando otras personas estaban presentes y sus respuestas eran distintas, los sujetos de investigación modificaban las suyas para hacerlas más acordes con las de esas personas. Las respuestas de estas últimas influyeron en las de ellos. En 1955, Asch hizo el mismo hallazgo cuando reunió a un grupo de individuos y les pidió que calcularan la longitud de varias líneas. Los sujetos modificaron sus respuestas para que coincidieran más con las de la mayoría de los presentes. Esos dos estudios demuestran que existe la tendencia a ajustar la percepción a las presiones del grupo, incluso cuando la presión es sutil.

La *obediencia* es una forma extrema de conformidad e implica, por lo general, ir en contra del propio juicio o de las verdaderas intenciones. Cuando pienso en "obediencia" vienen a mi mente escenas de obediencia ciega; por ejemplo, me veo con una correa alrededor del cuello haciendo tonterías para obtener mi recompensa.

¿No es cierto que si un experimento nos exigiera torturar a alguien aplicándole descargas eléctricas, la mayoría dejaríamos de participar en él? Sin embargo, en un famoso experimento la mayoría de los sujetos no sólo no se retiraron, sino que siguieron aplicando choques a los otros "sujetos" (ver "Impresionante, ¿verdad?" un poco más adelante en este capítulo). ¿Por qué? Hay ocho factores que propician la conformidad y la obediencia:

✔ **Distancia emocional de la víctima:** Cuanto más personal haya sido el contacto con el individuo, menos probable es que lo tratemos con crueldad. Es mucho más difícil actuar despiadadamente cuando conocemos a la víctima.

✔ **Proximidad y legitimidad de la autoridad:** Cuando la persona que ejerce autoridad está cerca y consideramos que su autoridad es legítima, es más probable que obedezcamos.

✔ **Autoridad institucional:** Cuando la persona que ejerce autoridad pertenece a una institución reconocida, es más probable que obedezcamos. Es mucho más probable que yo acate las órdenes de un juez que las de alguien que está sentado a mi lado en el micro. La autoridad institucional ejerce un fuerte efecto en la conducta de obedecer.

✔ **Tamaño del grupo:** Los grupos de entre tres y cinco personas ejercen la mayor presión y, por lo tanto, son los que más propician la conformidad. En cambio, los grupos de menos o de más personas ejercen un efecto menor.

✔ **Unanimidad:** Cuando todos los integrantes del grupo se muestran de acuerdo sobre algún punto, es mucho más difícil que un solo individuo se oponga.

✔ **Cohesión:** Cuanto más unidos se sienten los integrantes del grupo y cuanto más organizados están, tanto más poder ejerce el grupo sobre cada uno de ellos. Yo solía jugar al béisbol con un equipo que no utilizaba uniforme. Eso no me parecía correcto porque pensaba que para ser un equipo "de verdad" debíamos jugar uniformados. Utilizar uniforme fomenta la cohesión porque vernos todos iguales proporciona una sensación de unidad.

✔ **Estatus:** Las personas que tienen un estatus más alto ejercen una influencia mayor sobre los demás.

✔ **Reacción pública:** La gente demuestra más conformidad cuando su comportamiento es público. Es más fácil discrepar en privado o de forma anónima.

Aun cuando la conformidad y la obediencia no son necesariamente negativas, es muy importante aprender a oponerse a ellas, por si acaso. La Alemania nazi es uno de los ejemplos más patentes de los peligros de ple-

Impresionante, ¿verdad?

En 1965, Stanley Milgram realizó un experimento sobre la obediencia que raya lo absurdo. Los sujetos se situaron ante un tablero de control y cada uno recibió un interruptor para administrar descargas eléctricas a otro "sujeto", que estaba detrás de una división. Los "sujetos" en realidad eran experimentadores que simulaban estar participando en la investigación como verdaderos sujetos. Premisa: los "sujetos" debían recibir una descarga eléctrica cada vez que respondieran mal una pregunta. Pero cuando a una respuesta equivocada seguía otra también errada, la descarga debía ser más fuerte y así sucesivamente. Las descargas, que al principio eran de 75 voltios, alcanzaron los 450 voltios. Llegaba un momento en que los "sujetos" gritaban y les suplicaban a los sujetos reales que dejaran de torturarlos. Un experimentador que llevaba bata blanca de laboratorio y una libreta de apuntes se colocaba al lado de los sujetos reales y los incitaba a seguir adelante con el experimento y a no dejar de administrar las descargas, a pesar de las protestas y el obvio dolor de los "sujetos".

La realidad es que los "sujetos" no recibían ninguna descarga; sólo simulaban. Ahora pregúntese: "¿En qué momento habría yo dejado de administrar las descargas?" Quizás usted piensa que lo habría dejado de hacer tan pronto como el "sujeto" hubiera empezado a gritar y a suplicarle que se detuviera. Estoy seguro de que los sujetos del estudio de Milgram pensaban lo mismo. Pero lo más impresionante es que el 63 por ciento de los sujetos reales siguieron adelante, es decir, obedecieron al experimentador, hasta que las descargas alcanzaron 450 voltios. ¡Eso sí es obediencia!

garse ciegamente a la autoridad. Sostengo que la diversidad individual es importante para cualquier grupo social y que la mejor manera de evitar la conformidad es preservar y respetar la singularidad de cada ser humano. La libertad de expresión y la tolerancia religiosa también protegen contra la conformidad. Mientras las personas puedan opinar libremente y se sientan cómodas siendo ellas mismas, es más difícil que se dejen llevar por la conformidad.

La unión hace la fuerza

"En los equipos no hay individualidades", suelen decir los entrenadores a los deportistas para tratar de transmitirles la noción de que cuanto más se integren como grupo, mejor será el resultado. Los psicólogos sociales han descubierto que esto es verdad hasta cierto punto. Cuando estamos en presencia de otros nos sentimos más vitales y tendemos a esforzarnos más por hacer bien las cosas. Este fenómeno se conoce como *facilitación social*.

Robert Zajonc demostró que estar en presencia de otros contribuye a un mejor rendimiento, aun cuando la actividad sea relativamente sencilla y rutinaria. Pero cuando la actividad es difícil, ocurre lo contrario. Así que no es una buena idea hacer los concursos de matemáticas en los estadios.

Holgazanes con suerte

Cuando estaba en la escuela secundaria, los profesores a menudo nos pedían que hiciéramos trabajos de grupo. Lo que usualmente sucedía era que cuatro estudiantes desaplicados formaban un grupo con un estudiante sobresaliente y dejaban que éste hiciera todo el trabajo. Y, desde luego, sacaban una buena nota. Éste es un ejemplo de *holgazanería social:* la tendencia que tienen algunas personas a invertir menos esfuerzo y energía cuando participan en actividades que hacen caso omiso de la responsabilidad individual, como las de grupo.

Los psicólogos Latane, Kipling, Williams y Harkins descubrieron, por ejemplo, que cuando formamos parte de un grupo de seis personas y nos piden que aplaudamos lo más fuerte que podamos, lo hacemos más suavemente que cuando estamos a solas. Tendemos a holgazanear en las actividades de grupo. Los holgazanes son individuos que se aprovechan de los esfuerzos de los demás miembros del grupo, como esos niños que sólo abren la boca cuando supuestamente deberían estar cantando con el coro de la escuela. Si nadie va a apreciar lo que hago, ¿para qué me esfuerzo?

El poder transformador del anonimato

¿Ha notado que los integrantes de grupos que hacen cosas terribles suelen usar uniforme? Por ejemplo, el Ku Klux Klan. ¿Qué sentido tienen esos capuchones puntiagudos? Algunas investigaciones han revelado que cuando la identidad y la responsabilidad individual se desdibujan, tendemos a desinhibirnos. Y la desinhibición puede llevarnos a hacer cosas que no haríamos si estuviéramos solos o si fuera más fácil identificarnos. Lo que ocurre es que nos desindividualizamos.

Cuando formamos parte de una multitud, nos volvemos anónimos. Y el anonimato conlleva cierto grado de libertad. Quizá lo que ocurre es que disminuye el temor a ser descubiertos. Se ha visto que los niños son más propensos a robar cuando están en una situación de desindividualización. Al parecer, el anonimato o una identidad poco clara favorecen el comportamiento antisocial.

Cuando nadie se atreve a disentir

La influencia que ejerce el grupo en la conducta individual puede ser beneficiosa o, por el contrario, perjudicial. Aparentemente realizamos mejor algunas tareas cuando trabajamos en grupo. En 1971, Janis planteó el concepto de *pensamiento grupal*, otro efecto potencialmente nocivo de los grupos. Cuando se suprimen los desacuerdos entre los integrantes del grupo a fin de preservar la armonía, se presenta este fenómeno.

Los desacuerdos pueden amenazar la cohesión del grupo. Cuando los miembros expresan ideas que no concuerdan con las de la mayoría, el grupo puede reaccionar negativamente. Una de las víctimas más famosas del *pensamiento grupal* que registra la historia fue Galileo. Las pruebas que recopiló acerca del sistema solar desafiaron la noción imperante en su época. ¿Recibió elogios y honores? ¡Todo lo contrario! Lo encarcelaron por hereje, por disentir.

Los grupos se esfuerzan consciente e inconscientemente para evitar las discrepancias. Janis identificó ocho síntomas del *pensamiento grupal*:

✔ **Ilusión de invulnerabilidad:** Cuando los grupos piensan que son intocables, es más probable que repriman los desacuerdos.

✔ **Creencia en la superioridad moral del grupo:** Los grupos que están convencidos de su gran moralidad suelen ignorar su propia inmoralidad.

✔ **Racionalización:** En la medida en que los miembros justifiquen colectivamente sus acciones, los grupos se vuelven cada vez más cerrados y menos objetivos.

✔ **Estereotipos sobre el oponente:** Cuando la visión que tiene el grupo sobre el oponente se basa en prejuicios y estereotipos, los miembros suelen ignorar todo lo que contradiga esa visión.

✔ **Presión para adaptarse al grupo:** Los grupos ejercen una fuerte presión para que sus integrantes se amolden a sus dictados; de lo contrario, los excluyen.

✔ **Autocensura:** Los miembros del grupo prefieren no compartir con los demás sus diferencias de criterio para no perturbar la armonía.

✔ **Ilusión de unanimidad:** Los desacuerdos internos se ignoran o se guarda silencio en torno a ellos; así que, en apariencia, no existen.

✔ **Presencia de un guardia custodio de la mente grupal:** Algunos miembros asumen un papel activo para proteger al grupo de los desacuerdos o de la información que no contribuya a la ilusión de unanimidad.

El pensamiento grupal causa muchos y graves perjuicios. Por ejemplo, puede ser la causa de que se dejen de analizar alternativas a una situación determinada, lo que impide examinar a fondo los problemas. O puede llevar a minimizar los riesgos. En todo caso, el pensamiento grupal influye poderosamente en las decisiones que toma el grupo.

Algunas maneras de evitar el pensamiento grupal son las siguientes:

✔ Alentar a todos los integrantes a expresar sus puntos de vista.

✔ Invitar a personas ajenas al grupo para que expresen sus opiniones.

✔ Pedir a algunos integrantes del grupo que hagan el papel de abogados del diablo.

La persuasión

Estoy seguro de que a todos nos gustaría tener más poder de persuasión. Un magnífico ejemplo de ese poder se puede ver en las películas de *La guerra de las galaxias*. Los caballeros jedi tenían la facultad de influir en el pensamiento de los demás utilizando "la fuerza", o "el truco mental jedi". Sin duda, el vendedor al que compré mi auto me hizo este truco, es decir, puso en práctica el lado oscuro de esa fuerza.

La *persuasión* interviene de manera importante en todas las interacciones y convenciones sociales y no se utiliza solamente para vender productos. La persuasión tiene una infinidad de aplicaciones formales e informales. Hay dos caminos que llevan a ella:

✔ **Ruta central:** Se refiere a que la información con el potencial de persuadir es procesada activamente por la persona a quien va dirigida. Un estudio realizado por Verplanken en 1991 reveló que cualquier cambio de actitud u opinión que se derive de una reflexión profunda tiene más probabilidades de perdurar.

✔ **Ruta periférica:** Esta clase de comunicación es menos directa que la anterior e implica asociar el mensaje con imágenes que pueden ser positivas o negativas. Por ejemplo, los gimnasios utilizan modelos con cuerpos esculturales para convencer a la gente de que se haga socia. Esta ruta es indirecta y prácticamente no exige pensar. Los publicistas aprovechan la tendencia de la mente a formar asociaciones. ¿Se acuerda del condicionamiento clásico? (si no se acuerda, revise el capítulo 8).

Los psicólogos Petty y Caccioppo señalan que una condición para que la persuasión sea eficaz es no anticipar nada a la persona a quien va dirigido el mensaje para evitar que prepare argumentos en contra. Un argumento persuasivo tiene cuatro componentes esenciales:

✔ **Características del emisor:** Los mensajes transmitidos por personas que gozan de credibilidad tienen más probabilidad de persuadir.

  • Solemos relacionar la experiencia con la credibilidad. Por lo general escuchamos a los expertos. Pero hay que tener presente que no todos los que afirman ser expertos en realidad lo son. Cuando tenga dudas, revise las credenciales, la formación académica y la experiencia de esas personas.

  • Es más probable que nos dejemos convencer por alguien a quien consideramos digno de confianza. Yo únicamente compro los cereales que anuncia en la televisión ese tierno abuelo que parece tan confiable. ¿Cree usted que él sería capaz de mentir?

  • Encontramos más persuasivos los mensajes transmitidos por personas atractivas desde el punto de vista físico o de la personalidad.

  • El parecido es importante. Cuanto más se parece a nosotros el emisor del mensaje, tanto mejor.

✔ **Características del mensaje:** Al tratar de persuadir, ¿se debe apelar a las emociones, a la razón o al pensamiento crítico de la gente? Entre las características del mensaje están las siguientes:

- **Enfoque racional:** En 1983, Caccioppo y otros investigadores descubrieron que para persuadir a individuos analíticos o con un alto nivel educativo conviene apelar al raciocinio. A esas personas —que no son necesariamente más inteligentes que las demás, sino que viven mejor informadas y están más actualizadas— les gusta reflexionar y analizar la información antes de tomar decisiones.

- **Enfoque emocional:** Quienes no tienen tiempo de leer todos los informes del mercado cuando van a comprar un automóvil nuevo, tienden a confiar en los demás y a dejarse influir por factores emocionales. "Mi hermana me dijo que está encantada con su auto nuevo. Compraré uno igual".

- **Enfoque basado en el temor:** Muchos mensajes persuasivos recurren al temor para alejar a la gente de las conductas nocivas o poco sanas. Este tipo de mensajes, que nos rodean por todas partes, dan buenos resultados. Por ejemplo, los que buscan disuadir a los fumadores y a los consumidores de sustancias psicoactivas o los que advierten que el exceso de velocidad en la ruta puede tener consecuencias fatales. Pero hay un detalle. Si queremos persuadir a alguien por medio del temor, tenemos que darle alternativas o información concreta sobre cómo modificar la conducta indeseable. De lo contrario, no dejará esa conducta a pesar del miedo.

- **Argumento de doble vía:** Ésta es otra táctica persuasiva útil. Un argumento de doble vía valida la posición del otro y da la impresión de ser justo y objetivo. Los publicistas la utilizan desde hace mucho tiempo. Un ejemplo son las "pruebas de sabor", que comparan las cualidades de un producto con las del rival.

✔ **Comunicación del mensaje:** La manera en que se transmite el mensaje también es muy importante. La mejor forma de persuadir es hacer que el receptor participe activamente en el procesamiento de la información. Un argumento activo es aquel que capta la atención del receptor y le transmite la idea de que se espera que comprenda el mensaje, reflexione, lo recuerde y luego actúe en corcondancia. Al aumentar la energía que se invierte en el procesamiento mental del mensaje, también aumenta la probabilidad de que sea recordado. En cambio, el impacto que ejercen los mensajes que se reciben pasivamente es mucho menor. La gente debe involucrarse activamente en el mensaje.

✔ **Características de la audiencia:** En 1986, Sears descubrió que la gente mayor es menos dada a cambiar de actitud que la gente joven. Las personas a quienes es más fácil persuadir tienen poco más de veinte años. En esta época de la vida abundan las oportunidades y la información se intercambia a una velocidad extraordinaria. Por lo general, la gente de esta edad está en la universidad o está entrando en el mundo laboral y ampliando sus redes sociales. Además, está expuesta a un nuevo universo informático que hace más difícil resistirse a la persuasión.

Aquí tiene un pequeño consejo para no dejarse persuadir. Ante la cantidad de mensajes persuasivos que nos bombardean a diario, es útil saber cómo podemos permanecer fieles a nuestras creencias y actitudes. En 1970, Kiesler mostró que una buena manera de resistirse a la persuasión es mediante el proceso de *inoculación de actitud*. Esto significa exponerse a argumentos débiles y contrarios a los propios con el objeto de inocular, o fortalecer, la resistencia frente a los contraargumentos. Mediante este proceso aprendemos a refutar y adquirimos confianza para hacerlo. Es como un ejercicio de calentamiento antes del partido final. Por ejemplo, si quiero ayudar a alguien a afianzar su posición sobre la necesidad de endurecer el reglamento de posesión de armas de fuego, podría darle argumentos débiles en contra de endurecer esas diposiciones.

¿Por qué hay gente malvada?

Aunque creamos que somos civilizados, es imposible ignorar la violencia y la agresividad que nos rodean. Algunos de los actos más atroces que ha conocido la humanidad se cometieron en el siglo XX y no en un remoto y salvaje pasado. Los ejemplos abundan: el genocidio de Pol Pot

Una técnica persuasivo-musical

Un estupendo vídeo de rock de una banda llamada Cake demuestra los efectos de la participación del receptor de un mensaje que busca persuadir. En el vídeo, un hombre que va caminando por la playa pide a los bañistas que se coloquen unos auriculares, escuchen una nueva canción y le digan qué piensan de ella. Esta técnica publicitaria es muchísimo más eficaz que si un hombre se paseara con un aviso que dijera: "Compre la nueva canción de Cake. ¡Ya se encuentra en las disquerías!". Los individuos a quienes se intenta persuadir participan en su propia manipulación. Increíble. No sé si quienes realizaron el video eran conscientes de lo que hacían, pero si fue así, hay que felicitarlos. Dieron con una magnífica técnica persuasiva.

en Camboya, el Holocausto judío, el asesinato de 26 millones de personas en la China de Mao Tse-tung y, más recientemente, la guerra civil de
Ruanda. Pero no toda la violencia se expresa en masacres y asesinatos
en masa. Todos los días ocurren hechos de esa naturaleza en menor
escala, pero no por eso menos aterradores, como violencia doméstica,
abuso infantil, homicidios, violaciones y agresiones. ¿Por qué somos
violentos? ¿Por qué actuamos así unos contra otros? Los psicólogos han
buscado respuestas a estos interrogantes estudiando la agresión, una
forma de violencia. La *agresión* se define como cualquier comportamiento dirigido a otra u otras personas con la intención de hacerles daño.
Hay dos clases:

✔ **Agresión hostil:** Motivada por la ira y es un fin en sí misma.

✔ **Agresión instrumental:** Es un medio para lograr algún propósito,
como la intimidación o la extorsión.

La mayor parte de las teorías sobre la agresión tratan de explicar por qué
cometemos actos hostiles. ¿Será que no podemos evitarlo? Hay varias
teorías sobre este tema.

Quizás nacemos con un instinto violento y con la predisposición genética
a actuar agresivamente. Parece que desde el nacimiento algunos niños
son más agresivos que otros. Freud pensaba que el instinto de agresión es
innato y, de hecho, estudios genéticos realizados con gemelos idénticos,
o monocigóticos y gemelos distintos, o dicigóticos, han revelado que la
probabilidad de que ambos sean agresivos es mayor entre los gemelos
idénticos o monocigóticos (Rushton et al. 1986).

La violencia en televisión

Toda mi vida he visto programas violentos en
la televisión y, sin embargo, no me considero
una persona violenta. No obstante, los estudios indican que cuanta más violencia ven los
niños en televisión, más agresivos se vuelven
(Eron, 1987). En 1986, Hearold revisó más de 230
estudios y concluyó que ver actos de violencia
promueve el comportamiento agresivo. Mi
pregunta es: ¿Por qué hay tanta violencia en
televisión? ¿Qué ganamos con ello? ¿Es acaso
una técnica de persuasión emocional para
que las empresas vendan sus productos? No
lo sé, pero considero un deber averiguar qué
razones hay para que la televisión muestre
tanta violencia.

Diversas investigaciones han mostrado que los hombres y las mujeres acusados de delitos violentos presentan niveles más altos de la hormona testosterona que los hombres y las mujeres acusados de delitos no violentos (Dabbs, 1988).

Es posible que nuestro cerebro tenga que ver con esto. Centros cerebrales específicos parecen estar involucrados tanto en el comportamiento agresivo como en su inhibición. Desde hace mucho tiempo se sabe que quienes sufren de alteraciones graves de los lóbulos frontales tienen más dificultad para controlar los impulsos agresivos. La inhibición de este tipo de impulsos es una de las funciones de los lóbulos frontales.

¿Quizá lo que me ocurre es que estoy frustrado? Yo soy de esos conductores que se enojan cuando quedan atrapados en medio de un embotellamiento de tránsito. Pero no soy de los que maldicen a diestra y siniestra desde el automóvil, ni de los que se pelean a piñas con nadie. Sin embargo, sí me siento frustrado. En 1989, Berkowitz encontró que, en algunas ocasiones, la frustración antecede a la agresión. Pero no siempre. Cuando nos sentimos frustrados nos enojamos y la ira nos predispone a actuar agresivamente. El detonante es la evaluación cognitiva de la situación y la conclusión de que alguien nos ha hecho algo malo intencional-mente. En este contexto aumenta la probabilidad de que actuemos agresivamente (Weiner, 1981). De modo que si usted me pisa, más le vale que sea accidentalmente.

¿Somos producto del ambiente? Quizás aprendimos a ser agresivos observando a otros. Eso creía Albert Bandura. Según su teoría del aprendizaje social, la conducta agresiva se aprende observando a los demás y viendo que son recompensados por actuar de esa manera. Solemos recompensar a los niños pequeños por ser rudos. Pagamos a los boxeadores sumas millonarias para que se golpeen. Nuestra sociedad premia con frecuencia los actos de agresión. ¿Qué niño dejaría de ver los beneficios de ser agresivo en un medio de esta naturaleza?

La violencia en televisión ha sido objeto de acalorados debates en los últimos años debido al aumento considerable de la violencia juvenil. Los estadounidenses ven muchísima televisión. Pero no sólo ahora. Ya en 1972, encuestas realizadas por Gallup indicaban que la veían siete horas diarias de promedio. Estoy seguro de que hoy pasan mucho más tiempo frente al televisor. Sea cual sea nuestra opinión acerca de la violencia en televisión, la realidad es que es excesiva. Según un estudio realizado por Gerbner en 1990, siete de cada diez programas contienen escenas de violencia y los programas que se emiten en las horas de mayor audiencia contienen cinco actos de violencia por hora.

¿Qué nos impulsa a ayudar?

Siempre he admirado a quienes, como la Madre Teresa de Calcuta, dedican su vida a ayudar a los demás. ¿Qué impulsa a la gente a buscar el bien ajeno aun a costa de su propio bienestar? Es evidente que la Madre Teresa no lo hizo por dinero. Jamás la vi conduciendo un Rolls Royce. El *altruismo*, que es la preocupación por los demás y el afán por ayudarlos sin esperar nada a cambio, ha sido un tema favorito de la psicología social. Tal vez esto se debe a que constituye una parte integral de nuestra cotidianidad. Prácticamente no pasa un día sin que nos enteremos de alguna situación que requiere nuestra ayuda, aunque sea a través de esos anuncios de televisión que muestran a niños famélicos en los países más pobres del mundo.

A todos nos gusta creer que somos altruistas. Si no somos especialmente dados a ayudar, por lo menos sí lo hacemos en ciertas situaciones o cuando la necesidad es demasiado evidente. Cientos de investigaciones realizadas por psicólogos sociales han analizado por qué, cuándo y a quién ayudamos. Algunos de los resultados son sorprendentes.

En 1964, en la ciudad de Nueva York, un hombre asesinó a una mujer llamada Kitty Genovese acuchillándola brutalmente en la calle. La mujer luchó contra su atacante y gritó pidiendo ayuda durante cerca de 35 minutos. Pero nadie acudió en su auxilio. Posteriormente 38 vecinos de la mujer informaron que habían presenciado el crimen y escuchado los gritos. Sin embargo, no hicieron nada para ayudarla.

¿Por qué nadie trató de defender a Kitty? Usted seguramente está pensando que, de haber sido vecino suyo, sí la habría ayudado. Cuando escuché por primera vez esta historia, pensé: "¿Cómo es posible que nadie hiciera nada? ¿Qué les pasó a esas personas?". Reflexionemos un momento. ¿Qué probabilidad hay de que todos esos 38 individuos fueran insensibles hasta el punto de no preocuparse por una mujer a la que estaban asesinando ante sus narices? Muy poca. La historia de Kitty Genovese ilustra el punto central de la psicología social: el comportamiento de los demás influyó poderosamente en la conducta de cada uno de los vecinos de Kitty.

¿Por qué ayudamos?

Antes de exponer algunas de las principales teorías sobre el altruismo, vamos a hacer un pequeño experimento.

La próxima vez que esté en un lugar público, haga alguno de estos dos experimentos:

✔ **Experimento 1:** Muy cerca de un grupo de personas, deje caer al suelo cinco monedas y actúe como si no se hubiera dado cuenta. Fíjese cuánto tiempo pasa antes de que alguna de ellas lo ayude. Observe a las personas y procure recordarlas tanto como le sea posible.

✔ **Experimento 2:** En un lugar público, simule que tropieza y está a punto de caer. Haga la misma observación.

Si ha hecho estos experimentos, ¿qué ha ocurrido? ¿Quién lo ha ayudado? ¿Cuánto tiempo pasó? ¿Sabe por qué lo ayudaron? Yo sí que lo sé; seguramente por lo atractivo (o hermosa) que usted es. Créalo o no, como explico más adelante en esta sección, el atractivo físico marca una gran diferencia.

Diversas teorías explican por qué ayudamos a los demás:

✔ **Teoría del intercambio social:** Según esta teoría, ayudar es una forma de proceso de intercambio.

✔ **Teoría del egoísmo:** Propone que ayudamos para obtener algo a cambio.

✔ **Teoría genética:** Para esta teoría, ayudar forma parte de nuestra constitución genética.

La *teoría del intercambio social* de Foa y Foa sostiene que ayudar forma parte de un proceso recíproco de dar y recibir "bienes" sociales, como amor, apoyo y servicios. Todos procuramos minimizar los costos y maximizar los beneficios, como todo buen negociante. En situaciones que requieren ayuda, si el beneficio de ayudar es mayor que el costo de no ayudar, la probabilidad de que ayudemos aumenta. Esto tiene lógica si se piensa que en algunas ocasiones ayudar implica riesgos físicos o serios inconvenientes.

En la década de los años 50, Ayn Rand escribió *La rebelión de Atlas,* una famosa novela filosófica que promueve la "virtud del egoísmo". Si cada uno busca su propio beneficio, todo marchará bien. Rand no era la única que hablaba a favor del egoísmo. Carlsmith y Gross, otros psicólogos sociales, formularon una teoría parecida a la del intercambio social. Argumentan que la motivación para ayudar son nuestros intereses egoístas. Damos para recibir. Mientras que algunas recompensas son externas, como el elogio y la notoriedad, otras son internas, como la reducción de las emociones negativas, por ejemplo, la culpa.

Esas teorías tienen un cariz de cinismo, ¿no le parece? Sin embargo, hay hallazgos de investigación que apoyan las teorías sobre el egoísmo. Krebsin observó que las personas que mostraban mayor alteración fisiológica (por ejemplo, aumento del ritmo cardíaco y de la frecuencia respiratoria) se inclinaban más a ayudar que los que mostraban menor alteración. Supongo que cuando no sentimos ninguna inquietud, no nos molestamos en ayudar.

En 1991, Daniel Batson salió en defensa de la bondad intrínseca del ser humano. Según su teoría, ayudamos porque sentimos empatía por los demás de manera natural, especialmente por aquellos con quienes tenemos algún vínculo.

Hoffman descubrió que hasta los bebés parecen tener la capacidad natural de "sentir compasión". Ellos lloran cuando oyen llorar a otro bebé. ¿Lo hacen únicamente porque el llanto ajeno lastima sus oídos? No; lloran porque perciben el dolor o el malestar emocional del otro. Muchas veces los adultos nos sentimos perturbados ante el infortunio de otro ser humano. Esta empatía natural nos impulsa con frecuencia a ayudar.

Cuando la empatía no es la responsable de que ayudemos, entonces probablemente son las normas sociales. La *norma de reciprocidad* de Gouldner establece que un favor se devuelve con otro favor. Tú me rascas la espalda, yo te rasco a ti. Además, no hacemos daño a quienes nos ayudan. ¡No hay que morder la mano que nos da de comer! Pero esta norma no tiene en cuenta que algunos se ofenden cuando se los ayuda porque, si no pueden devolver el favor, se sienten humillados. La reciprocidad funciona mejor cuando es entre iguales.

¿Ayuda usted a menudo a las personas que se sientan en las esquinas sosteniendo un cartel en que explican que tienen una familia a la que no

Empatía y compasión

No hay que confundir la empatía con la compasión. La empatía implica una comprensión profunda del sufrimiento de otra persona, una identificación afectiva con el dolor ajeno. En cambio, la compasión es un sentimiento más distante e impersonal.

Mientras que la empatía es como sentirse en la piel de otra persona, la compasión es lamentar la situación de quien se encuentra en esa situación.

pueden mantener y piden dinero o comida? ¿Siente la responsabilidad de ayudarlas? Eso esperan ellas. Según la norma de *responsabilidad social* (ver la sección "Los niños se visten de azul; las niñas, de rosa" al comienzo de este capítulo), debemos ayudar a quienes lo necesitan. Sin embargo, en 1980 Weiner descubrió que sólo aplicamos esta norma cuando percibimos que la situación por la que el individuo necesita ayuda no fue causada por negligencia o por culpa suya. En cambio, cuando creemos que la persona necesita ayuda porque "se buscó" la situación en que se encuentra, disminuye la probabilidad de que apliquemos esta norma.

En su libro *El gen egoísta*, escrito en 1976, Richard Dawkins plantea que somos altruistas porque los genes nos impulsan a actuar así. La noción de *protección de la parentela* se refiere a que los genes propician el comportamiento altruista hacia nuestros parientes para asegurar la supervivencia de la constitución genética del grupo. Siguiendo este mismo razonamiento, no nos sentimos impulsados a ayudar a quienes no conocemos. ¿Por qué habríamos de hacerlo? Ellos no comparten nuestros genes. Cuanto más material genético comparto con alguien, más probable es que lo ayude.

¿Cuándo ayudamos?

Los estudios sobre el altruismo han hecho un descubrimiento muy interesante: somos más dados a ayudar cuando estamos solos que cuando estamos en presencia de otras personas. ¿No le parece extraño? Yo siempre creí que el temor a parecer indiferente ante los demás nos mueve a ayudar. Pero las investigaciones demuestran lo contrario. Cuando estamos con mucha gente es menos probable que nos percatemos de la necesidad ajena. Por ejemplo, en la ciudad de Nueva York todos viven muy ocupados y rodeados de miles de personas. En medio de esa multitud, nadie parece tener tiempo de fijarse en todo lo que ocurre a su alrededor. Es más fácil pasar desapercibido en medio de una multitud.

Cuando estamos rodeados de gente ocurre algo muy curioso: no interpretamos fácilmente la conducta ajena como una solicitud de ayuda. Observamos cómo reaccionan los demás y, si vemos que no se muestran alarmados ni especialmente interesados, seguimos su ejemplo. Cuando estamos con otras personas en una situación en que la necesidad de ayudar no es clara, tendemos a interpretarla como si no requiriera la injerencia de nadie. Esto es particularmente cierto cuando estamos rodeados de extraños.

La *difusión de responsabilidad* es otro concepto que ayuda a explicar la conducta de ayuda. Cuando hay otros individuos cerca, pensamos que ellos van a ayudar. Pero cuando no hay nadie cerca, entonces debemos hacerlo nosotros. ¿Qué pasa cuando todos suponen que los otros son los que van a ayudar? Que nadie ayuda. Y eso fue exactamente lo que descubrieron en 1968 los investigadores Latane y Darley.

Pero cuando formamos parte de un grupo, nuestra conducta no es del todo negativa. En 1967, Test comprobó que cuando un miembro del grupo toma la iniciativa y actúa, aumenta la probabilidad de que los demás sigan su ejemplo. Esos individuos sirven de *modelos de conducta prosocial* e influyen altamente en la conducta altruista de los demás. Lo difícil es que alguien dé el primer paso. Mientras eso no ocurra, las fuerzas negativas del efecto del espectador controlan la situación. El *efecto del espectador* se refiere a la tendencia a no involucrarnos en la situación cuando hay mucha gente alrededor. Sencillamente no hacemos nada. Entonces, ¡actúe como un héroe! Dé el primer paso. Alguien tiene que darlo.

¿Y qué decir de los sentimientos? Siempre he querido saber cuál es el origen de la tradición de repartir cigarros entre los amigos y familiares en las bodas. Aunque todavía no lo sé, estudios sobre el altruismo han revelado que quienes se sienten felices tienden a ser más serviciales. ¿Significa esto que las personas que están tristes o deprimidas no ayudan? Eso depende de lo gratificante que sea para ellas el ayudar a los demás. Si no están totalmente centradas en sí mismas, las acciones altruistas les pueden resultar sumamente gratificantes. De modo que, si está triste, haga el bien. Y si está feliz, con mayor razón.

Siempre se piensa que la gente religiosa es generosa y servicial. De hecho, muchas organizaciones religiosas dirigen entidades sin fines de lucro. ¿De verdad la gente religiosa tiende a ayudar más? Sí, diversas investigaciones han revelado que las personas para quienes la religión es muy importante son mucho más generosas que las demás.

¿A quién ayudamos?

En 1986, Crowley descubrió que las mujeres reciben más ayuda que los hombres y que las mujeres atractivas reciben más ayuda que las que carecen de atractivo. El parecido también es importante a la hora de dar una mano. En 1971, Enswiller encontró que tendemos a ayudar más a quienes se parecen a nosotros.

Capítulo 15

Crecer con la psicología

- -

En este capítulo

▶ ¿Será niño o niña?

▶ Explorar el mundo.

▶ El sorprendente desarrollo del bebé.

▶ Cuando el pequeño abandona el nido.

▶ ¡Llegó la pubertad!

- -

¿Se ha preguntado cómo sería su vida si su padre o su madre fueran psicólogos? ¿Sería eso bueno o malo? Imagínese que cualquier conversación durante la cena se pareciera al siguiente diálogo:

Padre: ¿Cómo te fue hoy?

Hijo: Bien.

Padre: ¿Bien? No parece. ¿Cómo te fue de verdad hoy, hijo?

Hijo: Bueno, me volví a pelear con ese tarado de la escuela. Bueno, la verdad es que no nos peleamos. Él sencillamente tiró a la basura mi desayuno.

Padre: ¿Cómo te sentiste? ¿Frustrado? ¿Enojado? ¿Cómo actuaste en esa situación?

Hijo: ¿Sabes una cosa? Por una sola vez me gustaría oírte decir que vas a hacer algo para protegerme o ayudarme. Quizá podrías enseñarme a defenderme. Estoy aburrido de sentirme en una sesión de terapia cada vez que nos sentamos a la mesa. Me voy a mi habitación.

Padre: De acuerdo. Supongo que volví a equivocarme. ¿Cómo me siento yo ahora?

No sé si el hecho de que el padre o la madre, o ambos, sean psicólogos es bueno o malo. Algunos creen que viven analizando todo lo que sus hijos hacen, pero esto no es cierto. Si, por ejemplo, el padre es pediatra, ¿se supone que debe dejar todos sus conocimientos médicos en la consulta y que no debe tratar a sus hijos cuando se enferman? Desde luego que no. Sin embargo, hay que estar atentos para no exagerar.

Una de las áreas más extensas de la psicología es la del desarrollo psicológico. Aunque la mayoría de la gente la asocia únicamente con la infancia, esta área cubre la totalidad de la vida humana. De hecho, el estudio del desarrollo psicológico desde la concepción hasta la muerte se denomina *psicología del ciclo vital.*

Algunos de los temas que estudia la psicología del ciclo vital se ven en otros capítulos de este libro. Por ejemplo, los capítulos 11 y 12 versan sobre el desarrollo de la personalidad y el capítulo 13 trata del conocimiento de sí mismo y el desarrollo de las interacciones sociales. En este capítulo nos centraremos en el desarrollo físico y motor, cognitivo y social. Pero sólo veremos los períodos del desarrollo que van desde la concepción hasta la adolescencia porque son los más estudiados.

De la concepción al nacimiento

El desarrollo psicológico es un proceso que se inicia en el momento de la concepción. Las bases genéticas, que desempeñan un papel tan importante en el desarrollo futuro del comportamiento y los procesos mentales, se originan en la unión del óvulo y el espermatozoide. Cada vez que un óvulo y un espermatozoide se unen, se produce una combinación genética llamada *genotipo,* que es la estructura genética de cada ser humano. Mediante un complejo proceso que los genetistas y los biólogos comprenden mucho mejor que yo, los genes se expresan en el *fenotipo,* que es la manifestación observable de los códigos genéticos biológicos y psicológicos. La interacción entre el genotipo y los factores ambientales es decisiva en la determinación del fenotipo. Así que mi genotipo podría ser el de un hombre alto y musculoso, pero si sufro de desnutrición y nunca hago ejercicio, no permitiré que se manifieste en todo su esplendor.

X + Y = ¡Es un niño!

El óvulo y el espermatozoide, llamados *células sexuales* por su papel en la reproducción sexual, son células especializadas que contienen la mitad del material genético necesario para formar a un ser humano. Las células que no participan en la reproducción sexual tienen todo el material genético, es decir, 46 cromosomas: 23 provenientes de la madre y 23, del padre. Los cromosomas determinan los aspectos únicos del bagaje biológico y psicológico de cada individuo. Son los elementos genéticos constitutivos de nuestra estructura celular.

El par 23, que corresponde a los cromosomas sexuales, define el sexo del nuevo ser. Los cromosomas sexuales pueden ser X o Y. Mientras que los espermatozoides pueden contener tanto un cromosoma X como un cromosoma Y, los óvulos solamente contienen un cromosoma X. Cuando el espermatozoide y el óvulo se unen, la combinación particular determina el sexo del niño. En los niños varones, el par 23 contiene un cromosoma X y un cromosoma Y (XY). En las niñas, ese par contiene dos cromosomas X (XX). Como la madre sólo puede transmitir un cromosoma X y el padre, en cambio, un cromosoma X o uno Y, la contribución cromosómica del padre define el sexo del hijo.

Desde hace varias décadas, la influencia relativa de la herencia y el ambiente en la conducta y los procesos mentales humanos ha sido materia de grandes debates. Muchos han apoyado la noción de que la genética determina el comportamiento, de que la biología es el destino. Pero muchos otros han sostenido que el ambiente en el cual crecemos determina nuestra estructura psicológica. Sin embargo, en los últimos veinticinco años se ha impuesto la noción de que en la conducta y los procesos mentales intervienen tanto factores biológicos como ambientales, y de que la contribución relativa de cada uno de esos factores depende de los procesos psicológicos implicados.

La asombrosa creación de un nuevo ser

El proceso de la reproducción sexual marca el inicio tanto del desarrollo biológico como del desarrollo psicológico, dado que la conducta y los procesos mentales están íntimamente ligados al desarrollo biológico (para mayor información sobre la relación entre la psicología y la biología, ver el capítulo 3).

El proceso se inicia cuando un hombre y una mujer han tenido relaciones sexuales genitales:

Etapa germinal (de la concepción a las dos semanas)
1. **Unión del espermatozoide y el óvulo y combinación de su medio juego de cromosomas.**

Este proceso se conoce como *fertilización* y se lleva a cabo en las trompas de Falopio. Es un proceso delicado, en el cual se pueden presentar muchos fallos.

2. **Entre 24 y 36 horas después, el cigoto (el óvulo fertilizado), que es una sola célula, empieza a dividirse.**

Mediante un proceso llamado *mitosis,* que también tiene lugar en la trompa de Falopio, cada cromosoma produce una copia de sí mismo y así contribuye a la formación de una segunda célula. Las células siguen dividiéndose y multiplicándose durante todo el desarrollo del feto.

3. **El óvulo fertilizado tarda entre tres y cuatro días en llegar al útero.**

Al llegar al útero, se produce la *implantación.* El óvulo fertilizado descansa en la pared del útero y finalmente se implanta en la mucosa uterina.

4. **Se inicia el período embrionario.**

Este período comienza alrededor de catorce días después de empezar la *etapa preembrionaria* o *germinal.* El período embrionario dura hasta el final de la octava semana de gestación.

Etapa embrionaria (de la tercera a la octava semana)

5. **Continúa la división celular.**

Empieza a reconocerse una forma humana y comienzan a formarse el sistema nervioso y otros sistemas corporales.

Etapa fetal (de la novena semana al nacimiento)

6. **Comienza el período fetal, que dura hasta el nacimiento.**

Este período empieza en el tercer mes de embarazo y durante él se desarrollan procesos sumamente delicados. Algunos trastornos psicológicos se originan en algunas alteraciones del desarrollo del cerebro y el sistema nervioso del feto. El retraso mental, los problemas de aprendizaje y otras dificultades cognitivas a menudo se relacionan con problemas durante el desarrollo del feto.

Es sumamente importante que las mujeres en estado de gestación se alimenten adecuadamente, eviten las enfermedades contagiosas y supriman el consumo de drogas, alcohol y tabaco. Esos cambios de conducta no garantizan que tengan bebés sanos, pero sí incrementan las probabilidades de que así sea.

La tabla 5-1 muestra el desarrollo biológico de cada período.

Tabla 15-1	Desarrollo del feto
Etapa germinal (semanas 0 a 2): ¿Qué hay?	
Bolsa amniótica	Placenta
Embrión	Cordón umbilical
Etapa embrionaria (semanas 3 a 8): ¿Qué hay?	
Yemas (brazos y piernas)	Latido cardíaco
Ojos y oídos	Sistema nervioso
Dedos de las manos y los pies	Médula espinal
Etapa fetal (semanas 9 a 36): ¿Qué hay?	
Sistemas orgánicos en funcionamiento	Órganos sexuales
Glóbulos rojos	Glóbulos blancos
Etapa fetal: ¿Qué sucede?	
El feto muestra gran actividad	El feto duerme como un recién nacido

De angelitos a diablitos

Treinta y seis semanas más tarde, muchas mujeres afortunadas dan a luz un sano bebé. La infancia es un período de la vida en que los progresos

Cuando la naturaleza necesita ayuda

La infertilidad puede tener muchas causas, entre ellas la edad, la endometriosis y la enfermedad inflamatoria de la pelvis. La fertilización no es un asunto fácil; de hecho, las parejas sanas y jóvenes tardan un año de media en recibir la noticia de que serán padres. No obstante, la medicina moderna cuenta hoy en día con procedimientos increíbles para ayudar a la naturaleza. Por ejemplo, mediante la *inseminación artificial* el médico inyecta el esperma del hombre cerca de un óvulo que esté listo, a fin de facilitar la unión del espermatozoide con el óvulo. Hay hombres cuyo esperma no logra desplazarse por la trompa de Falopio para unirse al óvulo. En estos casos, la *fertilización in vitro* es de gran ayuda, dado que se utiliza para introducir directamente un espermatozoide en el óvulo.

físicos y psicológicos se suceden a una velocidad asombrosa. Los bebés, que al principio de su existencia pasan casi todo el tiempo durmiendo como angelitos, en un abrir y cerrar de ojos se vuelven activos y curiosos.

Las habilidades del recién nacido

Durante los nueve meses anteriores al nacimiento, el bebé depende casi por completo de su madre para sobrevivir. Pero esa dependencia no termina con el nacimiento. A pesar de que los sistemas biológicos básicos del bebé funcionan independientemente de la madre, su mantenimiento requiere la atención y el cuidado de uno o ambos progenitores, o de alguien que haga las veces de cuidador primario. La responsabilidad de cuidar a un recién nacido a menudo abruman a los nuevos padres. Pero hay una buena noticia: los bebés nacen con una cantidad enorme de habilidades que les permiten sobrevivir.

De hecho, casi todas las habilidades básicas de supervivencia están presentes desde el nacimiento. Y digo "básicas" porque me refiero a la capacidad de respirar, succionar, tragar y evacuar. Los bebés necesitan respirar para obtener oxígeno. Necesitan tragar y succionar para alimentarse. Necesitan evacuar para limpiar su organismo. A los padres que se encuentran al borde de un ataque de nervios les aseguro que no tienen que enseñar a su hijo a succionar el pecho ni la mamadera. El bebé lo hace de manera natural y automática porque es una conducta refleja.

Esas habilidades forman parte de un gran conjunto de reflejos con los que nace el bebé. Y todos esos reflejos lo ayudan a sobrevivir:

✔ **Reflejo de succión:** Cuando se le toca una mejilla, el bebé vuelve la cabeza en esa dirección intentando chupar.

✔ **Reflejo de Moro:** Ante los ruidos o los estímulos fuertes, el bebé presenta una reacción de sobresalto. Llora y estira bruscamente los brazos y las piernas.

✔ **Reflejo de prensión:** El bebé agarra con fuerza todo lo que se le acerca a las manos.

Pasitos, lápices de colores y triciclos

Uno de los aspectos del desarrollo de su hijo que los padres esperan con más ilusión es la motricidad. Al nacer, el bebé tiene muy poco control de la cabeza y las extremidades porque la coordinación de los sistemas nervioso central y periférico toma su tiempo. La capacidad de controlar los movimientos empieza por la cabeza y sigue por las extremidades y el torso. Finalmente el bebé logra un mayor control de la motricidad fina. Por ejemplo, empieza a agarrar las cosas con dos dedos. La tabla 15-2 muestra cómo va progresando esta área del desarrollo infantil.

Tabla 15-2	Sinopsis del desarrollo motor durante la infancia
Edad en meses	*Habilidades*
1 a 3	Levanta la cabeza y permanece sentado con apoyo.
4 a 8	Sostiene la cabeza, mira a su alrededor, utiliza el pulgar para agarrar y se sienta durante breves períodos sin apoyo.
8 a 12	Coordina actividades con la mano; controla el tronco y se sienta sin apoyo; gatea, empieza a usar una mano más que la otra; se sienta tras estar de pie, agarrándose a algo; da pequeños pasos con ayuda.
14	Se levanta y camina sin ayuda y sin dificultad.
18	Corre y da volteretas.

Al comenzar a caminar, la motricidad del niño se vuelve más sofisticada. Poco a poco el pequeño empieza a correr, dar patadas, lanzar objetos, andar en triciclo y realizar diversas secuencias de conductas motrices complejas. A medida que aprende a manipular objetos pequeños (como tazas, lápices y juguetes), mejora su *motricidad fina,* o sea, su destreza en el uso y el control de los dedos y las manos.

Como una maquinita bien aceitada

Simultáneamente con la capacidad de controlar cada vez mejor los movimientos, el cerebro del bebé se desarrolla a una velocidad sorprendente. En realidad, el desarrollo del cerebro empieza en la gestación y continúa durante toda la infancia y la adolescencia. Ese desarrollo progresivo comienza con las áreas motrices y permite al bebé tener conductas reflejas y adquirir control sobre su cuerpo. El siguiente paso en el desarrollo del cerebro es el de las áreas somatosensoriales, es decir, las que participan en las sensaciones y la percepción (las áreas encargadas del olfato, el gusto, el dolor, el oído y la visión). Los bebés nacen oyendo bastante bien e incluso pueden discriminar entre la voz de su madre y la de los extraños, lo que podría deberse a haberla escuchado a lo largo de toda la gestación. También nacen con un buen sentido del olfato y del gusto. La agudeza visual está menos desarrollada al nacer y mejora gradualmente durante el primer año de vida.

El desarrollo de los esquemas

El niño hace representaciones mentales de sus experiencias, las organiza y las integra mediante lo que el psicólogo suizo Jean Piaget llamó esquemas o modelos mentales de pensamiento. Los *esquemas* son formas básicas de pensar sobre el mundo. El niño no es un receptor pasivo de la información; por el contrario, la utiliza de manera activa para formar representaciones mentales del mundo y poderlo comprender. Hay tres esquemas fundamentales:

- ✔ **Esquemas sensoriomotores:** Son patrones organizados de pensamiento que se originan en la interacción directa del niño con su entorno y con la manipulación de los objetos que hay en él.

  Así, por ejemplo, el niño de un año que tira al suelo el contenido de su plato no pretende molestar a su madre. Según Piaget, el niño está desarrollando un esquema sensoriomotor para comprender la relación causa-efecto. Es sencillamente una representación de una relación mecánica básica: "Tiro la comida. Entonces papá y mamá saltan de sus sillas. ¡Qué divertido!"

- ✔ **Esquemas simbólicos:** Con el desarrollo de este tipo de esquemas, el niño comienza a adquirir una representación simbólica de las relaciones sensoriomotrices anteriores. Ya puede pensar acerca de los objetos del mundo sin tener que interactuar directamente con ellos.

- ✔ **Esquemas operacionales:** Estas actividades mentales se refieren a la manipulación de las representaciones simbólicas de los objetos. Los esquemas operacionales incluyen la capacidad de pensar de manera abstracta y de solucionar los problemas a nivel mental. Así, en lugar de saltar delante de un automóvil para ver qué sucede, el niño se imagina que lo hace y llega a la conclusión de que saldría muy mal parado de esa experiencia.

Básicamente, los tres esquemas se inician con interacciones concretas con el mundo y avanzan hasta convertirse en procesos de pensamiento más simbólicos y abstractos. La noción de que el nivel concreto da paso gradualmente al nivel abstracto es un aspecto fundamental de la teoría de Piaget.

Dos procesos innatos que facilitan el desarrollo del pensamiento son los siguientes:

- ✔ **Organización:** Se refiere a la combinación de los esquemas establecidos con esquemas nuevos y más complejos. Es como si permanentemente modificáramos nuestra manera de entender el mundo para tener una visión cada vez más completa de él.

Piaget y el desarrollo cognitivo

La *teoría del desarrollo cognitivo* se centra en la evolución y la maduración de los procesos de pensamiento. El psicólogo suizo Jean Piaget es considerado el padre de la teoría del desarrollo cognitivo y su aportación es valorada mundialmente. Piaget estudió el pensamiento viendo crecer a sus propios hijos, analizando su comportamiento y planteándose teorías sobre los pensamientos que cruzaban por sus cabecitas.

Piaget es considerado *mentalista* porque su teoría sostiene que la conducta observable es resultado, en gran parte, de lo que pensamos acerca del mundo. Para Piaget era más importante la forma en que pensamos que lo que sabemos. Un diccionario contiene muchísima información, pero ¿puede resolver la suma 2 + 2? Piaget definió la inteligencia como el conjunto de habilidades mentales que sirven al organismo para adaptarse. Pensaba que la inteligencia también implica buscar el equilibrio cognitivo, o sea, un balance entre el pensamiento del individuo y el medio. Constantemente nos enfrentamos a situaciones y estímulos nuevos. Esas nuevas experiencias desafían la mente humana, lo que produce un desequilibrio. El pensamiento es el proceso que restaura el equilibrio.

✔ **Adaptación:** Es el proceso de ajustar nuestro pensamiento a las demandas del medio. La adaptación se logra mediante dos subprocesos:

- **Asimilación:** Los niños pequeños utilizan la asimilación todo el tiempo. Llamar "perro" a un caballo demuestra que la asimilación está en pleno funcionamiento. Los niños tratan de comprender las situaciones y los objetos nuevos basándose en lo que ya conocen. Es como si utilizaran un patrón y trataran de encajar todo en él. Si el único animal de cuatro patas y cola que el niño conoce es el perro, entonces hasta un caballo es para él un perro.

- **Acomodación:** Es el proceso opuesto a la asimilación. Los esquemas existentes se transforman para ajustarse a la nueva información. El desarrollo cognitivo es entonces un proceso continuo mediante el cual el niño aplica (asimila) su conocimiento del mundo y lo enriquece mediante la acomodación de nueva información. Éste es básicamente un proceso adaptativo porque nos permite mantener un equilibrio entre nuestro pensamiento y nuestro entorno.

El aprendizaje por ensayo y error

La primera etapa del desarrollo cognitivo es la *etapa sensoriomotora*, que va desde el nacimiento hasta los dos años. Durante esta etapa se refinan las habilidades del niño para solucionar problemas y ya no depende únicamente de sus reflejos. La conducta refleja del bebé se hace extensiva a los objetos novedosos de su medio. Por ejemplo, empieza a succionar los pequeños juguetes que tiene a su alcance y no sólo el pecho de su madre o el biberón.

El bebé descubre casi por accidente que puede ejercer un efecto físico sobre los objetos de su entorno. Ese descubrimiento lo ayuda a desarrollar poco a poco conductas deliberadas y coordinadas. En algún momento, el bebé avanza hacia un tipo de experimentación o de aprendizaje por ensayo y error, mediante el cual hace cosas con los objetos que lo rodean sólo para ver qué impacto tienen sus acciones.

La capacidad de imitar a los demás se desarrolla durante la etapa sensoriomotora. El bebé generalmente sonríe cuando alguien le sonríe. Una de las modalidades más comunes de imitación es el balbuceo, también conocido como gorjeos. ¡Es algo hermoso de ver!

Uno de los últimos y más importantes avances de esta etapa es el desarrollo de la habilidad conocida como *permanencia del objeto*. Cuando escondemos un objeto a un bebé que aún no ha desarrollado esta habilidad, rápidamente lo olvida. Pero cuando ya tiene esta habilidad, recuerda que el objeto existe aunque no lo pueda ver y trata de encontrarlo. Así que si va a esconder las cosas a sus hijos, hágalo preferiblemente antes de que desarrollen esta habilidad.

Pintar sin salirse del margen

Cuando juego con niños pequeños, con frecuencia me descubro interrogándolos y poniendo a prueba los límites de sus conocimientos. Quizá les leo durante un rato y luego les pido que señalen algo en una página particular. "¿Dónde está la pelota?" Esta clase de tarea no plantea problemas, siempre y cuando no se exagere, como yo tiendo a hacer.

Muchos padres enseñan a sus hijos cosas que les pueden servir posteriormente en la escuela. Reconocer objetos y categorías, como formas, colores, animales, números y letras, son habilidades básicas que todos los niños necesitan. Aunque los pequeños tienen un cierto grado de habilidad innata, su capacidad de reconocer objetos aumenta entre el año y medio y los dos años. A los niños les fascina aprender cuentos y canciones en esta etapa de su vida.

El juego es un aspecto importantísimo de la experiencia de aprendizaje durante la infancia. Hacia los dos años y medio, los niños ya juegan con sus compañeros y realizan actividades tanto solos como acompañados durante períodos un poco más largos. Antes de esta edad suelen jugar solos o de manera interactiva con adultos u otros niños durante períodos cortos. Hasta los tres o cuatro años los niños prefieren las actividades con "juguetes" naturales, como arena, barro y agua. Aun cuando inventan sus propios juegos, todavía no manejan conceptos como reglas y condiciones para jugar.

Algunos padres aspiran a que sus hijos aprendan a reconocer y a escribir las letras antes de entrar en preescolar. No obstante, para la mayoría de los niños pequeños estas habilidades son demasiado avanzadas. Antes de entrar en preescolar, es muy poco lo que pueden retener.

Pero los niños pequeños y los preescolares suelen tener cierta habilidad para el dibujo. Stanley Gardner mostró que la mayoría de los niños de dos y tres años pueden pintar garabatos y que hacia el final de este período dibujan sin dificultad líneas rectas y círculos. A los cuatro o cinco años de edad empiezan a hacer dibujos sencillos que representan personas o cosas significativas para ellos. Y ya pueden pintar sin salirse del margen.

¡Ha dicho "mamá"!

Muchos padres recuerdan las primeras palabras que pronunciaron sus hijos. Cuando los pequeños dicen por primera vez "mamá" o "papá", a los padres se les derrite el corazón.

La opinión más generalizada entre los psicólogos acerca del desarrollo del lenguaje es que es innato y progresa a medida que el cerebro madura. Esto no significa que los niños nazcan conociendo un lenguaje, sino que tienen la capacidad mental innata de aprender y captar las reglas del lenguaje de su comunidad. Los padres pueden facilitar el desarrollo del lenguaje en sus hijos proporcionándoles un entorno que los apoye y estimule, e incitándolos a comunicar con palabras sus necesidades y deseos.

El lenguaje se desarrolla por etapas y el niño hace pequeños y simpáticos progresos durante sus dos a tres primeros años de vida. En resumen, los logros de los niños que tanto nos enorgullecen a los padres son:

✔ El habla empieza con el balbuceo. Durante los primeros meses, el bebé hace sonidos que son producidos de modo natural por el llanto y los movimientos de la boca (alimentarse, respirar y succionar). El bebé empieza a utilizar la voz experimentando con las conductas vocales relacionadas con el llanto. Esos sonidos pueden ser espontáneos o en respuesta a la interacción con los demás. Por ejemplo, el bebé balbucea en respuesta al balbuceo de su madre. Esas interacciones sirven de base para futuros desarrollos sociales y para juegos de sonidos entre padres e hijos.

✔ Entre el quinto y el séptimo mes se refinan un poco esos sonidos básicos. Alrededor del séptimo o del octavo mes, el bebé empieza a crear sonidos parecidos a sílabas.

✔ Aproximadamente al año, el pequeño empieza a emitir palabras sencillas de una sola sílaba, con las que posteriormente forma palabras de más de una sílaba, como "mama" o "tata". Este proceso continúa durante los siguientes meses y ocasionalmente el niño utiliza las palabras que ya domina para formar palabras nuevas.

✔ El desarrollo del lenguaje se dispara hacia los dieciocho meses. De acuerdo con Dacey y Travers, los niños aprenden aproximadamente una palabra nueva cada dos horas. ¿No le parece extraordinario?

El desarrollo del lenguaje continúa hasta que el niño tiene más o menos tres años. Su habilidad verbal se amplía; por ejemplo, "pelota" ya no se refiere a todos los objetos redondos ni "perro" a todos los animales de cuatro patas. Gracias a su capacidad de generalizar, el niño empieza a construir frases sencillas de dos palabras, luego de tres y así sucesivamente. Y, antes de que nos demos cuenta, empezamos a preguntar más "porqués" de lo que jamás habíamos creído posible.

Hacia los cuatro años la mayoría de los niños ya ha aprendido una parte importante de su lengua materna (estructuras, normas y una gran cantidad de vocabulario). Cuando están en edad de entrar al preescolar, ya han adquirido aproximadamente ocho mil palabras y han aprendido a usar el lenguaje en una gran variedad de situaciones sociales. También pueden hacer preguntas y frases negativas. En ese momento los rudimentos del lenguaje ya están consolidados y sólo es cuestión de seguir aprendiendo y utilizando los cimientos existentes para que su lenguaje se vuelva cada vez más rico y sofisticado.

La construcción del mundo social del niño

Las primeras relaciones de los niños son con sus cuidadores primarios. El padre o la madre y el bebé se entretienen a menudo con sencillos juegos visuales y táctiles. Los niños también hacen muecas a los extraños.

La interacción entre el bebé y su cuidador primario se ha comparado con una danza en la que cada bailarín capta las señales de su compañero en una actuación que parece una coreografía. Utilizar la retroalimentación de la otra persona para encauzar las interacciones sociales se denomina *interacción recíproca* y casi siempre depende de la capacidad que tenga el cuidador de responder a las señales que le envía el niño.

Una buena conexión entre el pequeño y su cuidador primario suele ser producto del ajuste entre ambos temperamentos. Los padres dicen muchas veces que los temperamentos de sus hijos son diferentes y que aprender a actuar de acuerdo con cada uno no es tarea fácil. Mientras que algunos niños son extrovertidos y buscan estimulación social, otros son tímidos y su estilo de interacción es tranquilo y sin sobresaltos. Pienso que un aspecto del arte de ser padres es saberse adaptar al temperamento de los hijos, lo que en terapia suele ser un verdadero desafío.

El círculo social del bebé, que incluye a los hermanos, se expande gradualmente. Entre los siete y los nueve meses el niño empieza a mostrar señales de *ansiedad de separación* (temor a que su cuidador lo deje). Entre los dieciséis y los veinticuatro meses los pequeños pueden pasar más tiempo jugando e interactuando con otras personas y no requieren la presencia de su cuidador tanto como antes. Entre los tres y los cuatro años de edad el mundo social del niño se amplía considerablemente. Las limitaciones que impone la interacción con otros pequeños dan lugar a peleas. Pero, por otra parte, ya entienden el concepto de turnarse y están más dispuestos a compartir. Además, empiezan a surgir las amistades y las preferencias por determinados niños.

El primer día de escuela

La mayoría de los niños empieza la educación primaria hacia los seis años de edad. Ése es un momento crucial del desarrollo porque a partir de entonces aprender y desarrollar una serie de habilidades cognitivas y sociales cobra cada vez mayor importancia. El niño deja a sus padres y el medio protector del preescolar para empezar a interactuar con un mundo mucho más amplio y complejo. Por ejemplo, aprender a escribir, a leer y a sumar consume gran parte de su tiempo y de su energía mental.

El dominio del lápiz

En el preescolar, los niños aprenden a utilizar algunas herramientas y el material necesario para escribir, aunque muchos llegan allí sin haber tocado nunca unas tijeras, una goma de borrar ni un lápiz. También aprenden a escribir las letras, su nombre y unas cuantas palabras. Además, empieza el aprendizaje de la lectura con el reconocimiento de las letras y algo de fonética. A medida que el niño pasa de un curso a otro, debe desempeñarse mejor en todas esas habilidades.

Los niños empiezan a desarrollar sus habilidades matemáticas contando. Alrededor de los cuatro o cinco años, la mayoría puede contar mediante la llamada *correspondencia uno a uno* (señalan y cuentan al mismo tiempo cada objeto de un conjunto). Al dejar el preescolar y avanzar a otros cursos, los niños desarrollan los conceptos de la suma y la resta y, con el tiempo, otros más sofisticados, como la multiplicación y la división y las reglas ortográficas.

La etapa preoperacional

En la teoría del desarrollo cognitivo de Piaget, las etapas preoperacional y operacional siguen a la etapa sensoriomotora. El pensamiento adquiere mayor complejidad y el niño aplica los logros de las etapas anteriores a la solución de problemas cada vez más difíciles.

La *etapa preoperacional* (entre los dos y los siete años) marca el comienzo del desarrollo del pensamiento simbólico. El niño adquiere poco a poco la capacidad de representar un objeto con otro. Por esta razón, una característica de esta etapa es el juego simbólico. Un simple palo hace las veces de espada y una toalla puede ser la capa de un superhéroe.

Quizá más llamativas que las habilidades que tiene el niño en la etapa preoperacional son las habilidades que aún no tiene. Clasificar objetos en dos o más categorías es una labor titánica para él. Si mostramos a un niño de esta edad cuatro bolas rojas y tres bolas verdes y le pedimos que nos diga si hay más bolas rojas o más bolas en total, la respuesta suele ser "más bolas rojas". El niño se centra en una característica sobresaliente del conjunto y no puede pensar de manera abstracta para resolver el problema. ¿Cuánto pesan cinco kilos de plumas? En esta etapa el niño responderá con un número menor de cinco kilogramos.

Un avance que marca una gran diferencia entre las etapas preoperacional y de las operaciones concretas es el sentido de *conservación,* o sea, la capacidad de entender que algo sigue siendo igual a pesar de que cambie su apariencia o alguna de sus propiedades superficiales. Consiga dos vasos de distinto tamaño y llene con agua únicamente el más alto. Con el niño presente, vierta casi toda el agua en el vaso más bajo, dejando en el alto una pequeña cantidad. Ahora pregúntele qué vaso tiene más agua. Le responderá que el más alto. ¿Por qué? Porque es el más grande. No obstante, el niño podrá resolver este problema un poco más adelante, cuando llegue a la etapa de las operaciones concretas.

La etapa de las *operaciones concretas* se caracteriza por la capacidad de representar mentalmente una serie de acciones complejas y utilizar la lógica relacional. En esta etapa los niños se valen de una habilidad llamada *seriación,* que les permite organizar los objetos en series de dimensiones variables: de más grande a más pequeño, de más pequeño a más grande, de más alto a más bajo. Aunque parezca increíble, la mayoría no puede hacer esto antes de los siete años. En esta etapa los niños aún no pueden resolver problemas abstractos o hipotéticos, en otras palabras, problemas que no se fundamentan en la realidad. Les resulta imposible responder a preguntas condicionales, como "¿Qué pasaría si...?", porque tendrían que abstraer conocimientos de situaciones que todavía no se han presentado. Afortunadamente cuando llegan a la etapa de las operaciones formales, en la adolescencia, eso deja de ser un problema.

¿Quieres jugar conmigo?

El desarrollo social del niño en edad escolar gira en torno a las relaciones con sus iguales o coetáneos y a los acontecimientos extrafamiliares. Cuando entra en la escuela, la relación con los padres suele estar bien consolidada. A pesar de que esa relación sigue evolucionando, entre los cinco y los doce años el interés social del niño gira en torno a las relaciones con personas diferentes de su familia.

Durante ese período los padres suelen tener altas expectativas en cuanto a las habilidades sociales de sus hijos. Ya no toleran las pataletas ni las técnicas primitivas de solución de problemas, como pegar a los demás niños. Esperan que sus hijos cumplan las normas y sigan las instrucciones, especialmente en la escuela. Durante esa época, el niño empieza a formar grupos y a hacer "mejores amigos".

Cuando un niño tiene dificultades sociales, al entrar a la escuela se hacen evidentes. La incapacidad para entenderse bien con los compañeros, para jugar con ellos y para cooperar en diversas actividades propias de su edad puede conducir al rechazo del grupo, a alteraciones emocionales e incluso al fracaso escolar.

La temida adolescencia

Quizás una de las experiencias más significativas de la vida del niño es el comienzo de la pubertad. Esta etapa se caracteriza por el incremento de los niveles de las hormonas sexuales, como progesterona, testosterona y estrógenos, que son las responsables de la aparición de los caracteres sexuales secundarios, como el vello púbico y la maduración de los órganos genitales en los niños y de los senos en las niñas. El interés del preadolescente en el sexo opuesto se incrementa notablemente y ya no siente "asco" de los niños (o de las niñas).

Junto con esos maravillosos cambios físicos se presentan algunos cambios profundos en la manera de pensar. Hacia los once o doce años, el niño ya puede resolver problemas condicionales ("¿Qué pasaría si...?") porque ha llegado a la cima del desarrollo cognitivo. Ésta es la *etapa de las operaciones formales*, así llamada porque el pensamiento concreto de la infancia ha dado paso gradualmente al pensamiento abstracto. A partir de esta edad los jóvenes pueden razonar hipotéticamente. Ya no necesitan ejemplos concretos ni demostraciones, como en las etapas anteriores. Además se han convertido en pequeños científicos capaces de realizar miniexperimentos mentales, en lugar de tener que resolver los problemas mediante ensayo y error.

Dejando atrás la infancia: la pubertad

Es difícil decir con exactitud en qué momento comienza la pubertad. La edad de inicio es muy variable, aun cuando los investigadores han observado que se inicia cada vez más pronto. Se atribuye este fenómeno a que los niños gozan actualmente de una mejor nutrición. De acuerdo con Dacey y Travers, en los países occidentales la edad promedio de inicio muestra un descenso de tres meses por década.

El momento en que empieza la pubertad puede tener serias repercusiones. Los niños que se desarrollan tarde no sólo corren el riesgo de ser ridiculizados por sus compañeros, sino que también pierden oportunidades de socialización. Las niñas que se desarrollan demasiado temprano pueden verse en situaciones para las cuales no están preparadas psicológicamente porque su cuerpo las hace parecer mayores de lo que en realidad son.

¿Y qué decir de la sexualidad? Las normas sexuales varían muchísimo de una cultura a otra. Pero sean cuales sean los límites que imponga la sociedad a la conducta sexual de los adolescentes, el deseo sexual es una cuestión fundamental a esta edad. Los adolescentes casi siempre aprenden de sexualidad por los amigos y los medios de comunicación.

¡Qué "embole" tener padres!

Una de las diferencias más notorias entre el niño y el adolescente es que, para el último, sus padres pierden mucha importancia. Antes de la adolescencia, los padres y el hogar ocupan el lugar central en la vida del niño. Pero durante la adolescencia el muchacho manifiesta su autonomía convirtiendo a sus amigos en su prioridad.

Los actos sociales con los padres son desplazados por acciones exclusivamente de jóvenes. Salir con los amigos, ir a bailar, asistir a fiestas (sin "guardaespaldas"), hablar por teléfono y dormir en casa de los amigos se cuentan entre las actividades favoritas a esa edad.

Los iguales o coetáneos son una valiosa fuente de autoestima y ser aprobado por el grupo suele ser más importante que ser aprobado por los padres. Los adolescentes experimentan con diferentes roles e identidades sociales. Los patrones de interacción y las habilidades sociales que se desarrollaron en la infancia adquieren mayor sofisticación. Las relaciones amorosas cobran una inmensa importancia. De ser la estrella del hogar, el chico pasa a querer ser popular y aceptado por todos.

Parte VI

¿Estaré chiflado?

En esta parte...

*L*a psicopatología moderna comenzó básicamente a principios del siglo XX con las teorías de Eugen Bleuler y Sigmund Freud. La sexta parte del libro presenta algunos conceptos contemporáneos sobre el comportamiento anormal. También brinda algunas explicaciones de los problemas psicológicos desde las perspectivas neuropsicológica y cognitiva. Además, examina trastornos psicológicos bastante comunes, como los trastornos de ansiedad, la depresión, la esquizofrenia y el trastorno de estrés postraumático.

Capítulo 16

Enfoque moderno
de la psicología anormal

L a siguiente historia se basa en un personaje ficticio, el señor Gómez, y cualquier parecido con la realidad es pura coincidencia.

El señor Gómez tiene 30 años, está casado, tiene dos hijos y vive en un tranquilo vecindario de las afueras. Trabaja de gerente de sección en una compañía de transporte terrestre. Ha gozado de buena salud y quienes lo conocen consideran que es un hombre común y corriente. Hace aproximadamente tres meses le habló por primera vez a su mujer de la necesidad de adquirir un sistema de seguridad para su hogar. Ella estuvo de acuerdo y procedieron a instalarlo. Luego, el señor Gómez le dijo que también quería instalar cámaras alrededor de la casa. Ella accedió, aunque sin entender para qué eran necesarias tantas precauciones. La señora Gómez empezó a notar que su marido se levantaba con frecuencia en medio de la noche para vigilar con prismáticos el exterior de la casa. Cuando quiso saber por qué lo hacía, él se mostró sumamente alterado.

El señor Gómez siguió actuando así durante varias semanas, pero no le dijo a su esposa cuál era la razón. Luego, un día ella encontró un revólver mientras limpiaba un armario. No sabía que su esposo tuviera armas y, ante el peligro que suponía para sus hijos, decidió hablarlo con él. Entonces él le confesó que había comprado el revólver para protegerse del vecino porque lo había observado durante varios meses y se había convencido de que maquinaba un plan para quedarse con su casa. Explicó a su mujer que la maquinación implicaba contratar a varios delincuentes para atracarlos y robarles a fin de que el miedo los hiciera mudarse y vender la casa a un precio irrisorio. En ese momento el vecino compraría la casa, la derribaría y agrandaría la suya.

¿Hay algo malo o extraño en la conducta del señor Gómez? ¿O busca simplemente proteger a su familia? ¿Es lógico que su esposa se preocupe? Las respuestas a estas preguntas forman parte del campo de la *psicología anormal*, que es el estudio de la conducta y los procesos mentales anormales desde la perspectiva psicológica. Pero ¿qué entendemos por conducta normal y conducta "anormal"?

¿Qué significa ser "normal"?

Desde luego que anormal significa no normal, o sea, distinto de lo usual y acostumbrado. Nunca he impartido un curso de psicología sin que al menos un estudiante proteste contra el concepto de anormalidad aplicado al comportamiento. "¿Quién define lo que es normal y lo que es anormal?" es la pregunta que me hacen a menudo. Ésta es una pregunta excelente. ¿Cómo podemos distinguir entre la conducta normal y la que no lo es? Y ¿cómo se define el criterio de normalidad?

Todas las sociedades del mundo tienen estándares de conducta que fijan los límites de lo que se considera aceptable o inaceptable. Los individuos, las familias y hasta los grupos tienen normas o estándares. Cuando la conducta se sale de esas normas, la sociedad califica de "anormal" la conducta o a la persona. Hay por lo menos cuatro criterios para decidir si una conducta es normal o anormal:

✔ **Criterio normativo:** Quienes se comportan al contrario de la mayoría de la gente, o de una manera muy distinta de lo que se espera, actúan anormalmente. Se supone que debemos vivir de acuerdo con las normas de nuestra sociedad; por lo tanto, cuando alguien actúa de un modo tan diferente sospechamos que algo anda mal. La estadística también se utiliza para determinar qué conductas están fuera de la norma. Si nueve de cada diez personas se comportan de un modo determinado, la conducta de quien actúa distinto es anormal desde el punto de vista estadístico. La conducta que no se ciñe a las normas se considera extraña.

✔ **Criterio subjetivo:** Es posible percibir que nuestros sentimientos difieren de los de la mayoría de la gente, o que estamos haciendo cosas que casi nadie hace. En un sentido tan limitado como éste, podríamos pensar que somos anormales. Si siento que algo anda mal en mí porque capto que soy diferente, entonces mi caso podría interesar a la psicología anormal. Así, yo juzgo mi propio comportamiento como anormal.

✔ **Criterio de adaptación:** ¿Contribuye mi conducta a mi supervivencia y a mi adaptación a la sociedad? De acuerdo con este criterio, si la respuesta es negativa, entonces la conducta es anormal porque no contribuye a la adaptación.

✔ **Criterio de inexplicabilidad:** A veces la gente hace cosas que no podemos explicar. Suponemos que siempre debe haber una razón para todo lo que hacemos. Cuando no se encuentra una explicación razonable, calificamos esa conducta de anormal.

No importa por qué definición nos guiemos, hay que admitir que no todo es normal. Aunque muchos creen lo contrario, todas las sociedades necesitan un cierto grado de orden. Tanto si se trata de una familia, una tribu o un país, se requieren leyes para instaurar el orden y mantenerlo. Yo defino el *comportamiento anormal* como la conducta inadaptada y los procesos mentales perjudiciales para el bienestar físico y psicológico del individuo.

¿Así que quien actúa de modo anormal tiene una enfermedad mental o un trastorno psicológico? No necesariamente. Podemos actuar de modo anormal por muchas razones. Incluso en una época se creía (y muchos aún lo creen) que la debilidad moral o las fuerzas sobrenaturales, como los espíritus malignos o el demonio, eran la causa de la conducta anormal. ¿Y qué decir de quienes asesinan a otros seres humanos? ¿No es eso anormal? De hecho, el asesinato cumple los cuatro criterios que, como se mencionó más atrás, definen la conducta desviada.

El concepto de *enfermedad mental* proviene de la psiquiatría. La *psiquiatría* es una rama de la medicina que estudia los trastornos mentales. En el siglo XIX los médicos empezaron a tratar como enfermos y no como "locos" ni como personas moralmente ineptas o poseídas por espíritus malignos, a quienes actuaban anormalmente. Así, la medicina se hizo cargo de los trastornos de la conducta. Conceptualizar la conducta anormal como un problema médico representó un avance trascendental porque se empezó a diagnosticar y a tratar como cualquier otra enfermedad. Éste es el llamado *modelo médico* de la enfermedad mental.

A diferencia de los médicos, los psicólogos se aproximaron hace relativamente poco tiempo al campo de la enfermedad mental. Ajustándose a los criterios de la psiquiatría, aportaron sus conocimientos sobre la conducta y los procesos mentales a la investigación, el diagnóstico y el tratamiento de la conducta anormal.

Es importante distinguir entre la conducta anormal que es causada por una enfermedad mental y la que tiene una causa distinta. Muchos comportamientos anormales no son resultado de una enfermedad mental.

Taxonomía de los trastornos psicológicos

A lo largo del tiempo los psiquiatras y los psicólogos se han esforzado por distinguir entre las conductas que son manifestación de una enfermedad mental y las que no lo son. Este proceso se denomina *taxonomía* o ciencia de la clasificación. El sistema de clasificación más utilizado hoy en día para diagnosticar la enfermedad mental es la cuarta edición de *The Diagnostic and Statistical Manual of Mental Disorders, DSM-IV* (Manual estadístico y diagnóstico de los trastornos mentales), publicado por la Asociación Psiquiátrica Estadounidense en 1993. El DSM-IV define el trastorno mental como "un síndrome o patrón conductual o psicológico significativo desde el punto de vista clínico, que se asocia en el presente con una aflicción (por ejemplo, un síntoma doloroso), un impedimento (por ejemplo, deterioro en una o más áreas funcionales importantes) o un riesgo significativamente alto de morir, de tener que depender de otros y de presentar dolor o incapacidad".

Dos palabras de la definición merecen especial atención:

✔ **Síntoma:** Conducta o proceso mental que constituye una señal de un trastorno potencial. Los síntomas suelen pertenecer a las siguientes categorías:

- Procesos de pensamiento.

- Estado anímico o afectivo (lo que siente el individuo desde el punto de vista emocional, como depresión, ira o miedo) y procesos vegetativos (relacionados con la conducta de comer, el sueño y el nivel de energía).

- Comportamiento (como actuar con violencia, apostar compulsivamente o utilizar medicamentos o sustancias psicoactivas).

- Signos físicos (como dolor en los músculos o las articulaciones, dolores de cabeza y sudoración excesiva, entre muchos otros).

✔ **Trastorno:** Conjunto de síntomas que indican la presencia de un síndrome (grupo de síntomas que tienden a presentarse simultáneamente). Al desarrollar una taxonomía de los trastornos psicológicos, los psiquiatras y los psicólogos buscan síntomas que tiendan a presentarse simultáneamente y a formar grupos diferenciados.

Antes de pasar a los trastornos que los profesionales de la salud mental observan actualmente con más frecuencia, quisiera aclarar algunos puntos. Primero, es importante mencionar que todas las conductas se presentan a lo largo de un continuo que va de la normalidad a la anormalidad. Por ejemplo, llorar es una conducta normal. Pero llorar todos los días, a todas horas y durante más de dos semanas es anormal. Segundo, todo el mundo experimenta uno o más síntomas de trastorno mental en algún momento de su vida. Pero el hecho de presentar un síntoma no significa que la persona sufra ese trastorno. Se debe recordar que los trastornos consisten en agrupaciones específicas de síntomas que definen el síndrome particular. Las reglas que determinan qué síntomas constituyen el trastorno son complejas e incluyen períodos específicos de tiempo y niveles de gravedad.

Por favor, no empiece a diagnosticar a sus familiares y amigos sólo porque ve en algunos de ellos un síntoma o dos. No es así de sencillo. Tener un síntoma no equivale a sufrir un trastorno mental.

Cuando se pierde el sentido de la realidad

Uno de los trastornos mentales que más llaman la atención es la pérdida del contacto con la realidad. Lo que es extraño del señor Gómez, cuya historia se relató al principio de este capítulo, es que la maquinación del vecino parece estar únicamente en su imaginación. Cuando alguien pierde contacto con la realidad y empieza a imaginar cosas y a actuar según esas ideaciones, se dice que sufre de un *trastorno psicótico*.

Los trastornos psicóticos son las más graves de todas las alteraciones mentales. Las personas psicóticas no sólo pierden el contacto con la realidad, sino que presentan un grave deterioro funcional relacionado con el cuidado personal (las conductas de comer, de abrigarse y de cuidar la higiene personal), los procesos de pensamiento y la actividad social y laboral.

La esquizofrenia

La forma más común de psicosis es la esquizofrenia. El psiquiatra Eugen Bleuler utilizó el término *esquizofrenia* para describir a los pacientes que exhibían desorganización de los procesos de pensamiento, falta de coherencia entre el pensamiento y la emoción y desconexión de la realidad.

Los criterios del DSM-IV para el diagnóstico de esquizofrenia son éstos:

✔ **Delirios:** Un delirio es una creencia que se mantiene firmemente a pesar de la lógica y de la evidencia en contra. El *delirio paranoide o de persecución*, que causa muchísimo miedo a quien lo sufre, es uno de los más comunes e implica creer que alguien nos está siguiendo o nos está escuchando, o que, de alguna manera, alguien o algo nos están amenazando.

En el relato del comienzo del capítulo, el señor Gómez parece sufrir de delirios paranoides. Él "sabe" que el vecino montó un complot para despojarlo de su casa. Otro delirio muy común es el de grandeza, que lleva al individuo a sentirse exageradamente importante, poderoso, instruido o bien relacionado. Incluso puede creer que se comunica con seres sobrenaturales, o que él mismo es un ser sobrenatural. O que es el presidente de su país.

✔ **Alucinaciones:** El DSM-IV define las alucinaciones como "percepciones sensoriales que no son atribuibles de manera directa a la estimulación externa de los órganos sensoriales correspondientes". Las alucinaciones pueden ser auditivas (oír voces o sonidos), visuales (ver demonios o muertos), olfativas (olores), gustativas (sabores) o somáticas (experimentar sensaciones físicas en el cuerpo). Sin embargo, la mayoría son auditivas: voces que hacen al paciente comentarios sobre su conducta o que le dan órdenes.

Si el señor Gómez hubiera tenido alucinaciones, habría escuchado voces, como "¡Su vecino quiere quitarle su casa!". Las alucinaciones auditivas en forma de órdenes son peligrosas porque suelen ser voces que dan al paciente la instrucción de cometer actos violentos o incluso de suicidarse. "¡Mátate!"

✔ **Desorganización del lenguaje y el pensamiento:** ¿Alguna vez ha conversado con alguien sin entender una sola palabra de lo que está diciendo? El lenguaje y el pensamiento desorganizados se caracterizan por discursos en extremo tangenciales (casi siempre irrelevantes) o circunstanciales (irse por las ramas), o por la pérdida de la capacidad asociativa (saltar de un pensamiento a otro sin lógica o conexión aparente con el anterior). Ese estilo anormal de comunicación puede indicar un trastorno de pensamiento. La llamada "ensalada de palabras" refleja una notoria alteración del pensamiento y el habla es tan incoherente que parece otro idioma.

Si el señor Gómez sufriera de trastorno del pensamiento, seguramente habría dicho cosas incoherentes o habría utilizado *neologismos,* o sea, palabras que el paciente inventa combinando vocablos de uso común.

✔ **Conducta altamente desorganizada o catatónica:** Un individuo que se comporta de manera desorganizada puede exhibir movimientos, posturas corporales, gestos y muecas extraños; conductas infantiles; desorientación o confusión y abandono de la higiene y el cuidado personal. Además, puede hablar y gritar constantemente o exhibir delante de otros conductas totalmente inapropiadas. La conducta catatónica implica total inmovilidad, retraimiento y períodos prolongados de estupor o mutismo.

✔ **Síntomas negativos:** Este concepto se refiere a la ausencia de conductas usuales, o que son de esperar en la situación particular. Lo que se considera anormal es la ausencia del comportamiento. Los tres síntomas negativos más frecuentes en la esquizofrenia son:

- **Aplanamiento afectivo:** Ausencia de emoción en situaciones en que el individuo debería reaccionar.

- **Alogia:** Empobrecimiento y bloqueo de los procesos de pensamiento y ausencia de lenguaje significativo.

- **Abulia:** Pérdida de la capacidad de persistir en una actividad. Se puede concebir como una falta extrema de motivación.

La persona que experimenta estos síntomas podría sufrir de esquizofrenia. ¿Por qué dije "podría"? Porque estos síntomas pueden tener muchas causas, como consumo de algunos medicamentos, privación del sueño u otra enfermedad física. Hacer un diagnóstico de esquizofrenia es un asunto complejo y delicado. Es un proceso que exige, entre otras condiciones, que los síntomas hayan durado un cierto período de tiempo y descartar otros trastornos como causa de los síntomas.

Aproximadamente una de cada diez mil personas sufre esquizofrenia. Por lo general se diagnostica entre los 18 y los 35 años y, en raras ocasiones, en la infancia. Suele iniciarse en los últimos años de la adolescencia o poco después de cumplir veinte años y se encuentra plenamente desarrollada a mediados o finales de la veintena. La evolución puede ser rápida o gradual y puede haber períodos durante los cuales disminuye la gravedad de los síntomas. Sin embargo, en muchos pacientes la enfermedad es crónica y persistente. Los períodos de enfermedad se caracterizan por pérdida o disminución de la capacidad para llevar a cabo las tareas de la vida cotidiana, lo que lleva al fracaso escolar, a la pérdida del empleo y a dificultades en las relaciones interpersonales.

No hay que dejarse engañar por lo fácil que es enumerar y describir los síntomas de la esquizofrenia. Esos síntomas revisten la mayor gravedad. Quienes sufren esta enfermedad afrontan dificultades gigantescas para vivir en sociedad y no es raro que terminen en la cárcel, en la calle, en un hospital o en otro tipo de institución.

Exploremos las causas de la esquizofrenia

¿Es esta enfermedad causada por factores orgánicos (bioquímicos/fisiológicos) o funcionales (resultado de la experiencia)? La esquizofrenia ha suscitado grandes debates entre los defensores de las causas genéticas y los defensores de las causas ambientales. En la actualidad y gracias a los avances científicos, las explicaciones orgánicas han recibido un amplio respaldo. Sin embargo, la explicación más sólida podría ser una síntesis de los dos puntos de vista. De hecho, la teoría que predomina hoy en día es un compendio de dos áreas de investigación y se conoce como *modelo diátesis-estrés de la esquizofrenia.*

Primero, algunas definiciones. *Diátesis* significa predisposición orgánica a contraer una determinada enfermedad. El *estrés* se puede definir como el impacto que causan en el individuo múltiples factores psicológicos o sociales. Entonces, de acuerdo con el modelo diátesis-estrés, la esquizofrenia se desarrolla cuando la predisposición biológica o diátesis es activada por el estrés.

Un factor de predisposición biológica que ha recibido mucho apoyo científico es una alteración de la química del cerebro. No obstante, también se han encontrado malformaciones cerebrales. Esas anomalías biológicas podrían ocasionar alteraciones del pensamiento, el lenguaje, la conducta y el contacto con la realidad. En cuanto al componente de estrés, algunos factores psicológicos tendrían que ver con la distorsión de la realidad que se asocia con la esquizofrenia. ¿Por qué se desconectan los esquizofrénicos de la realidad? Existe la creencia de que esas personas experimentan el mundo como algo tan duro y siniestro y viven sus conflictos de un modo tan intenso, que necesitan tomarse unas vacaciones. Varias investigaciones han revelado que los traumas psíquicos, como el abuso infantil, se podrían relacionar con las crisis psicóticas porque transmiten una visión del mundo de la que conviene escapar. Sin embargo, ninguna investigación ha concluido que el abuso infantil sea la causa de la esquizofrenia. Lo que sí se sabe es que constituye un factor de estrés potencialmente abrumador. Un trauma es una forma extrema de estrés, provenga de donde provenga. Y ese estrés podría interactuar con la diátesis, o predisposición orgánica, haciendo emerger los síntomas psicóticos.

Un factor social que se ha relacionado con la esquizofrenia y hacia donde se dirige gran parte de la investigación actual es el patrón de conducta llamado *emoción expresada (EE).* La emoción expresada se refiere a los comentarios críticos (por ejemplo, "¡Está loco!") o a las declaraciones de disgusto o resentimiento hacia el paciente por parte de los miembros de su familia. Una característica notoria de la EE es la crítica excesiva. La EE también se puede expresar como sobreprotección o preocupación desmedida por parte de los miembros de la familia, lo que suele abrumar al paciente. No estoy diciendo que la crítica o la sobreprotección causan la esquizofrenia, sino que podrían contribuir al componente de estrés del modelo diátesis-estrés, al igual que muchos otros factores.

Nada de raro tiene que tras leer sobre las causas de la esquizofrenia usted esté pensando que sufre esta enfermedad. Pero no se preocupe; los resultados de una gran cantidad de investigaciones no son concluyentes. Lo que sí se sabe es que hay anomalías cerebrales que podrían interactuar con ciertos tipos de factores (*estresores*) y desencadenar la enfermedad. Los investigadores trabajan arduamente para encontrar las causas de este trastorno, cuyos efectos son tan devastadores. Y aunque se ha avanzado mucho, todavía falta un largo camino por recorrer.

El tratamiento de la esquizofrenia

La esquizofrenia es uno de los trastornos mentales más difíciles de tratar. Sus efectos suelen ser debilitantes no sólo para los pacientes, sino también para sus familiares. Hay numerosos enfoques relacionados con el tratamiento, que van desde el uso de medicamentos hasta el desarrollo de habilidades funcionales importantes, como control del dinero y competencias sociales.

- ✔ Los medicamentos antipsicóticos suelen ser la primera opción para el tratamiento de la esquizofrenia o los trastornos psicóticos relacionados. A pesar de sus beneficios, esos medicamentos no dejan de ser paliativos. Disminuyen la intensidad de los síntomas, pero no curan la enfermedad.

- ✔ El tratamiento psicológico y la rehabilitación también son prometedores. Los pacientes aprenden habilidades sociales y de autocuidado que ayudan a reducir las fuentes de estrés.

- ✔ La terapia cognitiva se ha vuelto a utilizar desde hace unos años para enseñar a los pacientes a retar sus creencias delirantes y volverse mejores "consumidores" de la realidad. Esta modalidad psicoterapéutica se había dejado de aplicar porque exigía muchos efuerzos y, por lo tanto, resultaba muy cara.

La mayoría de las investigaciones recientes indican que el tratamiento más eficaz para la esquizofrenia es una combinación de fármacos y psicoterapia. Otros factores que inciden en un pronóstico favorable son la intervención precoz y un sólido apoyo social. Con los medicamentos, la psicoterapia y el apoyo de la familia y los amigos, mucha gente que sufre de esquizofrenia lleva una vida satisfactoria. El problema es que cuando los síntomas son demasiado graves es muy difícil alcanzar los niveles de estabilidad emocional y de conducta necesarios para conservar un empleo y controlar adecuadamente las relaciones interpersonales. Además, debido probablemente al deterioro de su autoestima y a la inseguridad que sienten en cuanto a su capacidad para tener éxito, las personas que sufren de esquizofrenia no suelen comprometerse seriamente con el tratamiento.

Otros tipos de psicosis

Dos formas adicionales de psicosis son el trastorno delirante y el trastorno psicótico inducido por sustancias.

- ✔ **Trastorno delirante:** Se caracteriza por la presencia de delirios que no son del todo descabellados. Por ejemplo, un hombre puede obsesionarse con la idea de que su esposa tiene una aventura amorosa, pero no puede demostrarlo porque carece de pruebas. Esa creencia se puede convertir en un delirio si persiste por lo menos durante un mes. Alguien puede creer que el agua de su casa está envenenada, aunque la evidencia le demuestre claramente que eso no es verdad. Otro ejemplo es creer que un compañero de trabajo está locamente enamorado de una y le envía continuamente "señales" de esos sentimientos. A diferencia de lo que ocurre en la esquizofrenia, en el trastorno delirante la persona no presenta otros signos de psicosis y se comporta de manera normal mientras no intervengan sus delirios.

- ✔ **Trastorno psicótico inducido por sustancias:** Implica alucinaciones o delirios relacionados con el uso de una sustancia, o con su retirada. Quienes están bajo la influencia del LSD o del PCP suelen exhibir síntomas psicóticos y no es inusual que quienes han consumido cocaína o anfetaminas presenten síntomas similares a los de las psicosis cuando les pasa el efecto. Éste es un grave problema y quienes puedan caer en la tentación de utilizar drogas, o incluso alcohol, deben saber que existe la probabilidad de que experimenten síntomas psicóticos si lo hacen.

¿Acaso no se deprime todo el mundo?

De vez en cuando les pregunto a mis nuevos pacientes si alguna vez se han deprimido y muchos me responden: "Claro que sí. ¿Acaso no se deprime todo el mundo?" No exactamente.

La tristeza es una emoción humana normal y la experimentamos por encima de todo cuando sufrimos alguna pérdida. Perder el empleo, al cónyuge, a un hijo o hasta las llaves del auto puede provocarnos tristeza. Pero eso es todo. Tristeza, no depresión. La *depresión* es una forma extrema de tristeza que incluye otros síntomas. A muchas personas las ha dejado su pareja. Si usted ha vivido esta experiencia, ¿cómo se sintió? Triste, cansado, desmotivado, insomne, inapetente. Pero todos esos sentimientos pasaron en algún momento, ¿verdad? Logró sobreponerse. Lo mismo ocurre cuando muere alguien cercano a nosotros o alguien a quien amamos. Esto se llama *duelo*. La depresión es algo muy diferente.

Trastorno depresivo mayor

Cuando alguien se deprime hasta el punto de requerir atención profesional, experimenta gran parte de los siguientes síntomas del trastorno depresivo mayor:

✔ Decaimiento del estado de ánimo durante buena parte del día y casi todos los días.

✔ Anhedonia o incapacidad de sentir placer e interés por la mayoría de las actividades.

✔ Pérdida o ganancia significativa e involuntaria de peso y pérdida o aumento del apetito.

✔ Dificultad para dormir o dormir en exceso.

✔ Sensación física de agitación o de amodorramiento.

✔ Fatiga o falta de energía.

✔ Sentimientos de desvalorización o exagerado sentimiento de culpa.

✔ Dificultad para concentrarse.

✔ Pensamientos repetidos de muerte o suicidio.

Espero que después de leer esta lista de síntomas, quienes preguntan "¿Acaso no se deprime todo el mundo?" comprendan la diferencia entre la depresión y la tristeza. Si usted presenta tres o más síntomas, o si tiene dudas, consulte con un médico.

A veces la depresión es tan grave que el individuo piensa seriamente en suicidarse. Hay muchos mitos sobre el suicidio. Uno de ellos es que quienes hablan de ese tema no se suicidan. ¡Eso es falso! De hecho, hablar sobre el suicidio es una de las señales más peligrosas porque indica que existe la intención de hacerlo. Nada de lo que se diga sobre el suicidio o sobre la posibilidad de hacerse daño debe tomarse a la ligera. Si está preocupado por alguien cercano o por usted mismo, consulte con un profesional de la salud mental o busque ayuda en un centro especializado en este tipo de problemas.

La depresión es uno de los trastornos mentales más comunes en la sociedad occidental y afecta casi al 15 por ciento de la población. El trastorno depresivo mayor puede presentarse sólo una vez en la vida, o puede repetirse varias veces, durar varios meses, varios años o incluso toda la vida. La mayoría de la gente que presenta episodios recurrentes tiene períodos de recuperación durante los cuales no experimenta los síntomas o los experimenta con mucha menos intensidad. La depresión puede irrumpir en cualquier momento de la vida porque no respeta edad, raza ni sexo.

Exploremos las causas de la depresión

Según la persona a quien se le pregunte, las causas de la depresión se dividen en dos clases:

- ✔ **Biológicas:** Las teorías biológicas sobre la depresión atribuyen la causa al cerebro y al mal funcionamiento de algunas de las sustancias químicas cerebrales.

- ✔ **Psicológicas:** Las teorías psicológicas se centran básicamente en las experiencias de pérdida.

La *teoría aminobiógena* de los trastornos del estado de ánimo, o *hipótesis de las catecolaminas,* es la explicación teórica más conocida sobre las bases biológicas de la depresión. De acuerdo con ella, la causa de la depresión es la deficiencia de dos neurotransmisores específicos del cerebro: noradrenalina y serotonina. Los *neurotransmisores* son sustancias químicas cerebrales que permiten que las neuronas se comuniquen entre sí a través de la *sinapsis* (el espacio entre una y otra neurona). El cerebro contiene muchos neurotransmisores diferentes y cada uno presenta una concentración relativa en áreas específicas del cerebro. Neurotransmisores específicos intervienen en el seguimiento de diversas actividades humanas. Las áreas del cerebro que parecen resultar más afectadas por la depresión son las que se relacionan con el estado de ánimo, la cognición, el sueño, la sexualidad y el apetito.

Entre las teorías psicológicas de la depresión están las siguientes:

- ✔ **Teoría de las relaciones objetales:** Para Melanie Klein, la causa de la depresión es un proceso fallido de desarrollo durante la infancia, que puede traducirse en dificultad para afrontar los sentimientos de culpa, vergüenza y desvalorización.

- ✔ **Teoría del apego:** De acuerdo con la teoría de John Bowlby, el origen de todas nuestras relaciones es el vínculo de apego que formamos con nuestro cuidador primario cuando éramos bebés. Si no se establece un vínculo sano, el niño desarrolla una vulnerabilidad a la depresión que se manifiesta posteriormente cuando se enfrenta a pérdidas y problemas en sus relaciones interpersonales. El vínculo de apego se puede alterar en la infancia por numerosas razones que van desde tener un progenitor drogadicto hasta crecer en un medio carente de afecto. Los niños que no han establecido vínculos de apego fuertes y sanos suelen crecer sintiéndose desprotegidos y desvalidos. Y ese sentimiento es uno de los rasgos distintivos de la depresión.

✔ **Desesperanza aprendida:** Todos hemos experimentado lo que es fracasar o no alcanzar aquello que deseamos. En circunstancias normales, tras los fracasos nos sobreponemos y seguimos adelante. No nos damos por vencidos ni nos dejamos dominar por el pesimismo sobre nuestro futuro. Pero por circunstancias adversas o por una tendencia a ver sus esfuerzos como algo inútil, algunas personas se deprimen ante lo que consideran obstáculos insuperables.

✔ **Teoría cognitiva de la depresión:** La teoría de Aaron Beck es ampliamente conocida y ha recibido un enorme respaldo científico. Beck planteó que la depresión es una clase de trastorno del pensamiento que produce un estado de ánimo caracterizado por la tristeza, el desaliento y una profunda aflicción. De acuerdo con Beck, en la depresión suele haber varias "distorsiones" cognitivas:

- **Pensamientos automáticos:** Son frases que nos decimos de forma inconsciente y que afectan adversamente nuestro estado de ánimo. Por ejemplo, al salir de casa una mañana y darme cuenta de que mi automóvil no arranca, quizá me diga conscientemente: "¡Qué mala suerte!" Pero de modo inconsciente tal vez tengo este pensamiento automático: "¡Siempre me va mal en todo!"

- **Tríada de creencias erróneas:** Una poderosa influencia en nuestra vida es lo que pensamos de nosotros mismos (incluida

RECUERDA

La mejor medicina puede no ser una medicina

Los medicamentos antidepresivos se cuentan entre los que más se recetan en nuestra sociedad. ¿Qué está ocurriendo? ¿Estamos todos deprimidos? Está bien que haya conciencia pública acerca de la depresión. Sin embargo, diversas investigaciones han revelado que algunas modalidades psicoterapéuticas son tan eficaces a corto plazo como los medicamentos y quizás más beneficiosas a largo plazo. La mejor "medicina" para la depresión puede no ser un medicamento.

la manera en que creemos que nos ven los demás), del mundo y del futuro. Beck tomó estos elementos para proponer una *tríada cognitiva* en la depresión: una autoevaluación negativa, una visión catastrófica del mundo y una desesperanza frente al futuro. El último componente de la perspectiva cognitiva es la naturaleza cíclica del pensamiento depresivo.

Para ilustrar lo anterior, supongamos que creo que no soy bueno para nada. Como es obvio, esta creencia no me sirve de estímulo, sino que por el contrario me desmotiva. Esa falta de motivación me lleva a no hacer nada, lo que me "reafirma" que en realidad no soy bueno para nada. Esta manera de pensar no sólo es distorsionada porque no se apoya en la realidad, sino que muy probablemente me conducirá a la depresión.

El tratamiento de la depresión

Hay varios enfoques para tratar la depresión. Por ejemplo, los medicamentos antidepresivos son eficaces. La psicoterapia, especialmente la cognitivo-conductual y la psicoterapia interpersonal, también ha dado buenos resultados. Varios estudios han revelado que la actividad (mantenerse físicamente activo y ocupado) es un eficaz antídoto contra la depresión. Algunos estudios también han mostrado que el ejercicio físico practicado con regularidad alivia los síntomas tan eficazmente como los medicamentos, de acuerdo con el informe de los sujetos de investigación. Sin embargo, lo más recomendable es una combinación de fármacos y psicoterapia.

El trastorno bipolar

El *trastorno bipolar,* anteriormente conocido como *trastorno maníaco-depresivo,* se caracteriza por cambios muy marcados del estado de ánimo, que oscila entre la depresión y la manía. La *manía* es un estado de ánimo excesivamente elevado, expansivo o irritable que dura aproximadamente una semana y se presenta junto con los siguientes síntomas:

✔ Autoestima elevada y sentimientos de grandeza (por ejemplo, creer que se tiene la solución para terminar con el hambre en el mundo y lograr la paz en cuestión de días).

✔ Disminución de la necesidad de dormir (sentirse descansado con tres o cuatro horas de sueño por noche).

✔ Habla acelerada y necesidad extrema de expresarse verbalmente.

✔ Pensamientos que se suceden unos a otros a gran velocidad.

✔ Disminución de la capacidad de concentración y atención.

✔ Aumento notorio del nivel de actividad (por ejemplo, iniciar muchos proyectos o cortar el césped a las dos de la madrugada).

✔ Excesiva participación en actividades de placer potencialmente peligrosas (por ejemplo, apostar la casa, comprar compulsivamente o la promiscuidad sexual).

El diagnóstico de trastorno bipolar exige, entre otros síntomas, haber tenido por lo menos un episodio maníaco en la vida y estar experimentando actualmente un episodio depresivo, maníaco o mixto. Entonces, una condición del diagnóstico es que la persona experimente tanto manía como depresión. Quienes sufren de trastorno bipolar suelen presentar episodios recurrentes. Ésta es una enfermedad devastadora por los problemas tan serios en que se puede involucrar el individuo. No es raro que las personas maníacas acumulen grandes deudas, rompan sus relaciones y hasta intervengan en hechos delictivos.

El trastorno bipolar es como estar en una montaña rusa de emociones extremas y desproporcionadas (a veces alegría y a veces tristeza). Esos altibajos anímicos no se producen en el transcurso de un día o de una semana. El trastorno bipolar se refiere a cambios anímicos durante largos períodos de tiempo, por ejemplo, cuatro episodios (de depresión, manía o una mezcla de las dos) en diez años. Cada episodio puede durar entre una semana y varios años. No obstante, algunos pacientes son *cicladores rápidos,* lo que significa que experimentan cuatro o más episodios en un año. El pronóstico de estos pacientes es inseguro, porque no hay tiempo suficiente para reorganizar la vida entre un episodio y otro.

Exploremos las causas del trastorno bipolar

Las teorías biológicas sobre las causas del trastorno bipolar y especialmente sobre la manía, son las que más apoyo han recibido. La investigación se ha centrado en las alteraciones neuroquímicas de áreas específicas del cerebro en las que actúan los neurotransmisores dopamina y serotonina.

Mucho antes de las teorías biológicas, los psicoanalistas plantearon, en pocas palabras, que la manía es una reacción defensiva ante la depresión. En lugar de dejarse abrumar por esta emoción, la mente da un vuelco y convierte la tristeza extrema en felicidad extrema. El equivalente simbólico de esta noción es reír cuando muere un ser querido, una negación grave. Cuando un paciente maníaco está en terapia de orientación psicoanalítica, todo el trabajo se centra en esta hipótesis defensiva.

Se piensa que el estrés contribuye a acentuar los cambios anímicos del trastorno bipolar. Aunque no causa necesariamente la manía ni la depresión, el estrés puede agravar los síntomas o acelerar la aparición del siguiente episodio.

El tratamiento del trastorno bipolar

El tratamiento con medicamentos es el que más se utiliza actualmente para el trastorno bipolar. Los medicamentos conocidos como *estabilizadores del estado de ánimo,* entre los cuales está el litio, cumplen esta función y reducen la probabilidad de que se presenten nuevos episodios. La psicoterapia de apoyo también es útil porque ayuda al paciente a afrontar las consecuencias negativas de su conducta maníaca y a aceptar su enfermedad. La terapia cognitivo-conductual se está utilizando cada vez más con el propósito de proporcionar al paciente habilidades conductuales que le permitan gobernar mejor su vida y aprender a detectar precozmente los síntomas de un nuevo episodio.

Cuando se vive con miedo

Hay muchísimos eufemismos para referirse a los *trastornos de ansiedad.* "Estrés", "angustia", "nervios", "nerviosismo" y "temor" son términos que usamos todos los días creyendo que sabemos lo que significan. La *ansiedad* se define como una sensación generalizada de temor y aprensión. (Más información sobre la ansiedad en el libro *Ansiedad para Dummies.*) Cuando estamos ansiosos, por lo general sentimos miedo. ¿De qué? Eso depende. Identificar de qué sentimos miedo ayuda a determinar qué clase de trastorno de ansiedad tenemos.

Dejando de lado la preocupación normal, los trastornos de ansiedad son probablemente las alteraciones mentales más comunes. Pero ¿estar preocupado es síntoma de un trastorno mental? Recuerde que todas las conductas y los procesos mentales ocurren a lo largo de un continuo que va de la normalidad a la anormalidad. La preocupación puede ser tan perturbadora y alcanzar niveles tan altos que obligue a buscar atención profesional. ¿Le preocupa que su preocupación sea patológica? Relájese, respire profundamente y siga leyendo. Hay muchas cosas que debe saber antes de sacar conclusiones precipitadas y salir corriendo a pedir ayuda.

Entre los trastornos de ansiedad más comunes están los siguientes:

> ✔ **Trastorno de ansiedad generalizada:** Es una preocupación excesiva y persistente acerca de muchísimas circunstancias de la vida.

✔ **Trastorno de estrés postraumático:** Implica reexperimentar en sueños o en forma de recuerdos intrusivos un acontecimiento traumático que representó una amenaza para la vida, junto con altos niveles de activación fisiológica y evitación de las personas y los lugares relacionados con la experiencia traumática.

✔ **Trastorno obsesivo-compulsivo:** Se refiere a las obsesiones (pensamientos recurrentes) y a las conductas compulsivas (el impulso irrefrenable de hacer ciertas cosas, como lavarse las manos docenas de veces por día).

El trastorno de pánico

Hay individuos que sienten miedo de salir de su casa, pero no porque vivan en un vecindario peligroso, sino porque sufren de *agorafobia,* que es el temor irracional a los espacios grandes y abiertos. Esta fobia se asocia frecuentemente con un grave trastorno de ansiedad llamado *trastorno de pánico.* Quienes sufren de este trastorno presentan períodos de ansiedad de intensidad baja que alternan con ataques de pánico intenso, junto con el temor a sufrir un nuevo ataque.

Según el DSM-IV, un ataque de pánico es "un episodio puntual que se caracteriza por un temor o una inquietud intensos, en el que cuatro (o más) de los siguientes síntomas se presentan abruptamente y llegan al punto máximo en un período de diez minutos":

Miedo y fobias

Muchas cosas nos pueden preocupar o producir temor. Pero una *fobia* es algo diferente. Es un miedo extremo a una situación o a un objeto particulares aun a sabiendas de que no representan ningún peligro. Hay distintas clases de fobias. La fobia social es el temor a la gente. La agorafobia es el temor a los espacios abiertos o muy concurridos. Hay un sinnúmero de fobias, pero entre las más conocidas se cuentan también las siguientes:

✔ **Acrofobia:** Temor a las alturas.

✔ **Claustrofobia:** Temor a los espacios cerrados.

✔ **Nictofobia:** Temor a la oscuridad.

✔ **Misofobia:** Temor a la contaminación o a los gérmenes.

✔ **Zoofobia:** Temor a los animales o a alguno en particular.

✔ Aceleración del ritmo cardíaco, palpitaciones.

✔ Sudoración, temblor.

✔ Sensación de asfixia, dolor en el pecho.

✔ Náuseas, vértigo, sensación de desmayo.

✔ Sensación de irrealidad o de no ser uno mismo.

✔ Temor a perder el control, a enloquecer o a morir.

✔ Entumecimiento, hormigueo, escalofríos u oleadas de calor.

Una persona que presenta ataques de pánico recurrentes podría sufrir de trastorno de pánico si también se preocupa constantemente de padecer otro ataque, si tiene temores irracionales acerca de las implicaciones de esos ataques o si su conducta ha cambiado significativamente a causa de ellos. Un rasgo distintivo del trastorno de pánico es el temor a que los ataques sean un síntoma de locura, de muerte inminente o de una enfermedad grave, como el infarto cardíaco. Esta característica es muy grave por los altos niveles de estrés que genera. La preocupación por la muerte es sumamente estresante y puede contribuir al desarrollo de las enfermedades que tanto temor generan.

Muchos individuos que sufren de trastorno de pánico desarrollan agorafobia. La agorafobia es un temor intenso a estar en lugares o situaciones de los que podría ser difícil escapar en caso de necesitar ayuda. Entre las situaciones que más temen los agorafóbicos están subirse a un ascensor, estar en medio de una multitud, viajar en un vagón de tren o subte muy concurridos o, incluso, conducir un auto cuando hay mucho tránsito.

Pero esto es apenas la primera mitad de la historia de los agorafóbicos. La otra mitad tiene que ver con evitar las situaciones y los lugares en los que, según creen, podrían quedar atrapados, lo que los lleva a confinarse en su hogar. Este síntoma es sumamente agobiante no sólo para la persona que lo sufre, sino también para sus familiares. ¿Cómo viviríamos si nuestro cónyuge o uno de nuestros progenitores se negara rotundamente a salir de casa? Como es obvio, en la vida de estos pacientes son frecuentes los problemas matrimoniales.

Exploremos las causas del trastorno de pánico

Dos explicaciones excelentes del trastorno de pánico son el enfoque biopsicosocial de David Barlow y el modelo cognitivo.

La noción fundamental de Barlow es que los ataques de pánico son el resultado de una reacción excesiva de miedo por parte del cerebro cuando está bajo los efectos del estrés. Algunos individuos tienen una vulnerabilidad fisiológica que hace reaccionar con demasiada intensidad a su sistema nervioso en determinadas situaciones.

La predisposición biológica se une a la vulnerabilidad psicológica producida por la creencia errónea de que ciertas sensaciones corporales son peligrosas, al igual que el mundo en general.

El modelo cognitivo (Beck, Emery y Greenberg, 1985) es similar al de Barlow, pero pone más énfasis en el papel que desempeñan las creencias en los ataques de pánico. La idea básica es que estos ataques son resultado de un círculo vicioso. La persona interpreta catastróficamente las sensaciones normales de su organismo, lo que incrementa su temor, lo que a su vez exacerba sus sensaciones fisiológicas, lo que a su turno lleva a hacer nuevas atribuciones erróneas.

El tratamiento del trastorno de pánico

El tratamiento del trastorno de pánico combina medicamentos y psicoterapia. Los medicamentos antidepresivos conocidos como tricíclicos han dado buenos resultados para reducir estos ataques. Las benzodiazepinas, que son fármacos "relajantes", también se han utilizado con éxito.

La terapia conductual es de gran ayuda para los pacientes de trastorno de pánico. Esta modalidad psicoterapéutica implica enseñar al paciente técnicas de relajación, exponerlo poco a poco a la situación que le desencadena el trastorno y enseñarle a controlar el pánico mientras pasa la crisis. Suena como una tortura, pero funciona. La terapia cognitiva también es útil ya que enseña al paciente a reestructurar su estilo de pensamiento a fin de que disminuya su tendencia a interpretar sus sensaciones corporales de manera catastrófica y desproporcionada. Se trata de que el paciente aprenda a reemplazar sus pensamientos de tipo "¿Qué pasaría si...?" por otros de tipo "¿Qué es lo peor que puede pasar si...?" relacionados tanto con sus procesos fisiológicos como con la posibilidad de obtener ayuda en caso de necesitarla.

Parte VII

Buenas noticias: usted puede curarse

The 5th Wave   **Rich Tennant**

"ESTOY CANSADO DE QUE TODO EL MUNDO ME MANIPULE".

En esta parte...

*L*a séptima parte explica qué son la evaluación y las pruebas psicológicas y se centra en la inteligencia y la personalidad, las áreas que la psicología evalúa con más frecuencia (sí, en esta parte encontrará información sobre la famosa prueba Rorschach, que se practica con manchas de tinta). También se refiere a las psicoterapias "habladas" tradicionales, como el psicoanálisis, la terapia conductual, la terapia cognitiva y otras conocidas modalidades de tratamiento psicológico. Además, explica el enfoque, las metas y el desarrollo de los encuentros psicoterapéuticos en cada una de esas modalidades. Por último, examina el tema del estrés y la relación entre la salud psicológica y la salud física.

Capítulo 17

Evaluación del problema y aplicación de pruebas psicológicas

L a gente suele consultar con el psicólogo u otro profesional de la salud mental cuando se siente abrumada por las emociones negativas o cuando se enfrenta a dificultades en la vida cotidiana. Igual que cuando visita a un médico, el paciente llega al consultorio del psicólogo con una queja o problema. Con frecuencia los pacientes no identifican claramente lo que les sucede y necesitan que alguien los ayude a descubrirlo. El psicólogo escucha, procurando comprender la situación y captar la magnitud del problema del paciente. Si el psicólogo no se forma una idea correcta del problema, no podrá contribuir a su solución (del capítulo 18 al 21 encontrará más información sobre este tema).

¿Cuál es el problema?

Para poder resolver un problema, el primer paso es definirlo con claridad. Los psicólogos cuentan con herramientas y técnicas para este propósito. La consulta psicológica comienza con una exploración del *motivo de consulta* (la queja o el problema que ha inducido al paciente a buscar ayuda) y sigue con un proceso de recopilación de información.

Psicólogo: Dígame, señor Gómez, ¿cuál es su problema?

Señor Gómez: ¿Cómo puedo saberlo? Usted es el psicólogo.

Esta pregunta no es fácil para los pacientes, que a menudo no saben lo que les ocurre y esperan que el psicólogo tenga todas las respuestas. Sin embargo, si la situación del paciente no se explora exhaustivamente, lo único que se logra es hacer un costoso trabajo de adivinación. Las entrevistas formales y las pruebas psicológicas son los métodos más utilizados para la evaluación clínica.

Indagar en la historia del paciente

Hay muchas técnicas de entrevista y cada profesional tiene su método preferido de obtener la información que considera relevante. Pero ¿qué es información "relevante"? Como dije antes, la mayoría de los encuentros terapéuticos comienzan con una charla sobre el problema que aqueja al paciente. Nadie, o casi nadie, acude al psicólogo y describe su problema de acuerdo con los criterios de la cuarta edición del *Manual estadístico y diagnóstico de los trastornos mentales* (DSM-IV). Los pacientes suelen exponer sus problemas de una manera vaga y confusa. Las dificultades de comunicación que a veces surgen entre el psicólogo y el paciente casi siempre se deben a que utilizan vocabularios distintos para describir el mismo problema. Usted me dice que no puede dormir, comer ni dejar de llorar; yo le digo que está deprimido.

Una de las primeras áreas en deteriorarse por culpa de los problemas psicológicos es la social. En la fase de obtención de la historia, el psicólogo recopila información sobre la familia, los amigos, los compañeros de trabajo y otras relaciones importantes para el paciente. También evalúa el rendimiento en las áreas educativa y laboral. ¿Terminó el paciente el bachillerato? ¿Ha podido conservar su trabajo?

Por lo general, los pacientes llegan a terapia con la necesidad imperiosa de contar muchas cosas. Se encuentran abrumados, pero no pueden describir fácilmente lo que sienten. Aunque no siempre se hace de una manera tan estricta, la estructura de la primera entrevista es la siguiente:

1. **Clarificación del motivo de consulta.**

2. **Obtención de información sobre la historia del paciente.**

   No es una verdadera autobiografía porque sólo se cubren áreas específicas. El aspecto más importante es la historia del problema que motiva la consulta (cuándo empezó, etc.).

3. **Indagación sobre la salud física del paciente.**

Un área muy importante de la historia del paciente es su salud física actual y pasada. Muchos problemas psiquiátricos y psicológicos se originan en enfermedades o dolencias físicas. ¿Tiene algún problema serio de salud? ¿Está tomando algún medicamento? ¿Ha tenido problemas por consumo de alcohol o de sustancias psicoactivas? ¿Sufre de algún estado alterado de conciencia que requiere evaluación o tratamiento médico?

4. **Indagación sobre la existencia de problemas psicológicos.**

¿Ha sufrido de depresión alguna vez? ¿Le han diagnosticado algún trastorno mental? ¿Algún miembro de su familia ha tenido una enfermedad mental? ¿Ha estado hospitalizado en una institución psiquiátrica? ¿Ha intentado suicidarse? Un psicólogo prudente evalúa ante todo los aspectos más significativos del caso. Y no hay nada más serio para un psicólogo que el riesgo de suicidio.

Evaluación del estado mental

A lo largo de la entrevista, el psicólogo está atento a cualquier señal de alteración conductual, cognitiva o emocional. Éste es el llamado *examen del estado mental* y abarca once áreas:

✔ **Apariencia:** El psicólogo observa las características físicas del paciente, su aspecto general y cualquier rasgo inusual (por ejemplo, si va desaseado o despeinado y si su indumentaria es estrafalaria). Observar el peso también es importante, ya que la obesidad y la delgadez extrema se relacionan a menudo con el problema consultado. Si la apariencia es contraria a las normas culturales o subculturales, vale la pena tocar el tema.

✔ **Conducta observable:** Algunos de los signos más impactantes del trastorno provienen de la manera en que la persona actúa.

- **Movimientos corporales:** Por su posible relación con el problema, se debe estar atento a los movimientos del cuerpo que indiquen agitación, a los movimientos demasiado rápidos o lentos y a los gestos extraños. Los pacientes nerviosos no se quedan quietos y juguetean con todo lo que encuentran a su alcance. Los pacientes deprimidos parecen "hundidos" en la silla. Y los que tienen delirio de persecución se paran repetidas veces y miran por entre las cortinas.

- **Expresiones faciales:** También hay que observar las expresiones faciales, que pueden denotar distintas emociones (indiferencia, tristeza, enfado, etc.).

✔ **Conducta verbal:** El habla presenta un marcado deterioro en dos trastornos particulares:

• **Esquizofrenia:** El lenguaje suele ser desorganizado, enredado y muy difícil de entender. Es como si la persona hablara en un idioma totalmente desconocido, ya que nada de lo que dice tiene sentido.

• **Trastorno bipolar:** La manera de hablar también puede ser anormal. Los pacientes que están en pleno episodio maníaco hablan aceleradamente y sin parar y no es raro que salten de un tema a otro sin conexión aparente.

✔ **Estado anímico y afectivo:** El estado de ánimo se refiere a las emociones que expresa el paciente. ¿Se muestra triste, alegre, enfadado, eufórico, ansioso? El afecto se refiere a la intensidad y a lo apropiado o inapropiado del comportamiento emocional. ¿Está un poco o muy triste? ¿Siente algo distinto de la tristeza o está experimentando una mezcla de emociones? También es importante estar atento a la *labilidad emocional*, es decir, a los cambios repentinos en el estado de ánimo. ¿Se muestra eufórico, pero súbitamente se ve deprimido?

✔ **Contenido del pensamiento:** Lo que el paciente piensa es fundamental en toda evaluación clínica. Los pensamientos extraños y los delirios pueden ser manifestaciones de un trastorno mental. Pensamientos menos extraños pero perturbadores, como una preocupación obsesiva o ideas intrusivas, pueden ser señal de ansiedad grave. Los pensamientos relacionados con muerte y violencia son importantes para evaluar si existen ideas suicidas o el potencial para cometer actos violentos.

¿Chifladura o personalidad?

Una vez vi en una cafetería a un hombre de mediana edad que llevaba orejas, nariz, dientes y bigotes de ratón. Si bien cada uno tiene el derecho de vestirse como quiera, su apariencia era definitivamente particular. ¿Tenía ese hombre algún trastorno mental? No lo sé. Sin embargo, no hay muchos hombres de mediana edad que se vistan como ratones y salgan así a la calle. Cuando alguien actúa como si todos los días fuera carnaval, no hay que precipitarse a sacar conclusiones, pero sí vale la pena indagar qué está pasando.

✔ **Procesos de pensamiento:** Ciertas maneras de pensar podrían indicar que existe un trastorno.

- **Pensamiento tangencial:** Este tipo de pensamiento suele ser señal de trastorno cognitivo y se caracteriza por la dispersión de las ideas y la tendencia a tocar muy superficialmente el tema que es materia de conversación.

- **Asociaciones por asonancia:** Son un signo muy grave de trastorno del pensamiento. El sonido de la última palabra desencadena en el paciente un nuevo pensamiento. Por ejemplo: "Quiero tomar té... tengo dos zapatos... patos nadan en el agua... guardabosque".

✔ **Percepción:** El paciente puede experimentar alucinaciones auditivas, visuales, olfativas, gustativas o somáticas (sensaciones corporales extrañas, como insectos corriéndole por debajo de la piel). Como se dijo antes, una alucinación auditiva gravísima es escuchar voces que dan la orden de hacerse daño o de infligir daño a otros.

✔ **Funcionamiento intelectual:** Algunos indicadores de la condición intelectual del paciente son su vocabulario, la información que maneja y su capacidad de abstracción. Hay que tener en cuenta que la observación no basta para llegar a conclusiones objetivas, pero sí sirve de base para futuras evaluaciones.

✔ **Atención, concentración y memoria:** Se debe observar si el paciente se distrae durante la entrevista y si tiene dificultad para concentrarse en la actividad que está llevando a cabo. La memoria a corto plazo se puede valorar pidiéndole que recuerde algunos datos y preguntándole acerca de ellos unos minutos después. La memoria a largo plazo se puede apreciar en la facilidad con que cuenta su historia y suministra datos de su vida. Muchos trastornos van acompañados de deterioro de la atención y la memoria.

✔ **Orientación:** Es importante evaluar si el paciente está orientado en tiempo y espacio (qué año es, dónde está, etc.). Muchos trastornos médicos y neuropsicológicos incluyen signos de desorientación.

✔ **Discernimiento y juicio:** ¿Comprende el paciente la relación entre sus conductas y procesos mentales y la posibilidad de tener algún trastorno mental? Evaluar su discernimiento es importante para conocer su motivación y la probabilidad de que se comprometa seriamente con el tratamiento. Es importante examinar el juicio del paciente porque podría correr el riesgo de actuar impulsivamente e involucrarse en actividades peligrosas, violentas o incluso suicidas.

Las famosas pruebas psicológicas

Hoy en día intervienen diversas disciplinas en el tratamiento y la atención a los pacientes con enfermedades mentales. Aunque las pruebas psicológicas son del exclusivo dominio de los psicólogos, los pedagogos y los especialistas en dificultades de aprendizaje aplican algunas para un conjunto limitado de problemas. Los psicólogos están capacitados para aplicar pruebas en diversas áreas.

Las pruebas psicológicas forman parte del proceso de evaluación. *Evaluación* es el conjunto de procedimientos científicos que permiten medir y evaluar la conducta y los procesos mentales del individuo. Las pruebas se emplean para confirmar los datos obtenidos mediante la observación directa. Existen pruebas para evaluar prácticamente todas las áreas de la psicología.

Las pruebas psicológicas tienen diversos formatos; por ejemplo, encuestas, pruebas escritas, ejercicios, actividades (como construir rompecabezas), entrevistas y observación directa.

¿De qué depende que una prueba sea "objetiva"? Una prueba es objetiva cuando cumple las normas de estandarización, fiabilidad y validez.

Estandarización

Anne Anastasi considera que una prueba está debidamente estandarizada cuando existe un procedimiento uniforme para su administración y puntuación. El control de las variables diferenciadoras es fundamental para la exactitud de la prueba. Si aplico una prueba de manera distinta a dos personas, no podré fiarme de los resultados.

La estandarización implica establecer una norma para cada prueba. Una *norma* es una medida del resultado promedio de un grupo grande de personas, o de varios grupos, en una prueba psicológica determinada. Por ejemplo, la puntuación media de la escala de inteligencia revisada de Wechsler es de 100. Esta puntuación media representa la norma, o estándar, con la cual se compara la puntuación obtenida.

Fiabilidad

Una prueba que no es fiable no es una buena prueba. La *fiabilidad* se refiere a su coherencia. Si administro la misma prueba a la misma persona en dos o más ocasiones y cada vez obtengo una puntuación igual o similar, entonces la prueba es fiable. La fiabilidad de las pruebas psicológicas se debe establecer antes de que los psicólogos tengan acceso a ellas.

Validez

¿Cómo se sabe si la prueba que estoy utilizando realmente mide lo que afirma medir? Quizás estoy evaluando la aptitud en lenguaje cuando lo que pretendo evaluar es la inteligencia. Esto sucede cuando las pruebas se administran a personas cuyas características no corresponden a las del grupo con el cual se estandarizó la prueba.

Una prueba *válida* es la que mide lo que pretende medir. Por ejemplo, si me interesa evaluar la depresión de un paciente, debo utilizar una prueba estandarizada, como el Inventario de Depresión de Beck.

No hay que olvidar que, a diferencia de lo que sucede en otros campos, la mayoría de las pruebas psicológicas miden fenómenos que no son observables. Por ejemplo, las células T se pueden ver y, por consiguiente, se pueden contar con la ayuda de un microscopio. En cambio la inteligencia no se ve. Suponemos que existe en la medida en que se manifiesta de manera cuantificable en una prueba psicológica. Por esta razón, las pruebas psicológicas deben tener sólidas bases científicas. Esto reviste la mayor importancia.

Una prueba psicológica es algo bastante más sofisticado que plantear al individuo una serie de preguntas y tabular las respuestas. Es en realidad una tarea científica. Debido al riesgo de que los resultados se interpreten erróneamente o de un modo simplista, muchos profesionales argumentan que su uso debe restringirse a examinadores muy bien cualificados. Si se permite que las pruebas circulen indiscriminadamente, la gente se familiarizaría con ellas y perderían su validez. Por ejemplo, en lugar de medir la inteligencia medirían la capacidad de memorizar las preguntas.

Tipos de pruebas

Hay muchas clases de pruebas psicológicas, de las cuales cinco son muy conocidas: las clínicas, las de aprovechamiento escolar, las de personalidad, las de inteligencia y las neuropsicológicas.

Pruebas clínicas

Los psicólogos clínicos utilizan pruebas para confirmar sus diagnósticos y evaluar la gravedad y la naturaleza de la disfunción del individuo o de la familia. Algunas pruebas evalúan específicamente la presencia o la ausencia de los síntomas de un trastorno particular. Un ejemplo muy conocido es el Inventario de Depresión de Beck, que valora el nivel de depresión que está experimentando el paciente.

Las pruebas conductuales y adaptativas evalúan la competencia en la vida cotidiana y la presencia de conductas problemáticas. Un instrumento muy utilizado para evaluar los problemas de conducta en los niños es la Lista de Comprobación de la Conducta Infantil. La Escala de Conner para Padres es una prueba clínica que evalúa la existencia de síntomas del déficit de atención con hiperactividad.

Además de los inventarios y las pruebas para evaluar trastornos específicos, muchos instrumentos tienen propósitos diferentes y son una excelente ayuda para el diagnóstico. Las pruebas de inteligencia también pueden mostrar signos de disfunción cognitiva o dificultades de aprendizaje y las de personalidad pueden proporcionar información sobre posibles alteraciones psicológicas.

Pruebas de rendimiento escolar

Estas pruebas evalúan el nivel de competencia académica y, según Glen Aylward, tienen tres propósitos principales:

✔ Identificar a los estudiantes que requieren educación especial.

✔ Identificar la naturaleza de los problemas del estudiante a fin de descartar dificultades de aprendizaje.

✔ Contribuir a la planificación y la educación.

Las pruebas de rendimiento escolar evalúan varias áreas típicas: lectura, matemáticas, ortografía y escritura. Sin embargo, algunas incluyen otras áreas, como ciencias y estudios sociales.

Este tipo de pruebas son ampliamente utilizadas en las escuelas. A los alumnos que presentan malos resultados académicos casi siempre se les pide que realicen alguna. A veces los problemas se deben a una dificultad de aprendizaje, pero hay ocasiones en que la causa es otra, como problemas emocionales, uso de sustancias psicoactivas o dificultades familiares.

Y las pruebas de rendimiento escolar ayudan a descubrir esta clase de problemas.

Pruebas de personalidad

Estas pruebas no miden solamente la personalidad. Muchas evalúan las emociones, la motivación y las habilidades interpersonales, además de los rasgos de la personalidad que son importantes para la teoría en la que se fundamenta la prueba. La mayoría de las pruebas de personalidad son *inventarios de autoinforme,* en que el individuo responde por escrito preguntas acerca de sí mismo.

Quizá la prueba de personalidad más conocida es el Inventario Multifásico de Personalidad de Minnesota, segunda edición (MMPI-2). Éste es un instrumento fiable y válido y la mayoría de los psicólogos están capacitados para utilizarlo. El MMPI-2 suministra abundante información sobre la presencia de psicopatologías y su gravedad (en caso de existir) y sobre el funcionamiento emocional, conductual y social del individuo. Muchos psicólogos se valen del MMPI-2 para confirmar sus observaciones y sus diagnósticos.

Las *pruebas proyectivas de personalidad* son distintas de las demás pruebas psicológicas porque se basan en la *hipótesis proyectiva.* Según esta hipótesis, cuando al sujeto se le presentan estímulos ambiguos tiende a proyectar y, por lo tanto, a revelar aspectos de sí mismo y de su funcionamiento psicológico que no revelaría de un modo directo. No se trata de hacer caer a nadie en una trampa. La idea es que, a causa de los mecanismos de defensa, para mucha gente es muy difícil expresar en palabras lo que le está sucediendo. Incluso muchos no son conscientes de sus sentimientos. Las pruebas proyectivas tienen por objeto derrumbar las defensas y penetrar en lo más profundo de la psique. Da bastante miedo, ¿verdad?

La más popular de las pruebas proyectivas de personalidad y quizá de todas las pruebas psicológicas, es la *prueba de Rorschach.* Consta de diez tarjetas que exhiben diseños simétricos de manchas de tinta que no representan nada. El significado de cada mancha es el que le otorgan las proyecciones de quien hace la prueba.

Pruebas de inteligencia

Las pruebas de inteligencia se han utilizado desde que la psicología adquirió estatus científico y son las que se administran con más frecuencia. Estas pruebas miden una gran variedad de habilidades intelectuales y cognitivas y proporcionan una estimación general del nivel de funcionamiento cognitivo, llamado *cociente de inteligencia* (CI).

Las pruebas de inteligencia se administran en diversos contextos y con diferentes propósitos. Por ejemplo, son de gran utilidad en las escuelas y en los medios académicos y constituyen un importante auxiliar para el diagnóstico de deficiencias y alteraciones cognitivas.

Las pruebas de inteligencia que más se aplican son la Escala Wechsler de Inteligencia para Adultos, tercera edición (WAIS-III) y la Escala Wechsler de Inteligencia para Niños, tercera edición (WISC-III). Ambas constan de varias subpruebas diseñadas para evaluar aspectos específicos de la inteligencia y proporcionan puntuaciones individuales para cada subprueba, que al combinarse dan una puntuación total o CI. Entre los factores que evalúan las subpruebas están los siguientes:

✔ Atención.

✔ Conocimientos generales.

✔ Organización visual.

✔ Comprensión.

Pruebas neuropsicológicas

Debido a las consecuencias de las lesiones cerebrales sobre el comportamiento, las pruebas de funcionamiento neuropsicológico y cognitivo actualmente forman parte del arsenal de pruebas que utilizan los psicólogos. Las pruebas neuropsicológicas se utilizan como complemento de los exámenes neurológicos y de las técnicas de imagen cerebral, como la resonancia magnética (RMN), la tomografía axial computarizada (TAC) y la tomografía por emisión de positrones (PET).

Mientras que los procedimientos neurológicos detectan la presencia de lesiones cerebrales, las pruebas neuropsicológicas detectan de una manera más precisa la alteración funcional. Los primeros dicen: "Sí, hay daño." Las pruebas neuropsicológicas dicen: "... y éste es el problema cognitivo relacionado con ese daño".

Una conocida prueba neuropsicológica es, en realidad, un conjunto de instrumentos de evaluación. Se trata de la batería de pruebas neuropsicológicas Halstead-Reitan, que evalúan la memoria, la atención, la concentración, la habilidad verbal, la habilidad motriz, la percepción auditiva y la planificación. Su administración completa requiere aproximadamente seis horas, de modo que es una herramienta de evaluación cara. Sin embargo, vale la pena que la aplique un profesional competente porque la información que proporciona es sumamente útil.

Capítulo 18

El famoso diván freudiano

M e pregunto qué pensarán sobre el trabajo de sus padres los hijos de los psicoterapeutas. ¿Les dirán a sus amigos, por ejemplo, "Mi mamá es terapeuta. Creo que ayuda a la gente. Se sientan a hablar sobre sus problemas y a veces las personas lloran o se enojan"? Algunas profesiones son más fáciles de describir que otras. La mayoría de la gente tiene alguna idea sobre lo que es la psicoterapia (o terapia), pero muy pocos pueden definirla con exactitud.

Lewis Wolberg definió la *psicoterapia* como una forma de tratamiento para los problemas emocionales, en que un profesional capacitado establece una relación con un paciente a fin de aliviar o eliminar síntomas de naturaleza psicológica, modificar patrones de conducta inadaptada y promover el desarrollo de una personalidad sana.

J. B. Rotter dio otra definición: "La psicoterapia es una actividad programada por el terapeuta, que tiene por objeto ayudar al paciente a adaptarse a la vida de una manera más constructiva y satisfactoria para él." Pero pienso que una buena conversación con un par de amigos en una pizzería también contribuye a que nuestra vida sea "más satisfactoria". Entonces ¿por qué acudir a psicoterapia en lugar de pasar buenos ratos con los amigos? Porque la relación terapéutica es diferente de la relación con los amigos. Es una relación profesional en la cual uno de los participantes es un terapeuta titulado y experto en el manejo de los problemas psicológicos, interpersonales o conductuales.

Pero los psicólogos no son los únicos que nos pueden ayudar a resolver los problemas de la vida. Diferentes personas, lugares y cosas nos ayudan a curarnos o contribuyen a nuestro bienestar. La música, la literatura, las obras de arte, el amor, la religión, una buena película, el nacimiento de un hijo y hasta un bello atardecer pueden ser experiencias terapéuticas. Sin embargo, la psicoterapia es una actividad singular, pues está concebida específicamente para curar los problemas psicológicos.

En este capítulo y los dos siguientes examinaremos algunas modalidades psicoterapéuticas. Aun cuando comparten muchos elementos, cada una tiene objetivos propios y enfatiza distintos aspectos psicológicos, como las emociones, los pensamientos o la conducta. En este capítulo veremos el psicoanálisis, la modalidad terapéutica más conocida.

¿Quién necesita psicoterapia?

El psicoanálisis se conoce desde hace aproximadamente ochenta años. Aunque existen variaciones, el *psicoanálisis clásico* fue desarrollado por Sigmund Freud y enriquecido posteriormente por Otto Fenichel, Anna Freud, Melanie Klein, Heinz Kohut y Otto Kernberg, entre otros.

Los problemas psicológicos, entre los cuales se cuentan las alteraciones emocionales, de conducta y cognitivas, son la razón de ser de la psicoterapia. Al igual que todos los enfoques psicoterapéuticos, el psicoanálisis tiene su propia visión de los problemas y su método particular de abordarlos. ¿A quién le conviene el psicoanálisis? La respuesta depende de la manera en que se conciban las causas de los problemas. Por ejemplo, los psicoanalistas consideran que los conflictos internos constituyen la causa de la depresión, mientras que los terapeutas cognitivos la atribuyen a distorsiones del proceso de pensamiento (el capítulo 19 tiene más información sobre la terapia cognitiva). Es fácil advertir, por ejemplo, cuando una pareja tiene problemas en su relación. Los terapeutas y la gente común explican de maneras distintas esos problemas. Y los psicoanalistas, desde luego, los ven a la luz de su teoría de la psicopatología.

Piense en este ejemplo. Carlos y Claudia están esperando su primer hijo. Claudia se ha estado preparando con mucha ilusión para el gran acontecimiento. Ya ha arreglado la habitación del bebé, le ha comprado la ropa y ha pensado en todo lo que harán juntos. Pero Carlos se ha mostrado menos entusiasta. Además, últimamente ha trabajado hasta muy tarde en su oficina y ha llegado a casa cuando Claudia ya está dormida. No sólo ha estado distante e irritable, sino que también se ha quejado de fuertes dolores de cabeza y teme estar sufriendo alguna enfermedad seria. Un día, mientras lava la ropa, Claudia encuentra en un pantalón de su marido la entrada de un cabaré de *striptease*. Cuando se lo dice, él le confiesa que ha estado bebiendo más de lo normal y frecuentando esa clase de sitios con sus amigos.

¿Qué le está pasando a Carlos? Nunca había frecuentado esos sitios con los amigos y el médico de familia no encuentra ninguna explicación para sus dolores de cabeza. El caso de Carlos justifica buscar ayuda psicoterapéutica. Está actuando de una manera que ni él ni su esposa comprenden. Ella sabe que algo está afectando a su marido porque siguió algunos cursos de psicología durante su época universitaria y, por lo tanto, le pide que busque ayuda profesional. ¿Por qué necesita ayuda? ¿No le convendría, más bien, tomarse unas vacaciones?

Quienes buscan ayuda psicoterapéutica se quejan de diversos problemas, como:

✔ Síntomas físicos para los que no se encuentra explicación médica.

✔ Conductas, pensamientos o emociones inusuales.

✔ Problemas laborales o sociales.

✔ Falta de motivación o entusiasmo.

Como en el caso de Carlos, mucha gente busca ayuda cuando tiene problemas en sus relaciones personales o laborales. Pero Carlos también presenta síntomas físicos, irritabilidad y aislamiento, posibles síntomas de psicopatología que no son comprensibles justamente cuando va a ser padre por primera vez.

Nada se le escapa al psicoanálisis

Carlos tiene algunos problemas evidentes, pero seguramente otros que no son tan obvios. Descubrir los problemas que no son obvios es lo que distingue al psicoanálisis de las demás modalidades psicoterapéuticas. El psicoanálisis es mucho más de lo que se piensa.

Los psicoanalistas van al fondo del problema y no se limitan al nivel superficial de los síntomas. Así que el terapeuta parte del supuesto de que bajo los sentimientos, los pensamientos y las acciones de Carlos hay un mundo caótico y lleno de conflictos. A pesar de que cualquiera puede advertir que algo le va mal, el analista irá mucho más allá mediante el psicoanálisis.

¿Qué relación hay entre frecuentar cabarés de *striptease* y tener conflictos mentales? Quizá ninguna, pero el psicoanalista de Carlos va a suponer que existe una relación. Por ejemplo, está a punto de convertirse en padre y, sin duda, ésa será una experiencia que le producirá mucho estrés. Carlos tendrá que levantarse muchas veces de noche y quizá llevar corriendo al bebé a la consulta del pediatra. Quizás está preocupado y sólo busca relajarse y divertirse un poco con sus amigos. O tal vez tiene serias reservas acerca de la paternidad. Su esposa le preguntó si se arrepentía de la decisión de tener un hijo o si la perspectiva de la paternidad lo asustaba, pero él respondió negativamente.

¿Para qué sirve el psicoanálisis?

Desde luego que todos tenemos problemas y no se requiere ser doctor en psicología para saberlo. Pero la única finalidad de la terapia no es pagar a alguien para que haga inventario de nuestros demonios internos. El psicoanálisis tiene varios objetivos:

✔ Fomentar el desarrollo de la personalidad.

✔ Ayudar al paciente a tomar conciencia de sus conflictos internos y del modo en que afectan su vida diaria.

✔ Ayudarlo a comprender cómo funcionan sus mecanismos de defensa y cómo distorsionan la realidad, incluidas sus relaciones interpersonales.

✔ Contribuir a que el paciente le encuentre más sentido y satisfacción a su vida.

✔ Promover el desarrollo de mecanismos de defensa más maduros.

✔ Contribuir a que el paciente desarrolle medios más sanos para expresar sus impulsos.

La conciencia desempeña un papel primordial en todas estas metas. De hecho, si algo distingue al psicoanálisis es que fomenta la toma de conciencia ayudando al paciente a conocer sus motivaciones y deseos. Ésta es la esencia del proceso psicoanalítico y uno de sus aspectos curativos. El cambio surge del descubrimiento de los conflictos inconscientes, lo que permite abordarlos y controlarlos a nivel consciente. Si no sabemos cuál es el problema, no podemos resolverlo.

Una característica interesante de los terapeutas profesionales es que, incluso antes de que el nuevo paciente llegue a su primera consulta, ya se han formado una idea de lo que está ocurriendo. Pero esto no se debe a que sean adivinos, sino a que cuentan con un sistema teórico que explica por qué se desarrollan ciertos problemas psicológicos y cuál es el origen de los conflictos internos.

Como le sucede a Carlos, los problemas que todos tenemos pueden deberse a distintas causas. Entre las más comunes están:

✔ **Regresión:** Es el regreso a una etapa anterior de desarrollo psicológico. Freud planteó que todos somos vulnerables a la regresión cuando nos hallamos bajo estrés. El estrés pone a prueba nuestras defensas y, al intensificar nuestros esfuerzos por defendernos de él, pueden emerger los síntomas psicológicos. Algunos hechos desatan impulsos inconscientes y recuerdos ya olvidados o de los que no habíamos vuelto a tener conciencia. Esto puede desembocar en la regresión. Quizá Carlos siente el impulso de dejar a su mujer y a su futuro hijo para poder llevar una despreocupada vida de soltero porque, supongamos, no le permitieron divertirse cuando era niño. La regresión implica actuar como si fuéramos más jóvenes, o incluso de una manera infantil. Las rabietas, ignorar la realidad y vivir en un mundo de fantasía son ejemplos de regresión.

✔ **Control de impulsos:** Cuando nos sentimos motivados a buscar placer sin tener en cuenta la realidad, utilizamos mecanismos de defensa para evitar que esos impulsos se descontrolen. No deseamos que los poderosos y primitivos impulsos del ello dominen nuestra personalidad más madura y realista. Sin embargo, esos impulsos emergen cuando estamos bajo los efectos del estrés. En ese momento intervienen las defensas y aparecen los síntomas. Los síntomas psicológicos son entonces el resultado de la lucha entre nuestros impulsos y nuestras defensas.

- **Represión:** Es un mecanismo de defensa que exige una gran energía mental y que permite mantener los impulsos fuera de la conciencia para que no afecten ni destruyan nuestra vida. De nuevo, los síntomas son producto de la intensificación de las defensas, aunque también pueden verse como una manera indirecta e inconsciente de expresar los impulsos ocultos.

- **Hipocondría:** ¿Qué defensas estarán ocasionando los síntomas de Carlos? Esos dolores de cabeza son un buen ejemplo de hipocondría, la preocupación excesiva por la propia salud y la posibilidad de tener una enfermedad grave. George Vaillant considera que la hipocondría es un mecanismo de defensa que permite al individuo quejarse y rechazar los esfuerzos de otros por ayudarlo. Como no encuentra la causa de sus dolencias y, por lo tanto, nadie lo puede ayudar, la hipocondría lleva al individuo a sentir que nadie lo comprende ni se preocupa por sus necesidades. Tal vez Carlos siente que nadie entendería sus temores acerca de la paternidad y ese miedo origina sus síntomas hipocondríacos.

- **Actuación de las emociones inconscientes:** Quizá Carlos también está utilizando este mecanismo de defensa, que consiste en expresar un impulso o un deseo inconsciente, pero sin reconocer conscientemente lo que se está sintiendo. Carlos podría desear inconscientemente volver a ser soltero y liberarse de las responsabilidades de la paternidad. Como quizá no es consciente de ello, actúa su deseo inconsciente de ser soltero yendo a cabarés de *striptease*.

El origen de los problemas de Carlos es la lucha interna entre sus defensas, que hacen lo imposible por manejar sus impulsos y el temor que le produce el hecho de sentir, expresar y satisfacer esos deseos.

El psicoanálisis paso a paso

Veamos ahora los aspectos prácticos, la función del paciente, la función del analista y los aspectos generales del proceso psicoanalítico.

Aspectos prácticos

La logística es sencilla. El paciente pide una cita, va al consultorio y se reúne con el analista. Se ponen de acuerdo sobre el importe y el horario de las consultas. El psicoanálisis clásico requiere entre cuatro y seis sesiones semanales, pero como la mayoría de la gente no puede darse ese lujo, muchos profesionales han optado por una versión abreviada de una o dos sesiones por semana. En cualquiera de las dos versiones, cada sesión dura alrededor de cincuenta minutos. Después de presentarse, el paciente y el analista empiezan a trabajar.

El misterio del diván

Al hablar del psicoanálisis no se puede dejar de mencionar el famoso diván. Por motivos técnicos relacionados con los objetivos de la terapia, el analista se sienta fuera del campo visual del paciente. Freud utilizó el diván, pero no se limitó a él. El diván no es absolutamente necesario, pero para que el psicoanálisis sea verdaderamente clásico, no se puede prescindir de él.

El paciente habla y el analista escucha, hace comentarios y alienta al paciente a expresar todo lo que le venga a la mente, sin filtrar ni cambiar nada. Periódicamente interrumpe al paciente para poner énfasis en algo que éste ha dicho a fin de expandir su estado de conciencia. El psicoanálisis clásico dura aproximadamente cinco años. La variante por la que muchísima gente opta en la actualidad se discute en la sección "La nueva escuela psicoanalítica", más adelante en este capítulo.

La función del paciente

Recuerde que la psicoterapia, en general y el psicoanálisis, en particular, se basan en relaciones profesionales que tienen metas específicas. Por este motivo, en el psicoanálisis hay una manera precisa de comportarse.

Aunque parezca obvio, se espera que el paciente sea puntual en sus citas y que pague los honorarios oportunamente. Esto es importante para mantener el carácter profesional de la relación, ya que no se trata de dos amigos que se reúnen regularmente para charlar sobre la vida.

Muchos pacientes van a terapia con una actitud pasiva, porque esperan que el terapeuta les "arregle" sus problemas y les dé todas las respuestas. Esto no funciona. El paciente tiene que trabajar tan duro que muchos abandonan el proceso por esta razón.

El paciente tiene que reflexionar con sentido crítico acerca del contenido de cada sesión y debe:

✔ Estar atento al surgimiento de material inconsciente durante las sesiones.

✔ Estar dispuesto a experimentar emociones intensas y a enfrentarse a recuerdos negativos y dolorosos.

✔ Concentrarse en entender el proceso que lleva al cambio.

La tarea más importante que realiza el paciente de psicoanálisis es la *asociación libre*. Al empezar el análisis, el terapeuta le pide que se recline en el diván y empiece a hablar sobre lo que le venga a la mente, sin importar lo absurdo, tonto o vergonzoso que pueda ser. La idea es entrar en contacto con el material inconsciente. Para ello es esencial no modificar lo que se piensa y se dice. Es un proceso difícil pero imprescindible para acceder a los impulsos y conflictos ocultos.

La función del analista

En el psicoanálisis no todo es responsabilidad del paciente. El terapeuta también tiene una serie de deberes.

El psicoanalista debe:

✔ Demostrar empatía con su paciente, pero con profesionalidad.

✔ Tener conciencia de sus propios conflictos internos para que el foco de las sesiones sean los problemas del paciente y no los suyos. En caso de que las dificultades del analista empiecen a dominar las sesiones, deberá consultar de inmediato con un colega o con su supervisor.

✔ Ser objetivo y moralmente neutral en relación con los problemas del paciente. A diferencia de la rigidez del psicoanálisis clásico, hoy se acepta que el terapeuta sea más interactivo para facilitar el cambio y entablar una conexión un poco más personal con su paciente.

✔ No presionar al paciente demasiado pronto para que hable sobre temas que aún no está preparado para abordar. Al comienzo del proceso los pacientes suelen sentirse ansiosos porque desconocen lo que ocurrirá durante las sesiones.

En 1948, T. Reik afirmó que un buen analista escucha con su "tercer oído" para detectar los conflictos inconscientes que revelan las verbalizaciones del paciente. Esos conflictos también se observan en el contenido de los sueños, en los chistes y en los lapsus (en el capítulo 10 encontrará más información sobre el tema de los lapsus). El analista debe advertir esos signos de conflicto inconsciente y hacer los comentarios pertinentes en el momento oportuno. El analista procura comprender lo que sucede en el consciente, en el preconsciente y en el inconsciente del paciente (para mayor información sobre los niveles de conciencia, consulte el capítulo 10).

La *interpretación* es la herramienta principal del analista. Se utiliza para ayudar al paciente a tomar conciencia de sí mismo y de la relación entre sus conflictos internos y sus problemas actuales. Para muchos profesionales, la interpretación es sinónimo de psicoanálisis.

Durante las sesiones, el analista no interpreta cualquier cosa: "He advertido que ha doblado dos veces y no tres, el pañuelo que le he entregado". Eso sería ridículo. Hay puntos que merecen interpretación y comentarios. Como el propósito es expandir el estado de conciencia del paciente, el analista hace interpretaciones sobre material inconsciente. Con sus intervenciones, el analista procura que el paciente tome conciencia y lo deja llegar a sus propias conclusiones guiándolo con tacto y respeto.

Sydney Pulver identificó cinco clases de interpretaciones:

- ✔ **Resistencia:** Cuando el paciente se está resistiendo al proceso de análisis y cambio, el analista se lo hace notar y le indica cómo lo está haciendo.

- ✔ **Transferencia:** Cuando el analista percibe que el paciente está empezando a relacionarse con él como si fuera una persona significativa de su pasado, se lo hace notar.

- ✔ **Extratransferencia:** Cuando el analista percibe que el paciente está actuando en sus relaciones interpersonales actuales como lo hacía en el pasado con otras personas, se lo hace notar.

- ✔ **Carácter:** El analista advierte al paciente cuando sus conductas inadaptadas constituyen un aspecto central de su personalidad.

- ✔ **Reconstrucciones:** El analista señala al paciente los pensamientos, las emociones y las conductas que "completan" los recuerdos incompletos que manifiesta.

No es posible hacerle justicia al proceso de la interpretación sin examinar más a fondo el proceso de la terapia psicoanalítica y los temas de la resistencia y la relación terapéutica.

Aspectos generales del proceso

La terapia psicoanalítica avanza por una serie de etapas:

- ✔ Resistencia.
- ✔ Transferencia.
- ✔ Reconocimiento y resolución de los conflictos.
- ✔ Término de la terapia.

Resistencia

El terapeuta reúne información sobre la historia del paciente, poniendo especial énfasis en las interacciones familiares durante su infancia. El paciente habla de sus problemas, una labor más difícil de lo que parece.

Un paciente al que llamaré Antonio llega a terapia y le cuenta al analista que
su jefe no sólo lo ha forzado a consultar con un psicoterapeuta, sino
que lo ha estado amenazando con despedirlo. Antonio se dedica a hablar
sobre la mala actitud de su jefe y sobre el aumento de sueldo que cree
merecer, temas que no constituyen el motivo "real" por el cual está en
análisis: ver en peligro su futuro profesional, por no mencionar los profundos conflictos que subyacen a sus dificultades laborales.

Los conflictos emergen a medida que el paciente habla y hace asociaciones libres. El analista está atento a la presencia de conflictos profundos.
Cuanto más afloran sus conflictos, tanto más se esfuerza el paciente por
mantenerlos alejados de su conciencia y por defenderse de su perturbador contenido. Esta defensa psicológica se debe, en parte, a un proceso
conocido como *resistencia*, que es una forma de oposición a los objetivos
psicoanalíticos de intensificar la toma de conciencia y volver consciente
lo inconsciente. Cuanto más amenazante es el material inconsciente, tanto más fuerte es la resistencia.

La resistencia se observa en conductas tan sencillas como incumplir citas
para evitar hablar sobre los problemas, o tan complicadas como desarrollar nuevos síntomas para impedir que el analista aborde material más
profundo. La resistencia suele ser el primer obstáculo para la curación
analítica y es un fenómeno que todo terapeuta espera. Esto se debe a que,
según la teoría psicoanalítica, el meollo de los problemas de la gente es
su resistencia a tomar conciencia de ellos.

A medida que el análisis avanza y que la resistencia cede, el paciente
empieza a asociar libremente con más facilidad y a mostrar una regresión
a niveles anteriores de desarrollo psicológico. Comienza a actuar como
cuando era mucho más joven y emergen conflictos e impulsos infantiles
en respuesta a las interpretaciones del analista. Con el avance del proceso, surgen nuevas revelaciones.

Transferencia

A veces los pacientes se enfadan cuando el analista dice ciertas cosas.
Quizá dejan de hablar o acusan al profesional de ser demasiado crítico.
¿Por qué sucede esto? ¿Acaso no debe el analista hacerles notar todo lo
que se relaciona con material inconsciente? Las causas de esas reacciones suelen ser más complejas que un simple acto de resistencia. El paciente puede estar actuando movido por la transferencia.

La *transferencia* se observa cuando el paciente empieza a relacionarse
con el analista como si fuera alguien significativo de su pasado. Ésta es
una distorsión de la relación terapéutica. El analista destaca la distorsión
cuando se presenta y ayuda al paciente a tomar conciencia de la manera en

que influye en su percepción de los demás, con quienes se relaciona no con base en lo que son, sino en su propia percepción distorsionada.

Pero la transferencia también se puede dar en la vía contraria. La *contra-transferencia* es el proceso mediante el cual el terapeuta se relaciona con el paciente de un modo distorsionado, como si se tratara de alguien significativo de su pasado. Por ejemplo, cuando el paciente se enfada con el analista y lo acusa de ser demasiado crítico, éste puede reaccionar airadamente y acusar al paciente de no querer afrontar su responsabilidad. Quizás el padre del analista era una persona irresponsable y se molestaba con su hijo cuando éste le hacía algún reproche por ese motivo. Un caso como éste indica una distorsión de la relación terapéutica por parte del analista, que debe buscar ayuda para resolver su problema.

Reconocimiento y resolución de los conflictos

La transferencia y la interpretación que de ella hace el analista constituyen el núcleo de la terapia psicoanalítica. Este proceso, que se repite una y otra vez, tiene por objeto promover la toma de conciencia del paciente para ayudarle a entender intelectual y emocionalmente sus conflictos reprimidos. Los viejos conflictos salen a la superficie y el paciente aprende a reconocerlos y a resolverlos. Además, aprende a relacionarse con el terapeuta de un modo realista y no distorsionado.

Término de la terapia

A medida que disminuyen las distorsiones del paciente, que se expande su conciencia y ceden sus síntomas, se fija una fecha para terminar la terapia. Éste es el comienzo de un trabajo que se focaliza en los sentimientos, los pensamientos y las distorsiones relacionados con la separación. Para muchos es difícil decir adiós. Antes de finalizar el proceso terapéutico se deben trabajar la resistencia y la transferencia que son frecuentes en los pacientes para quienes separarse de sus padres u otras personas importantes fue motivo de conflicto.

La nueva escuela psicoanalítica

Casi todo lo que se ha dicho en este capítulo se aplica al psicoanálisis clásico, que poco se practica en la actualidad. El psicoanálisis clásico ha sido revisado y sus formulaciones teóricas han experimentado cambios y adaptaciones, aun cuando los procesos y mecanismos básicos siguen siendo la esencia de la terapia. La diferencia principal entre el psicoanálisis clásico y el contemporáneo es el énfasis que pone el último en las relaciones y en la interpretación de la transferencia.

Para los psicoanalistas de la nueva escuela, la clave es la relación entre el terapeuta y el paciente y la manera en que éste recrea en sus interacciones presentes sus conflictos pasados. Alexander introdujo el concepto de *experiencia emocional correctiva* para referirse al proceso mediante el cual el analista se relaciona con el paciente de una forma que éste nunca vivió mientras crecía y cuyo propósito es ayudarlo a superar ese déficit de su desarrollo. Si se considera que los conflictos del paciente son resultado de errores en su educación, entonces la tarea del analista es, hasta cierto punto, "volver a educarlo". Entonces, la terapia es para el paciente una clase de relación completamente nueva, que lo ayuda a interactuar con los demás de una manera más sana y madura.

También existe una versión abreviada de la terapia psicoanalítica, llamada *terapia dinámica breve*. Este proceso es mucho más activo y se concentra en metas más específicas que suelen relacionarse con problemas interpersonales del paciente. En lugar de hablar sobre las relaciones en general, el objetivo es mejorar una relación particular, por ejemplo, con la pareja, el padre o la madre o un hijo.

¿Es eficaz la psicoterapia?

¿Funciona el psicoanálisis? ¿Es necesario permanecer en terapia indefinidamente o los pacientes mejoran algún día? Un importante estudio realizado por *Consumer Reports* en 1996 encontró que quienes se someten a psicoterapia manifiestan que se sienten mejor gracias a ella, independientemente del enfoque teórico. El psicoanálisis es un proceso largo y muchos no tienen ni el tiempo ni el dinero para embarcarse en él. Algunas investigaciones muestran que quienes se someten a psicoanálisis se sienten mucho mejor que quienes no reciben ninguna ayuda.

El psicoanálisis no se recomienda para personas que sufren esquizofrenia, retraso en el desarrollo o dificultades graves del lenguaje. Algunas formas de terapia, como la cognitiva, son más convenientes para los pacientes esquizofrénicos. Suelen ser más cortas y, por lo tanto, menos caras (ver el capítulo 19 para más información sobre la terapia cognitiva).

Capítulo 19

Modificación del pensamiento y la conducta

Al igual que otros enfoques terapéuticos, el psicoanálisis ha recibido duras críticas, en especial por su consideración de que el inconsciente es la causa de todos los problemas, hasta del miedo a viajar en avión. "La potencia de las aeronaves y su miedo a volar representan a su padre y un complejo edípico no resuelto".

En este capítulo examinaremos dos enfoques terapéuticos ampliamente conocidos, que abordan los problemas psicológicos de una manera mucho más sencilla y menos misteriosa que el psicoanálisis: la terapia de la conducta y la terapia cognitiva.

Aprenda a comportarse con la terapia de la conducta

Para la *terapia de la conducta,* lo fundamental son las condiciones que mantienen el comportamiento problemático, es decir, que hacen que esa conducta se siga presentando. Para esta forma de terapia, que se centra en el problema y no en la persona, el origen de la conducta problemática no es tan importante como las condiciones que la mantienen. Qué importa cómo empezó usted a fumar; lo que importa es conocer los factores que le impiden dejar de hacerlo.

La terapia de la conducta se basa en las teorías del *condicionamiento clásico* de Ivan Pavlov, del *condicionamiento operante* de B. F. Skinner y del *aprendizaje social* de Albert Bandura. Todo el comportamiento es aprendido, tanto el normal como el anormal. Desde el punto de vista del condicionamiento clásico, el aprendizaje equivale a las asociaciones que se forman entre acontecimientos o acciones. Desde la perspectiva del condicionamiento operante, es el proceso mediante el cual la probabilidad de que una conducta se vuelva a presentar aumenta o disminuye en función de sus consecuencias. Y desde el punto de vista de la teoría del aprendizaje social, se refiere a copiar conductas que se han observado en otras personas (los capítulos 8 y 9 versan sobre las teorías del aprendizaje).

Fumar es un buen ejemplo de una conducta perjudicial que es aprendida. La publicidad asocia diversión y personas atractivas con la conducta de fumar (condicionamiento clásico). La nicotina produce un efecto placentero y estimulante (condicionamiento operante). Los adolescentes suelen aprender a fumar observando a sus padres o a sus compañeros y amigos (teoría del aprendizaje social).

Condicionamiento clásico y terapia de la conducta

La terapia de la conducta se basa en la noción de que la conducta anormal es aprendida y de que todo lo que se aprende se puede desaprender, por lo menos en teoría (ver más sobre el comportamiento anormal en el capítulo 16). El caso del pequeño Hans, ya clásico y ampliamente conocido entre la comunidad psicológica, respalda este enfoque. Veamos.

Hans era un niño que sentía terror de los caballos, algo inusual en un chico de su edad. ¿Cuál era la causa? Según los psicoanalistas, podía ser una proyección del temor que le inspiraba su dominante padre. Pero para los teóricos del comportamiento, la explicación era más sencilla.

Hans había presenciado varios hechos atemorizantes que involucraban caballos. Por ejemplo, había visto un accidente en que murió uno, lo que lo afectó profundamente. Los teóricos del comportamiento plantearon que se trataba de un caso de condicionamiento clásico porque el niño había asociado los caballos con el miedo que había sentido en esas ocasiones (si se ha olvidado de cómo funciona el condicionamiento clásico, por favor revise el capítulo 8).

De acuerdo con los terapeutas de la conducta, si Hans había aprendido a temer a los caballos, podía aprender a no temerlos. Esto se puede lograr con la técnica llamada desensibilización sistemática, a la cual me referiré en la sección "Terapias de exposición", más adelante en este capítulo.

Condicionamiento operante y terapia de la conducta

¿Qué papel desempeña el condicionamiento operante en la terapia de la conducta? Pensemos en la ira. Si cada vez que me da un ataque de ira obtengo lo que quiero, entonces mi conducta está siendo reforzada positivamente y, por lo tanto, es altamente probable que me siga comportando de ese modo. Ésta es una explicación lógica para muchos problemas de conducta de los niños. Los padres a menudo refuerzan las conductas inadecuadas de sus hijos porque les prestan más atención cuando se portan mal que cuando se portan bien. Un ejemplo de reforzamiento negativo se observa cuando el adolescente cede a la presión de sus amigos. Como es tan humillante ser ridiculizado por no hacer lo mismo que todos, el joven decide ceder a la presión del grupo para que lo dejen de ridiculizar (o sea, para librarse de esa consecuencia negativa).

Si vivo en un hogar donde se burlan de mí cada vez que digo lo que pienso, disminuirá la probabilidad de que vuelva a comportarme asertivamente. Mi conducta de asertividad ha sido castigada. ¿Cómo? Cada vez que intento decir lo que pienso, alguien se burla de mí. La falta de asertividad es un problema serio, ya que suele generar sentimientos de victimización y resentimiento.

Teoría del aprendizaje social y terapia de la conducta

Observar a los demás es una importante fuente de aprendizaje. Las parejas suelen discutir por dinero. Esto con frecuencia se debe a haber visto discutir a los padres por la misma causa. El *moldeamiento* es una técnica que se utiliza en la terapia de la conducta para enseñar formas de actuar más adecuadas mediante demostraciones. Por ejemplo, le pido al marido que inicie una conversación conmigo acerca de dinero y yo moldeo a la pareja, o demuestro, cómo se puede discutir sobre ese delicado tema de una manera más eficaz (obviamente esto sólo funciona cuando el profesional sabe modelar conductas adecuadas).

Fichas terapéuticas

La *economía de fichas* es un sistema de reforzamiento que utiliza fichas para reforzar conductas deseables, o sea, para aumentar la probabilidad de que se vuelvan a presentar.

La economía de fichas es útil en contextos donde se requiere acatar normas. Las fichas hacen las veces de dinero porque se cambian por bienes tangibles. Por ejemplo, a los pacientes de hospitales psiquiátricos les entregan puntos, que hacen el mismo papel que las fichas, o fichas por comportarse de acuerdo con las normas o por adoptar ciertas conductas objetivo. Los pacientes cambian una vez a la semana las fichas o los puntos que han acumulado por artículos que ellos eligen. En varias instituciones usan este sistema pensando en la reinserción social de los internos. Las fichas se pueden cambiar por paseos cortos que dan a los internos la oportunidad de acostumbrarse poco a poco a la vida fuera de la institución. Esta forma de terapia es un excelente medio para moldear conductas deseables.

Evaluación del problema

La terapia de la conducta se basa en el método científico y, por lo tanto, en la observación y la medición. Sus técnicas y actividades son altamente estructuradas y se llevan a cabo sistemáticamente. El profesional no se cree dueño de la verdad revelada; su papel es ser un colaborador en el proceso de cambio. El paciente debe hacer tareas dentro y fuera de la sesión terapéutica, cuyo propósito es favorecer los cambios de conducta en la vida real y afianzar el progreso logrado.

De acuerdo con el enfoque científico y sistemático que orienta su labor, los terapeutas de la conducta realizan una evaluación exhaustiva de los problemas del paciente, que consta de los siguientes pasos:

1. **Identificación de la conducta problemática:** Es el problema que motiva al paciente a buscar ayuda. El terapeuta analiza los antecedentes, las características y las consecuencias de esa o esas conductas.

   A. Los antecedentes son los hechos que ocurren antes de que se presente la conducta problemática. Pongamos el ejemplo de las peleas por dinero, tan comunes entre las parejas. Los antecedentes de interés son el momento, el lugar y las circunstancias que rodean esas discusiones.

Momento: Cuando acaban de llegar de sus respectivos trabajos.

Lugar: El comedor.

Circunstancias: Cuando están charlando sobre las experiencias mutuas del día.

B. La conducta problemática es pelear por dinero.

C. Las consecuencias son los hechos que ocurren después de la conducta problemática y son un resultado directo de ella. En el caso de la pareja que se pelea por dinero, quizás ambos se enfurecen y pierden el control, o tal vez el hombre sale a dar una vuelta en su automóvil o la mujer sale a dar un paseo.

2. **Identificación de los factores de mantenimiento:** Son las condiciones que contribuyen a que la conducta se perpetúe. Hay dos tipos:

Ambientales: Entre estos factores están el momento, el contexto, las reacciones de los demás y cualquier otra circunstancia externa.

Conducta del paciente: Son los pensamientos, los sentimientos y las acciones del paciente. En el ejemplo de la pareja, es lo que cada uno piensa, siente y hace antes, durante y después de cada pelea.

3. **Establecimiento de metas explícitas:** Desde luego que la meta es que la pareja deje de pelearse. Pero este objetivo está planteado de una manera demasiado vaga. El terapeuta de la conducta necesita definir la meta en términos de conductas cuantificables y observables. Una definición adecuada es, por ejemplo, que reduzcan sus peleas a una por semana.

Diversas técnicas terapéuticas

Entre las características más interesantes de la terapia de la conducta, tanto para el paciente como para el profesional, están su claridad y su estructura. Los terapeutas utilizan técnicas altamente estructuradas para ayudar al paciente a solucionar su problema. Las más utilizadas se basan en el reforzamiento, la desaceleración y la exposición.

Terapia basada en el reforzamiento

Se fundamenta en los principios del condicionamiento operante y, de modo particular, en la aplicación de reforzamiento positivo. Después de una completa evaluación, el terapeuta y el paciente proceden siguiendo estos pasos:

1. **Elaboración de una lista de reforzadores para usar en terapia.**

   Éste es un proceso crucial. Cualquier cosa que incremente la probabilidad de que se vuelva a presentar la conducta deseada puede servir de reforzador.

2. **Decisión de cómo y cuándo administrar los reforzadores.**

   ¿Recuerda los programas de reforzamiento del capítulo 9? Para lograr un cambio rápido de conducta, los programas de reforzamiento continuo son excelentes. Estos programas implican reforzar al paciente cada vez que realiza la conducta deseada. Cuando ya está realizándola coherentemente, el reforzador se empieza a entregar de una manera más espaciada, incluso al azar. Éste es el mejor método para que la conducta deseada se mantenga.

3. **Moldeamiento.**

   El *moldeamiento* es un procedimiento mediante el cual se refuerzan las conductas que se aproximan a la conducta deseada. Se trata de "moldear" la conducta del paciente, o de guiarlo hacia la conducta deseada.

   Si el problema es, por ejemplo, que su hijo no estudia lo suficiente y la conducta deseada es que estudie dos horas seguidas cada noche, deberá reforzar al muchacho por estudiar durante períodos cada vez más largos hasta alcanzar las dos horas seguidas (por ejemplo, cuando haya estudiado 20 minutos seguidos, luego cuando haya estudiado durante 30 minutos seguidos y así sucesivamente).

4. **Hacer un contrato formal que estipule las condiciones del plan de tratamiento y exprese claramente cuándo, cómo y dónde ha de emitirse la conducta deseada.**

5. **Realizar evaluaciones periódicas durante el tratamiento para comprobar si el paciente está avanzando hacia el objetivo.**

   Cuando se considera necesario, se introducen cambios en los métodos de reforzamiento.

6. **Fin de la terapia.**

   La terapia termina cuando el paciente ha mantenido la conducta deseada durante el tiempo establecido con anterioridad.

Terapia de desaceleración

No conviene dar falsas alarmas. Como en el cuento del lobo y el pastorcito mentiroso, si me acostumbro a gritar pidiendo ayuda cuando no la necesito, nadie me ayudará cuando realmente lo requiera. Pero ¿es que no captan los demás que la razón por la que sigo suplicando que me ayuden es que ellos siguen corriendo para hacerlo? Con su conducta, los demás están reforzando la mía de gritar pidiendo ayuda. ¡Ellos tienen la culpa! Lo único que deben hacer para que yo deje de pedir ayuda es ignorar mis súplicas.

Suspender el reforzamiento con el propósito de eliminar una conducta se denomina *extinción*. Desde hace mucho tiempo, los teóricos de la conducta saben que cuando una conducta se deja de reforzar, se extingue.

Spiegler y Guevremont llaman *terapia de desaceleración* a los tratamientos que se basan en la extinción. Cuando se retira el reforzador que mantiene la conducta, ésta finalmente se extingue. La terapia de desaceleración se realiza de manera parecida a la que se basa en el reforzamiento. La principal diferencia es que, en la primera, el reforzador no se entrega, sino que se suspende.

Secretos para el "tiempo muerto"

Muchos padres se quejan de que la técnica de "tiempo muerto" no funciona. Me pregunto si la aplican correctamente. Según Spiegler y Guevremont, hay cuatro condiciones para que tenga éxito:

✔ Los períodos de "tiempo muerto" deben ser cortos (cinco minutos o menos) y se debe decir al niño cuánto tiempo van a durar. Los niños pequeños sólo necesitan un minuto por cada año (por ejemplo, cuatro minutos para los niños de cuatro años de edad). Así de sencillo.

✔ No debe haber ningún reforzador disponible durante el "tiempo muerto". Por eso el cuarto de juegos no es el sitio más conveniente para ello. Sería como prohibir ir a la escuela a un niño que detesta ir al colegio. ¡Gracias!

✔ El "tiempo muerto" debe terminar cuando ha transcurrido el tiempo establecido y el niño se está comportando bien. Si todavía está haciendo un berrinche, se debe prolongar durante otro período determinado.

✔ Hay que impedir que los niños utilicen el "tiempo muerto" para escapar de actividades que les disgustan, pero que tienen que hacer. Exige cierta habilidad determinar cuándo nos está manipulando el niño con este propósito. Cuando un niño se vale de este truco, hay que hacer que realice lo que estaba tratando de evitar tan pronto como termine el período de "tiempo muerto".

Un excelente ejemplo de terapia de desaceleración es el "tiempo muerto", que se ha convertido en una de las herramientas disciplinarias más utilizadas por los padres. Cuando el niño emite la conducta inadecuada, debe irse a otro lugar para alejarlo de todos los reforzadores que le mantienen esa conducta. La idea es que la conducta inadecuada del niño (o de quien sea) está siendo mantenida o bien por el reforzador social que es la atención, o bien por otro reforzador inherente a la situación, como lograr quitarle un juguete a otro niño. Pero hay que tener cuidado de no dejar a su alcance en el sitio designado para el "tiempo muerto" reforzadores que pudieran aumentar la probabilidad de que vuelva a portarse mal con tal de volver a tener acceso a ellos.

Terapias de exposición

Diversas terapias se basan en la exposición de la conducta indeseada a condiciones diferentes para que disminuya la probabilidad de que se vuelva a presentar. Estas terapias implican asociar la conducta problemática con otra conducta a fin de que deje de presentarse.

¿Ha tratado usted de fumar mientras se ducha? Yo, por lo menos, pienso que es imposible hacerlo. Fumar y ducharse son actividades que no combinan bien, más aún, que son incompatibles. Identificar una conducta que interfiera el desarrollo de la conducta problemática es una buena manera de hacer que esta última deje de presentarse.

Jacobson y Wolpe desarrollaron algunas técnicas terapéuticas basadas en este concepto de incompatibilidad. Cuando dos conductas se presentan al mismo tiempo, la más fuerte prevalece. Éste es el concepto básico de la *inhibición recíproca* o *contracondicionamiento*. Y el contracondicionamiento es el mecanismo en el cual se fundamentan todas las terapias de exposición.

Para entender cómo funciona el contracondicionamiento en la terapia de exposición, hay que hablar de una de las técnicas más populares, la *desensibilización sistemática (DS)*. La DS se utiliza principalmente para el tratamiento de fobias específicas, como a hablar en público y la fobia social. También ha dado buenos resultados en casos de trastorno de pánico con agorafobia. Hay varias terapias de exposición que se basan en el principio de la desensibilización sistemática:

✔ **Sensibilización encubierta (exposición imaginaria):** El "aprendizaje" o asociación se produce en la mente del paciente y no en la vida real.

Los procedimientos de Wolpe y Jacobson son similares. El terapeuta enseña al paciente a relajarse profundamente. Luego le pide que se imagine que está en la situación que le provoca temor (su situación fóbica) mientras mantiene el estado de relajación. Cuando la ansiedad del paciente es demasiado alta, el terapeuta le pide que detenga la imaginación y continúe sólo con la relajación.

Con la repetición durante varias sesiones, la respuesta de ansiedad disminuye porque el estado de relajación compite con el miedo al estímulo fóbico. El paciente ahora asocia la situación o el objeto que le producen temor con la relajación.

✔ **Terapia de exposición gradual:** Cuando la meta es que el paciente aprenda a emitir la conducta que teme en una situación de la vida real, se habla de *sensibilización en vivo.* Esta técnica se ejecuta gradualmente; de ahí su nombre. Si me da miedo volar, mi terapeuta seguramente empezará mostrándome películas sobre aviación. Luego es posible que me acompañe a un aeropuerto, a continuación iré solo y me sentaré un rato en la terminal y, por último, subiré como pasajero a un avión. Se trata de dar una serie de pasos graduales que conduzcan a la meta de volar, pero a condición de que me haya preparado lo suficiente y haya aprendido a relajarme durante los diversos pasos.

✔ **Inundación:** Esta técnica terapéutica implica exponer al paciente a la situación u objeto temidos durante un tiempo prolongado. Como la ansiedad del paciente sube a niveles increíbles, puede ser una especie de tortura. No sólo se expone el paciente a sus peores temores, sino que no se le permite escapar ni hacer nada de lo que hasta ese momento le ha servido para evitar su objeto o situación temidos. Esto se llama *prevención de respuesta.*

Por horrible que parezca, la inundación es una de las técnicas más poderosas de la terapia de la conducta. Si el paciente tiene plena confianza en su terapeuta, es una manera rápida de superar fobias incapacitantes. Desde luego, nadie está obligado a someterse a este tipo de terapia.

Aprenda a pensar con la terapia cognitiva

La *terapia cognitiva* es una modalidad psicoterapéutica muy popular y sólidamente fundamentada en el impacto que ejercen en nuestra psique los pensamientos distorsionados y las creencias irracionales, dado que constantemente interpretamos la información que recibimos del mundo. Para los terapeutas cognitivos, problemas como las dificultades interpersonales y los trastornos emocionales son resultado de procesos inadaptados de pensamiento.

Nuestras reacciones son producto de la manera en que interpretamos las situaciones o los hechos. Hay ocasiones en que es natural experimentar emociones negativas. Por ejemplo, ante una pérdida, un fracaso o una ofensa. Las reacciones negativas no son necesariamente anormales. Pero cuando las reacciones emocionales y conductuales son extremas, fijas y repetitivas podrían reflejar perturbaciones psicológicas.

Nuestros pensamientos a menudo son distorsionados o producto de prejuicios y esto nos causa problemas. La terapia cognitiva aborda la realidad desde una perspectiva relativista: la realidad de cada uno de nosotros es consecuencia del modo en que percibimos lo que ocurre en el mundo. Para los terapeutas cognitivos, algunas maneras de pensar conducen a trastornos psicológicos.

Aaron Beck identificó seis distorsiones cognitivas que ocasionan problemas psicológicos:

✔ **Inferencia arbitraria:** Significa sacar conclusiones basándose en una información incompleta o equivocada.

✔ **Visión catastrófica:** Mi abuela se refería a esta distorsión como "hacer una montaña de un grano de arena". Beck la define como atribuir a los hechos más gravedad de la que tienen en realidad.

✔ **Pensamiento dicotómico:** Significa ver las cosas como buenas o malas, como blancas o negras. No existen grises ni términos medios. Las personas y las situaciones son perfectas o son un desastre.

✔ **Generalización exagerada:** Significa extraer una conclusión general a partir de un solo hecho o basándose en muy pocas pruebas. Por ejemplo: "Mi novio me dejó; nadie me quiere". Si ocurre algo malo en una ocasión, se espera que ocurra siempre.

✔ **Personalización:** Es la tendencia a relacionar consigo mismo lo que los demás hacen o dicen, cuando en realidad no es así.

✔ **Abstracción selectiva:** Es filtrar un solo aspecto de la situación y descontextualizarlo para sacar una conclusión, que suele ser errónea.

Mediante el análisis lógico y los experimentos conductuales, la terapia cognitiva busca modificar los pensamientos distorsionados y probar la disfuncionalidad de las creencias que los sustentan. Muchos errores de pensamiento son suposiciones incorrectas acerca de uno mismo, el mundo y los demás. La terapia cognitiva procede así:

1. **El terapeuta y el paciente evalúan las creencias y las suposiciones distorsionadas y su relación con las conductas y las emociones disfuncionales.**

Aquí intervienen los *pensamientos automáticos,* así llamados porque se producen automáticamente en determinadas situaciones. Entre una sesión y otra, el paciente debe registrar situaciones específicas, identificando y describiendo en detalle sus reacciones en cada caso.

2. **Según el registro de pensamientos automáticos, el terapeuta y el paciente identifican las distorsiones cognitivas que explican las reacciones del paciente.**

Este proceso, que no es fácil, puede durar varias semanas o incluso meses. Pero es fundamental para identificar las distorsiones que prevalecen en el esquema de pensamiento del paciente.

3. **El paciente y el terapeuta trabajan juntos para alterar las creencias distorsionadas.**

En este proceso, de mutua colaboración, se someten a prueba y se refutan lógicamente las creencias y las conclusiones del paciente. El objetivo es que éste aprenda a procesar la información basándose en la realidad y no en sus distorsiones.

Una excelente combinación: terapia de la conducta y terapia cognitiva

La *terapia racional emotiva*, desarrollada por Albert Ellis, combina las terapias de la conducta y cognitiva. Parte de dos premisas. Primero, las dificultades psicológicas son resultado de patrones de pensamiento irracional y de las conductas derivadas de esos patrones. Segundo, el

¿Es ése el fin del mundo?

Algunos trastornos mentales (ver el capítulo 16) se originan en pensamientos que distorsionan la realidad. Por ejemplo, si pierdo el empleo, sería natural que pensara: "Tengo que buscar otro trabajo". Pero distorsionaría la realidad si pensara: "Nunca volverán a contratarme en ninguna parte". Esta clase de pensamientos producen reacciones emocionales particularmente negativas e intensas. Hay un mundo de diferencia entre pensar "Tengo que buscar otro trabajo" y "Nunca me volverán a contratar".

paciente puede aprender a pensar más racionalmente y adecuar su conducta a esa manera más sana de pensar.

Los terapeutas de orientación racional emotiva creen que la mayoría de nuestros problemas los causamos nosotros mismos y que aferrarnos a ideas irracionales que no resisten un análisis lógico nos genera preocupación y toda clase de dificultades. El fondo del problema es que no solemos someter nuestros pensamientos a examen.

"No podré resistirlo."

"¡Esto es demasiado!"

"No valgo nada porque no he podido resolver este problema."

Desde la perspectiva racional emotiva, estos pensamientos son irracionales porque en ellos prevalece la noción de que no podemos controlar ni soportar los acontecimientos negativos. Los sucesos casi nunca son tan negativos como hemos pensado. También nos torturamos con los "debería", que son reglas imaginarias sobre cómo tendríamos que actuar (o cómo deberían actuar los demás), las cuales aumentan nuestros sentimientos de culpa cuando estamos tristes, enfadados o ansiosos. "No debería sentirme enfadado", "No debería importarme lo que ella piensa", "No debería preocuparme por eso". Los terapeutas que siguen esta orientación se enfrentan vigorosamente a este tipo de afirmaciones.

Enfrentarse a las creencias del paciente no significa que el terapeuta racional emotivo sea desconsiderado o agresivo con él. Al igual que los demás enfoques, para éste es fundamental establecer una relación de empatía y de aceptación incondicional. Hay niveles sanos y niveles irracionales de experimentar las emociones. La meta de la terapia es enseñar al paciente a experimentar sus emociones de una manera más racional. El aspecto conductual de la terapia racional emotiva consiste en que el paciente realiza experimentos diseñados para comprobar la racionalidad o irracionalidad de sus creencias.

Capítulo 20

Terapia centrada en el cliente, terapia gestalt y terapia existencial

En este capítulo

▶ La aceptación de la persona.

▶ La satisfacción de las necesidades.

▶ La realidad de la muerte.

*V*arias modalidades psicoterapéuticas de las que me he ocupado en este libro (el psicoanálisis en el capítulo 18 y las terapias de la conducta y cognitiva en el capítulo 19) han sido criticadas por ser demasiado técnicas y ajenas a la realidad del paciente. No todas las orientaciones teóricas tienen espacio para la "persona real". En este capítulo examinaremos varios enfoques terapéuticos cuyo aspecto central son las vivencias que hacen de cada paciente una "persona" singular, un ser irrepetible.

Aunque Carl Rogers, Fritz Perls, Rollo May e Irvin Yalom hicieron aportaciones diferentes a la teoría y la práctica de la psicoterapia, comparten la noción de que el ser humano tiene un gran potencial. Todos ellos creían que las personas no sólo aspiran a desarrollar al máximo ese potencial, sino también a asumir la responsabilidad de su vida.

Brillar con luz propia: la perspectiva humanística

Lo invito a que haga un ejercicio. Tome papel y lápiz y enumere las personas que más admira. ¿Incluyó a su pareja? ¿A algún profesor? ¿A un científico? ¿Se incluyó usted?

En este planeta inmenso y caótico, donde viven alrededor de seis mil millones de personas, no es raro tener la impresión de que no le importamos a nadie, de que somos insignificantes. Sin embargo, muchas veces sentimos que somos únicos, que no somos uno más del montón.

Pero a Carl Rogers sí le importamos. Su influencia en la psicoterapia ha sido importante. Él reincorporó a la "persona" en el proceso psicoterapéutico y se esforzó por comprender y valorar a cada paciente como un ser único con problemas reales y no como una teoría abstracta. Se puede afirmar sin temor a equivocarse que la *terapia centrada en el cliente* de Carl Rogers atribuye un gran valor a la "humanidad" de cada paciente. Rogers planteó que todos los seres humanos tendemos de manera innata al pleno desarrollo de nuestras capacidades, es decir, a la autorrealización, para mantener un nivel óptimo de supervivencia.

Al comienzo de la vida nuestras necesidades son sencillas: alimento, abrigo y protección. Una vez satisfechas esas necesidades se enriquece gradualmente nuestra vida y se expanden nuestras capacidades. El concepto de *autorrealización* es fundamental para los terapeutas centrados en el cliente.

En la terapia centrada en el cliente, el terapeuta se esfuerza por comprender los pensamientos, las conductas y los sentimientos del paciente, en otras palabras, su mundo interior. Esto permite al paciente verse de una manera nueva y más productiva.

La importancia de sentirnos comprendidos

Carl Rogers consideraba que conectarse genuinamente con el paciente y tratar de ver el mundo a través de sus ojos tiene un efecto curativo. La razón de esto es que sentirnos comprendidos (el capítulo 13 habla sobre la importancia de las relaciones interpersonales) produce bienestar y optimismo.

Erich Fromm, aunque no se puede considerar un terapeuta centrado en el cliente, planteó un concepto que explica por qué es tan importante sentirse comprendido. Creía que todos procuramos constantemente validar nuestras percepciones y experiencias contrastándolas con las de quienes nos rodean, especialmente con las de aquellos cuyas opiniones respetamos. La validación nos hace sentir vivos. De acuerdo con Fromm, sin ella sentiríamos prácticamente que no existimos. Percibir que nadie nos comprende puede generar sentimientos de desconexión y, en casos extremos, llevar al aislamiento.

¿Por qué es tan difícil comprender a los demás y ser comprendidos? Rogers creía que cada individuo tiene un marco de referencia a través del cual ve el mundo. Ni siquiera los gemelos idénticos lo ven exactamente del mismo modo. Aunque biológicamente son completamente iguales porque comparten el mismo código genético, son dos seres autónomos, distintos.

Cada uno de nosotros es único. A medida que el bebé diferencia sus experiencias de las de los demás, empieza a adquirir el sentido de sí mismo, de lo que es como persona. Al principio, ese sentido depende de la manera en que los demás nos ven y se relacionan con nosotros. En los niños, la experiencia se entremezcla con la de sus padres, familiares y personas más cercanas. Ellos son nuestro modelo y primera guía para entender y experimentar el mundo. Más adelante el niño empieza a discriminar entre su propia experiencia y la de los demás.

Este *proceso de diferenciación de la experiencia* sólo es posible en un medio que apoye y respete al niño. Muchas veces he visto chicos que, tras caerse y hacerse daño, buscan que su padre (o su madre) los consuele y lo que escuchan es: "No te quejes. No te ha pasado nada. ¡Estás bien!" Decirle esto al niño equivale a invalidar su experiencia. Esto lo confunde y lo lleva a pensar: "Siento que me he hecho daño, pero papá dice que no me ha pasado nada. ¿Me he hecho daño o no?" Una situación confusa para cualquier niño.

Rogers llamó *condiciones de valor* a la visión que tenemos de nosotros mismos en función de la manera en que nos ven los demás. Mientras nuestra vida se ciña a las condiciones de valor impuestas por los otros, no hay problema. Pero cuando no recibimos aceptación incondicional, nos sentimos mal y empezamos a buscar *aceptación condicional*. Cuando nos embarcamos en esa búsqueda, empezamos a vivir una mentira y a adoptar un enfoque confuso hacia la vida. Si nuestras experiencias son distintas de las de quienes nos rodean, posiblemente distorsionaremos nuestros pensamientos, sentimientos y conductas para ajustarlos a los suyos. Vamos por la vida creyendo que si pensamos, sentimos y actuamos como los demás, recibiremos la aprobación que tanto anhelamos.

Pero ni siquiera ante la falta de aceptación incondicional perdemos el sentido de nuestra individualidad. La dependencia de los otros genera en el individuo un autoconcepto distorsionado e inconsistente con su potencial de autorrealización, que le impide desarrollar sus potencialidades y le produce un estado de desarmonía o *incongruencia*. Rogers creía que la incongruencia entre nuestra experiencia total y nuestro autoconcepto distorsionado subyace a los trastornos psicológicos.

Un terapeuta incondicional

Uno de los principales objetivos de la terapia centrada en el cliente es ayudar al paciente a integrar esas distintas versiones de sí mismo. El núcleo de ese proceso, la *estimación incondicional positiva,* es probablemente la contribución más importante de Rogers a la psicoterapia. En esencia, significa aceptar al paciente como "persona", sin emitir juicios de valor sobre sus experiencias, sentimientos, pensamientos ni conductas. El terapeuta evita repetir las experiencias de invalidación que vivió, o aún vive, el paciente.

El terapeuta centrado en el cliente transmite su comprensión de los sentimientos del paciente y de su mundo subjetivo por medio de *sentimientos reflejantes*. Al parafrasear lo que el paciente dice, el terapeuta le proporciona una especie de "espejo" que le sirve para evaluar sus pensamientos y sentimientos con menos distorsión. Rogers enfatizó la importancia de la empatía. El terapeuta no impone sus puntos de vista ni da directivas, lo que ayuda al paciente a captar cómo ha distorsionado su experiencia, pero sin introducir nuevas fuentes de distorsión.

Rogers identificó seis condiciones necesarias y suficientes para que la terapia no directiva o centrada en el cliente sea útil:

✔ Establecimiento de una relación profesional, respetuosa y de aceptación entre el paciente y el terapeuta.

✔ Disposición del paciente a sentirse vulnerable y a experimentar sentimientos intensos, como ansiedad y capacidad del terapeuta de motivarlo para que continúe con la relación terapéutica.

✔ Autenticidad del paciente. Se espera que sea "libre y profundamente" él mismo, sin distorsionar lo que siente o lo que piensa.

✔ Estimación incondicional positiva.

✔ Empatía.

✔ Percepción de autenticidad. El terapeuta debe ser una persona real, con sentimientos, pensamientos y comportamientos propios y no sólo un profesional que desempeña una función o que actúa supuestamente en beneficio de su paciente.

La terapia gestalt

La palabra alemana *Gestalt* significa totalidad. Los psicólogos de la gestalt consideran que la mente humana organiza el mundo en totalidades con significado, llamadas *Gestalten* y que la totalidad es más que la suma de sus partes.

La terapia gestalt, que fue desarrollada por Fritz Perls, destaca la importancia de permanecer en contacto con las propias necesidades para no alterar la totalidad de la experiencia, que no debe ser fragmentada o separada. Somos organismos vivos, tenemos necesidades biológicas y nos autorregulamos. Sabemos de manera natural cuáles son nuestras necesidades y, cuando no encontramos obstáculos, las satisfacemos adecuadamente.

Las necesidades biológicas (alimento, agua, sexo, abrigo y la capacidad de respirar) son el medio para alcanzar la meta de la existencia biológica y, de alguna manera, todas las demás están supeditadas a esas necesidades básicas. Cuando una carencia genera una necesidad, sentimos la urgencia de restaurar el equilibrio, la totalidad. De hecho, esa necesidad domina la conciencia hasta que se satisface.

La idea básica de la gestalt es sencilla: organizamos nuestra vida, nuestras conductas, pensamientos, sentimientos y actividades en torno a nuestras necesidades. Las necesidades biológicas y los medios de los que nos valemos para satisfacerlas constituyen el núcleo de nuestra organización personal.

Tendemos a estructurar la información que recibimos del mundo externo. Ésta es una característica primordial de la percepción sobre la cual han hecho hincapié los psicólogos de la gestalt. Uno de los principios básicos de la organización perceptual es la estructura basada en la *figura* y el *fondo*. Mientras que la figura ocupa el primer plano y se destaca en el campo visual, el fondo es el horizonte sobre el cual se encuentra colocada la figura. Aplicando este concepto a las necesidades, en todo momento alguna ocupa el "primer plano" y organizamos nuestra vida alrededor de ella.

Para los terapeutas de la gestalt, la conciencia es primordial. Para Perls, *tener conciencia* es permanecer en contacto con todo el campo, es decir, tanto con la figura que se destaca como con el fondo. Ser consciente es, entonces, el proceso continuo de interacción y ajuste entre el organismo y su medio. A través de ese contacto crecemos y maduramos.

En busca de la totalidad

Los terapeutas de la gestalt no diagnostican ni recurren a las categorías psicopatológicas tradicionales, lo que no significa que piensen que sus pacientes carecen de problemas.

Entre los problemas que pueden identificar los terapeutas que siguen este enfoque teórico están los siguientes:

✔ Dejar de avanzar y madurar y perder la capacidad de satisfacer eficazmente nuestras necesidades, es señal de un trastorno del crecimiento. El proceso normal de formación figura-fondo se altera y, en lugar de obtener una satisfacción real, lo único que nos queda es un sinnúmero de necesidades sin resolver.

✔ Cuando una necesidad no ha sido satisfecha, ocupa el primer plano y se denomina *asunto inconcluso*. En este caso, todo nos impulsa a completar esa gestalt: lo que decimos, hacemos, sentimos y pensamos se interpreta o se asimila a ese asunto inconcluso. Por ejemplo, si tras perder el empleo y presentar varias solicitudes de trabajo me entrevistan en una empresa y me dicen que dos semanas después me darán una respuesta, no podré sacarme eso de la cabeza. Hasta que no me respondan, revisaré el correo varias veces al día y contestaré el teléfono pensando siempre en ese posible empleo. Mi necesidad de conseguir trabajo organizará mi experiencia.

✔ Dos estrategias para controlar las necesidades no satisfechas son olvidarnos de ellas o suprimirlas. Perls creía que suprimir una necesidad insatisfecha tiene un alto costo en nuestra energía vital.

✔ Otra forma de lidiar con las necesidades insatisfechas es crear necesidades sustitutivas. Pero como la necesidad predominante no se desvanece, este mecanismo no es eficaz ni proporciona verdadera satisfacción. El asunto inconcluso se nos vuelve obsesivo y no nos deja en paz.

✔ Cuando llegamos a un callejón sin salida o a un bloqueo en nuestro desarrollo, el ciclo natural de nuestra experiencia se altera y el contacto se interrumpe. Quedamos estancados y no logramos resolver los asuntos inconclusos.

Perls y los teóricos de la gestalt plantearon que cuando perdemos el contacto con nuestras necesidades y, por lo tanto, no vivimos de un modo auténtico, nuestro crecimiento se detiene a cinco niveles:

- **Nivel falso:** En este nivel de funcionamiento construimos un *self* irreal para poder encajar en el mundo. Adoptamos roles e identidades que no reflejan nuestras verdaderas necesidades y procuramos ser lo que creemos ser y no lo que somos.

- **Nivel fóbico:** En este nivel sentimos miedo de lo que realmente somos y tememos que si los demás nos llegan a conocer de verdad, se alejarán de nosotros.

- **Nivel del callejón sin salida:** Éste es el punto en el cual nos estancamos. Empezamos a desistir de satisfacer nuestras necesidades porque creemos que somos incapaces de seguir adelante y de encontrar las soluciones por nosotros mismos. Suele haber temor a la independencia.

- **Nivel implosivo:** Se caracteriza por una sensación de indiferencia ante los aspectos del *self* que se han negado. Es como quedar paralizado por el temor a avanzar en la vida.

- **Nivel explosivo:** Se caracteriza por un aumento de la energía y por la liberación de lo que se había reprimido a causa de la implosión. Algunos pacientes lo describen como si les hubieran quitado un gran peso de encima.

Objetivos de la terapia gestalt

Durante el proceso psicoterapéutico, los pacientes tienen varias responsabilidades:

✔ Guiar el proceso.

✔ Determinar en qué momento se sienten mejor.

✔ Encontrar sus propias soluciones.

La relación del paciente y el terapeuta de la gestalt se basa en la colaboración y el contacto humano. El terapeuta se vale de sus conocimientos de la psicopatología y la teoría de la personalidad para ayudar al paciente a adquirir conciencia de sí mismo y de sus necesidades. En esta modalidad terapéutica las funciones del paciente y el profesional se diferencian mucho menos que en otras como el psicoanálisis. Las metas principales de la terapia gestalt son:

✔ Ayudar al paciente a tomar conciencia de todo el campo.

✔ Restaurar un ciclo sano de experiencia.

El terapeuta de la gestalt hace ver al paciente sus asuntos inconclusos a medida que se manifiestan en el contenido y el proceso de la relación terapéutica. También lo ayuda a centrarse en su experiencia inmediata, a fin de que se reconecte con las necesidades que ha ignorado y deje atrás su viejo patrón de conducta.

Los terapeutas de la gestalt ponen en práctica "experimentos" y diversas técnicas para intensificar la toma de conciencia de los pacientes y ayudarlos a captar que los medios que han utilizado para satisfacer sus necesidades han sido, en realidad, obstáculos para satisfacerlas.

Los terapeutas no se focalizan en el pasado ni en el futuro, sino en el aquí y el ahora. Enfatizan las experiencias, los sentimientos y las conductas del presente y sólo aluden al pasado o a las expectativas futuras cuando se relacionan con los sentimientos actuales. Los pacientes terminan la terapia con un sentido de determinación, con más energía, con una mayor capacidad para satisfacer sus necesidades y afrontar la vida y, sobre todo, con más conciencia de sí mismos.

En paz consigo mismo: la terapia existencial

Los psicólogos de la *escuela existencial* atribuyen a la muerte el papel central en la mayoría de los problemas que se trabajan en la psicoterapia. Además de la muerte, consideran que la ansiedad, la libertad y la capacidad de elegir, entre otros temas, son básicos para nuestra existencia y explican gran parte de los problemas psicológicos. Algunas cuestiones filosóficas de importancia para los existencialistas son:

✔ La ansiedad.

✔ La muerte.

✔ La culpa.

✔ El tiempo.

✔ La trascendencia.

Algunos terapeutas de orientación existencial, como Rollo May e Irvin Yalom, se sintieron insatisfechos con el psicoanálisis y otras formas de terapia por considerar que ignoraban las características esenciales del ser humano. Específicamente, ellos compartían la visión de que la terapia de la conducta (ver el capítulo 19 para más información sobre esta perspectiva terapéutica) era demasiado técnica y reduccionista y no confería a las luchas internas que libramos todos los seres humanos la importancia que merecen.

Más que un conjunto de técnicas, la terapia existencial es una posición filosófica. Sin embargo, ha hecho importantes aportaciones a la técnica. Un concepto esencial de esta filosofía es que todos los seres humanos somos conscientes de nuestra existencia porque vivimos profundamente la experiencia de "ser".

Ser o no ser

Todos deseamos comprender el significado de nuestra vida, de nuestra *existencia ontológica.* La ontología es una rama de la filosofía cuyo propósito es determinar qué es real en el universo. Yo me siento real y espero que usted también se sienta así. Si usted y yo somos reales, entonces podemos hablar de nuestra existencia ontológica, de nuestra conciencia de ser.

Pero así como hay vida, también hay ausencia de vida, cuya manifestación suprema es la muerte. Cuando consideramos nuestra muerte o la de alguien cercano a nosotros, experimentamos ansiedad ante la conciencia de no ser, de desaparecer, de perderse en la nada.

Los terapeutas existenciales distinguen entre la ansiedad normal, o sana y la ansiedad neurótica.

✔ La *ansiedad normal* guarda proporción con la situación y se mantiene bajo control. Por ser realista y manejable, no hay ninguna razón para reprimir este tipo de ansiedad. Además, es constructiva y útil. Por ejemplo, si estoy ansioso porque mañana me presentaré a un examen final en la universidad, la ansiedad me motivará a sentarme a estudiar para aprobar el examen. La ansiedad explica muchas de las cosas que hacemos y no es problemática mientras movilice nuestros recursos para actuar y no se salga de control.

✔ La *ansiedad neurótica* tiene dos características que son perjudiciales para la conciencia de nosotros mismos y que nos impiden encajar en el mundo.

  • **Es desproporcionada.** Temiendo reprobar sus exámenes, muchos universitarios estudian hasta el agotamiento y experimentan una tremenda ansiedad. Cuando el hecho de reprobar un examen tiene repercusiones serias, es lógico sentirse ansioso. Sin embargo, la ansiedad se vuelve problemática cuando es desproporcionada para la situación. Por ejemplo, si un estudiante considera la posibilidad de suicidarse en caso de no aprobar un examen, evidentemente su ansiedad se ha convertido en un grave problema.

- **Es destructiva.** Siguiendo con el ejemplo de los exámenes, niveles altos de ansiedad pueden ocasionar enfermedades a los estudiantes. Si se enferman, no pueden estudiar. Si no pueden estudiar, reprueban los exámenes. Es decir, su ansiedad es contraproducente. Debemos reconocer la ansiedad neurótica y aprender a convivir con ella cuando la experimentemos, pero es importante eliminarla en la medida de lo posible. Tenemos la tendencia a reprimir la ansiedad neurótica, a "encerrarla" en nuestro inconsciente porque es agobiante y ejerce en nosotros una presión excesiva.

Otro concepto clave para los psicólogos existenciales y para nuestra sociedad, es la culpa. Los psicólogos existenciales no son sacerdotes que pretenden absolver a sus pacientes de toda culpa. Lo que buscan es ayudarlos a analizarla y controlarla. Hay dos clases de culpa:

✔ La *culpa normal* surge en dos situaciones:

- **Cuando nuestra conducta no es ética.** Este tipo de culpa surge cuando actuamos mal de acuerdo con nuestras normas morales y las de nuestro grupo social. En estos casos, la culpa es una emoción sana y normal.

- **Cuando no vivimos de acuerdo con nuestras expectativas.** Considero que en la psicoterapia se resta importancia a este tipo de culpa. Por ejemplo, muchas personas acuden a terapia porque con su infidelidad o su maltrato han defraudado a alguien importante para ellas. ¿Y qué decir de mis expectativas sobre mi propia conducta? ¿Cómo me debo sentir cuando me he defraudado a mí mismo? ¡Culpable!

✔ La *culpa neurótica* proviene de nuestras fantasías de haber perjudicado a alguien cuando en realidad no ha sido así. ¿Teme decirle a alguien lo que realmente piensa porque podría herirlo? Eso está bien. Pero ¿teme haber herido los sentimientos de alguien aun cuando está seguro de que no lo hizo? Ésa es una ofensa imaginaria, creada por usted.

La labor del terapeuta existencial es ver la "realidad" del paciente desde la perspectiva de éste; es entender el significado privado de su existencia (de su "ser en el mundo"). Y la tarea del paciente es comprender que él es el responsable de su vida y su futuro.

La experiencia de "ser en el mundo" incluye la vivencia del tiempo. El *tiempo* es un hecho absoluto de nuestra vida. Nos guste o no, el tiempo pasa. Para los existencialistas es clave aprender a vivir en el presente y el futuro inmediato y no perder el tiempo preocupándonos por el pasado. Debemos comprometernos con el presente y darnos cuenta de que el tiempo nos acerca a la muerte inevitable y de que la vida es lo que cada uno hace de ella.

Otro importante concepto de la psicoterapia existencial es la *trascendencia*. Si no estaba deprimido al empezar a leer este capítulo, quizá ya lo está. Hablar de la muerte, el tiempo, la ansiedad y la culpa no es divertido. Pero los existencialistas ven una salida. Trascender implica tratar de realizarnos como seres humanos y vivir sin experimentar demasiada ansiedad, a fin de superar el pasado y avanzar con madurez hacia el futuro.

Además de la ansiedad y la culpa, para los terapeutas existenciales también es básica la lucha del paciente con estas cuatro preocupaciones existenciales:

✔ La muerte.

✔ La libertad.

✔ El aislamiento.

✔ El sinsentido.

Vivimos un conflicto permanente: deseamos vivir, pero sabemos que tenemos que morir. La certeza de morir podría llevarnos a la desesperación. "Si de todos modos voy a morir, ¿qué sentido tiene esta lucha por la vida?" La terapia existencial ayuda a los pacientes a afrontar la realidad de la muerte sin caer en la desesperación.

Trabajar en cárceles me dio la oportunidad de valorar mi libertad. Para los psicólogos existenciales, el concepto de *libertad* en la vida de sus pacientes es crucial. Ellos no creen en la existencia de una estructura predeterminada. Más bien, consideran que cada ser humano crea la estructura a medida que transcurre su vida. La libertad se puede concebir como una carga porque nos exige asumir la responsabilidad de nuestros actos y no tener a nadie distinto de nosotros a quien culpar cuando algo nos sale mal. La buena noticia es que, cuando algo nos sale bien, nos podemos sentir orgullosos.

En cuanto al *aislamiento,* todos sabemos que estamos esencialmente solos y que moriremos solos. Muchos escapan de esta dura realidad refugiándose en la compañía de los demás, tratando de fundirse con otros seres humanos. Pero cuando nuestra identidad depende demasiado de los otros, corremos el riesgo de sentir que no existimos sin ellos. Estamos solos y no podemos hacer nada distinto de aceptar este hecho.

¿Cuál es el significado de la vida? No crea que la respuesta se la va a dar un terapeuta existencial. Cada uno debe crear el *significado* de su vida, construir algo a partir de toda esta confusión. Cuando aplicamos adaptativa y creativamente la voluntad para hallar significado a nuestra vida, podemos decir que vamos bien encarrilados.

> **Paciente:** Desde hace algún tiempo quiero conseguir un nuevo trabajo, pero no he encontrado ninguno.
>
> **Terapeuta:** ¿Ha buscado alternativas?
>
> **Paciente:** En realidad, no.
>
> **Terapeuta:** Entonces, ¿cómo puede decir que no ha encontrado ningún trabajo si no ha buscado? ¿Es su deseo de conseguir un nuevo trabajo lo suficientemente intenso como para salir a buscarlo?
>
> **Paciente:** No lo sé. Creo que lo que quiero es que me traten con más respeto donde trabajo.
>
> **Terapeuta:** Entonces lo que usted quiere es que lo respeten y no un nuevo empleo.
>
> **Paciente:** El respeto es importante.
>
> **Terapeuta:** ¿Para quién?
>
> **Paciente:** Para mí. Quiero que me respeten.

Cuando el paciente ha tomado conciencia de lo que quiere, el terapeuta lo ayuda a salvar los obstáculos que le impiden actuar. También le hace notar que, aun cuando no se haya percatado, todos los días toma decisiones. Si usted está bloqueando su propio camino, ¡muévase!

La responsabilidad de la propia vida

El terapeuta existencial debe:

✔ Ayudar al paciente a actuar voluntaria y responsablemente frente a los hechos de su existencia.

✔ Estar atento al surgimiento de inquietudes existenciales y hacérselas notar al paciente cuando piense que alguna se oculta tras un dilema o un síntoma psicológico.

✔ Explorar esas inquietudes existenciales y hacer ver al paciente la manera inadecuada e inadaptada en que las ha estado afrontando.

✔ Ayudar al paciente a desarrollar conductas más adaptadas.

✔ Confiar en que el paciente construirá su vida y su mundo mediante sus acciones y sus decisiones.

✔ Confiar en que el paciente tomará voluntariamente sus decisiones, pero sin caer en la impulsividad.

De acuerdo con la perspectiva existencial, la impulsividad impide afrontar la vida de una manera activa. Afrontar la vida de esta forma requiere actuar sensata, deliberada y responsablemente. Y esto buscan los existencialistas, quienes también recalcan la importancia de la responsabilidad y de no delegar en otros la toma de nuestras decisiones. Como los terapeutas existenciales no aceptan convertirse en "cuidadores" de sus pacientes, éstos a veces se sienten frustrados.

Si le cuesta trabajo asumir las circunstancias de su vida y las responsabilidades que conllevan, la terapia existencial puede ayudarlo. Esta modalidad terapéutica se basa en la aceptación de las experiencias por parte del paciente, incluidos sus sentimientos, pensamientos y conductas. Una manera de demostrar que ha aprendido a asumir la responsabilidad de su vida es empezar a hablar en primera y no en segunda persona. He aquí un ejemplo:

Paciente: Hay gente a la que tú quieres pero que te hace sentir mal.

Terapeuta: Quiero que haga el esfuerzo de hablar en primera persona.

Paciente: Hay personas a las que *yo* quiero, pero que a veces me hacen sentir mal.

Terapeuta: Bien. ¿Cómo se ha sentido hablando así?

Paciente: Eso te hace sentir triste.

Terapeuta: ¿Me hace sentir triste a mí?

Paciente: No, me hace sentir triste a *mí.*

Espero no haber transmitido una imagen demasiado sombría de la terapia existencial. La verdad es que se trata de una de las modalidades terapéuticas más alentadoras que hay. Aparentemente no lo es porque no cifra el cambio del paciente en situaciones externas (como la gente y las fuerzas sobrenaturales), sino en su interior, generándole esperanza a partir, incluso, de las acciones más insignificantes. Cada paso que el paciente da constituye un acto de fe facilitado por la acción consciente y deliberada, que afianza su expectativa de que el suelo no va a ceder bajo sus pies. Al aprender a ver la existencia de un modo tan descarnado, el paciente también aprende que cada uno de sus pensamientos, sentimientos y conductas es un acto de su voluntad que demuestra su conciencia de sí mismo, su lucha por vivir, por sobrevivir, por ser.

Capítulo 21

Estrés, enfermedad y afrontamiento

Yo me enfermo todos los años prácticamente en la misma época. Llega octubre y me resfrío. ¿Es el clima? ¿O es una maldición cósmica? En algún momento relacioné el hecho de caer enfermo con el estrés. Cuando estaba en la escuela, era el estrés de la época de exámenes. Ahora es el estrés de la época de vacaciones. El estrés nos afecta a todos, e incluso algunas personas llegan a enfermarse de estrés.

Los psicólogos llevan mucho tiempo estudiando el tema del estrés. Y durante los últimos veinte años, aproximadamente, han utilizado sus conocimientos sobre el comportamiento y los procesos mentales del ser humano para investigar las causas de las enfermedades y la manera como las afrontamos. En este capítulo examinaremos los conceptos de estrés y afrontamiento y el campo de la psicología de la salud.

Empecemos por definir el estrés

¿Qué es *estrés*? Al hablar de este tema, la gente por lo general se refiere a las cosas o los hechos que le causan estrés; por ejemplo, el trabajo, el dinero, las facturas, las deudas, los hijos, los jefes y así sucesivamente.

Las presiones y el vertiginoso ritmo de la vida moderna aparentemente terminan afectándonos a todos. Hasta los utensilios y artefactos que conseguimos supuestamente para facilitarnos la vida nos la complican aún más. Un amigo me regaló una agenda electrónica para que organizara mi vida. Pero gasté más tiempo tratando de descubrir cómo funcionaba que organizando mi horario en una agenda de las de toda la vida.

Todos sentimos estrés. Pero ¿qué es exactamente? Las definiciones van desde las meras descripciones de las reacciones orgánicas hasta las que se centran en la percepción de este fenómeno. En 1997, Lavallo definió el estrés como una reacción de tensión corporal o mental ante un acontecimiento que nos desequilibra física o psicológicamente. Cuando estamos serenos, hay un equilibrio entre nuestro mundo y nosotros mismos, que Walter Cannon llamó *homeostasis*. Pero cuando perdemos ese equilibrio homeostático nos sentimos estresados. Básicamente, estrés es cambio.

Una de las teorías más famosas sobre el estrés fue postulada por Hans Selye y se conoce como *síndrome de adaptación general (SAG)*. De acuerdo con Selye, cuando algo amenaza nuestro equilibrio físico o mental, pasamos por una serie de etapas:

- ✔ **Etapa de alarma:** Es la reacción inicial del organismo ante el suceso estresante o *estresor*. El cerebro y ciertas glándulas se activan para suministrar al organismo la energía que necesita para defenderse de ese factor.

- ✔ **Etapa de resistencia:** Si la exposición al estresor continúa, el organismo activa el sistema fisiológico para enfrentarlo y defenderse. Si el estresor requiere que escapemos (por ejemplo, si una jauría de perros salvajes nos está persiguiendo), el organismo pone en funcionamiento una serie de recursos para bombear rápidamente sangre a las piernas y permitirnos correr a toda velocidad. ¡Es un sistema extraordinario!

- ✔ **Etapa de agotamiento:** Si los sistemas fisiológicos que se han activado durante la etapa de resistencia logran su cometido, el síndrome de adaptación general se desvanece. Pero si la exposición al factor estresante continúa, entramos en la etapa final, de agotamiento. El agotamiento impide que nuestro organismo resista por más tiempo el estrés, haciéndolo vulnerable a la enfermedad y al colapso.

Cuando somos víctimas de estrés, no sólo presentamos reacciones fisiológicas. Los procesos cognitivos (de pensamiento) y las reacciones emocionales también intervienen para buscar el equilibrio. Arnold Lazarus propuso que en momentos de estrés pasamos por un proceso de análisis emocional en un esfuerzo por encontrar el significado del problema y sus implicaciones futuras mediante dos tipos de evaluaciones: primaria y secundaria.

En la mayoría de los sucesos que generan estrés hay algo importante en juego; de lo contrario, no nos estresaríamos. Nuestra apreciación de lo que "está en juego" es la *evaluación primaria,* mediante la cual clasificamos el hecho en una de estas tres categorías:

✔ **Amenaza:** Una situación amenazante es aquella que nos exige reaccionar. Si estoy haciendo fila para pagar en el supermercado y un individuo me quita el turno, no estoy obligado a reaccionar. Pero si me agarra de la camisa, me zarandea y me amenaza con pegarme si no lo dejo pasar, tendré que reaccionar de alguna manera.

✔ **Daño o pérdida:** Una situación de esta naturaleza implica un perjuicio físico, mental o emocional. Un golpe al orgullo puede concebirse como una situación de daño o pérdida.

✔ **Desafío:** Volviendo al ejemplo del supermercado, en lugar de interpretar como una amenaza la actitud del hombre que me agarra de la camisa, yo podría tomarla como un desafío o reto, en este caso, una oportunidad de poner en práctica lo que he aprendido en mis clases de judo.

Tras evaluar las implicaciones de la situación, estimo los recursos con que cuento para afrontarla. Ésta es la *evaluación secundaria.* En ese momento recuerdo alguna situación parecida y cómo la resolví. También evalúo si me siento capaz, o no, de hacerle frente. Si me siento capaz, disminuirá el estrés.

Para Hamilton, el estrés es mucho más que la situación porque todo depende de la manera como interpretamos los hechos. Según Hamilton, el estrés es resultado de la interacción entre la situación y la reacción del individuo. Cuando mis conductas de afrontamiento no son eficaces, lo más probable es que me sienta estresado.

El estrés también es resultado del mucho o poco control que creamos poder ejercer en diferentes circunstancias. Según Sells, el estrés se produce cuando carecemos de una reacción adecuada para la situación y las consecuencias de fracasar son graves. Sentir que nuestro control sobre la situación es muy poco, o ninguno, puede tener serias repercusiones psicológicas y físicas.

Las fuentes del estrés

Entonces, el estrés no es la situación. Es lo que pensamos de ella, lo que sentimos y la manera como la afrontamos. Esto explica por qué algunos acontecimientos nos producen estrés y otros no y por qué hay personas

que se estresan en situaciones que no afectan en lo más mínimo a otras.
No obstante, algunas situaciones tienen la capacidad de estresar a todo el
mundo:

✔ **Estresores extremos:** Son acontecimientos que se presentan raras
veces y que son sumamente impactantes, como las catástrofes naturales, los desastres ocasionados por el ser humano (por ejemplo,
los derrames de petróleo), la guerra, el terrorismo, las migraciones
forzosas y presenciar accidentes o hechos sangrientos.

✔ **Estresores psicosociales y del desarrollo:** Son acontecimientos que
se presentan como parte del desarrollo y los cambios de la vida. Por
ejemplo, la adolescencia, el matrimonio, el nacimiento y la educación
de los hijos.

✔ **Estresores comunes:** Son circunstancias que forman parte de la
cotidianidad. Por ejemplo, los afanes de la vida en las ciudades modernas, la pérdida del empleo, los embotellamientos de tránsito y las
tareas del hogar.

Los psicólogos Holmes y Rahe elaboraron una lista de hechos generadores
de estrés a la que llamaron *escala de readaptación social.* Estos psicólogos
asignaron una puntuación a cada hecho; cuanto más alta es la puntuación, más estresante es. Encabezan la lista las situaciones siguientes:

Hecho	*Puntuación*
Muerte del cónyuge	100
Divorcio	73
Separación conyugal	65
Condena a prisión	63
Muerte de un familiar cercano	63

No deje que las preocupaciones le minen la salud

Algunas personas afirman que trabajan mejor cuando están estresadas
o bajo presión. Pero varios estudios demuestran que esto no es cierto.
Los efectos del estrés pueden ser sumamente graves y, si trabajamos
bien cuando estamos estresados, indudablemente trabajamos mucho
mejor cuando no lo estamos.

Hoy se sabe a ciencia cierta que existe una relación entre el estrés y la enfermedad física y psicológica.

Efectos psicológicos

Una de las consecuencias psicológicas más conocidas de la exposición a estresores extremos es el *trastorno de estrés postraumático (TEP)*. El TEP es el resultado de haber estado expuesto a una situación en la que peligró la vida; por ejemplo, la guerra, un accidente automovilístico o aéreo, una violación o un robo a mano armada. Entre los síntomas de este trastorno se cuentan el insomnio, el embotamiento emocional, los sentimientos de culpa, la dificultad para concentrarse, la excesiva activación fisiológica y la evitación de los estímulos que recuerdan el trauma.

Efectos físicos

Al estudiar la relación entre el estrés, los trastornos mentales, los problemas de adaptación y las enfermedades, Hans Selye descubrió que los mismos factores que nos ayudan a afrontar el estrés a veces promueven la enfermedad. Las reacciones del organismo y la mente ante el estresor no desaparecen de inmediato. De hecho, un alto número de palomas que participaron en los experimentos de Selye sobre el estrés y "afrontaron" bien la situación, murieron poco tiempo después. Selye identificó varias condiciones que denominó "enfermedades de adaptación", entre las que están las úlceras pépticas, la hipertensión, los problemas cardíacos y las "alteraciones nerviosas".

Partiendo del trabajo de Selye y de otros investigadores, se ha descubierto que el estrés puede ocasionar problemas de salud directa o indirectamente. Un vínculo indirecto entre el estrés y la enfermedad física se observa cuando la conducta es potencialmente peligrosa para el individuo, aun cuando le permita afrontar la situación. Mucha gente consume bebidas alcohólicas cuando vive una situación estresante. Esta conducta es muy peligrosa, especialmente cuando se conduce un vehículo. Fumar es otra conducta peligrosa que se asocia con el estrés. Muchos dicen que fuman para relajarse.

El novedoso y apasionante campo de la *psiconeuroinmunología*, que es el estudio de la relación entre la psicología y el sistema inmunológico, ha revelado más vínculos entre el estrés y la enfermedad física. Hoy se sabe que experimentar altos niveles de estrés y emociones muy intensas supone un costo enorme para el sistema inmunológico.

¿Ha oído hablar de la respuesta de lucha o huida? Walter Cannon demostró que cuando nos encontramos ante un estresor extremo tenemos que decidir entre huir o enfrentarnos a él y luchar. Esto puede parecer un poco primitivo pero, por ejemplo, en la vida moderna con frecuencia debemos optar entre gritar a alguien o alejarnos corriendo. Sea cual sea nuestra decisión, requiere energía. Para eso, el cerebro envía señales al corazón y al sistema hormonal, lo que eleva la presión arterial y el nivel de azúcar en sangre y acelera el ritmo cardíaco y la respiración. Esos cambios significan que los recursos vitales del organismo se dedican a resolver la situación.

Volvamos al sistema inmunológico. Cuando estamos en modalidad de lucha o huida, intervienen las hormonas adrenalina y cortisol, ambas con efecto inmunosupresor. Cuando el nivel sanguíneo de estas hormonas es alto, empeora el funcionamiento del sistema inmunológico.

Quizás usted se está diciendo: "A mí no me está persiguiendo un tigre ni se me está incendiando la casa. ¿Por qué siento entonces que el estrés me está matando?" Por la misma razón que yo caía enfermo cuando era estudiante y estaba en época de exámenes. A pesar de que en la vida moderna no tenemos que defendernos de los animales salvajes que aterrorizaban a nuestros antepasados, estamos rodeados de factores estresantes. Vivimos con un estrés crónico y de baja intensidad porque nuestro sistema de lucha o huida permanece en estado de alerta la mayor parte del tiempo. Y esto tiene un alto costo para el sistema inmunológico.

Además de la relación entre el sistema inmunológico y el estrés, se ha encontrado que éste se asocia con algunas enfermedades específicas. Las emociones negativas intensas, como la ira, la hostilidad crónica y la ansiedad, se han vinculado con la hipertensión, las úlceras, la artritis reumatoide, los dolores de cabeza y el asma.

Vale la pena mencionar en este punto la llamada *personalidad tipo A*. Éste es un patrón de personalidad que se caracteriza por la agresividad, la competitividad, la impaciencia, la hostilidad, la urgencia y la lucha por lograr cada vez más. Quienes tienen este tipo de personalidad son dinámicos, emprendedores y propensos a la cólera, emoción que experimentan intensa y frecuentemente. Son los típicos ejecutivos que construyen empresas multimillonarias a partir de cero, los adictos al trabajo y los estudiantes perfeccionistas y supercompetitivos. Aunque esos individuos pueden llegar a ser unos triunfadores, tienen un alto riesgo de sufrir de enfermedad cardíaca coronaria, que es el estrechamiento de las arterias del corazón, un trastorno que puede acarrear una angina de pecho y el infarto de corazón. No estoy diciendo que la personalidad tipo A es la causa de la enfermedad cardíaca coronaria. Lo que las investigaciones han descubierto es que esta personalidad es un factor de riesgo.

El afrontamiento de las dificultades

Todos sufrimos de estrés en algún momento. ¿Qué podemos hacer al respecto? Aquí interviene el concepto de *afrontamiento,* que se refiere a nuestras reacciones ante las situaciones difíciles o perturbadoras. Hay ocasiones en que nuestras estrategias de afrontamiento son eficaces para lograr cambios positivos (por ejemplo, mejorar la salud gracias a la práctica de ejercicio), pero a veces esas estrategias empeoran la situación (por ejemplo, jugarse el sueldo en un casino). Todos tenemos diversas maneras de afrontar el estrés; unas son beneficiosas y otras son perjudiciales. Aun cuando las malas estrategias de afrontamiento suelen crearnos problemas, no tener ninguna estrategia puede hacernos vulnerables y producirnos problemas adicionales. Hay ocasiones en que es preferible recurrir a una mala estrategia de afrontamiento que no hacer frente a la situación.

Afronte adecuadamente sus problemas

Los psicólogos clasifican las conductas de afrontamiento en dos grandes categorías: *conductas de aproximación* y *conductas de evitación.* Las primeras son una forma más directa y activa de hacer frente a la situación.

Entre las conductas de aproximación más comunes están:

- ✔ **Analizar lógicamente la situación:** Estudiar la situación con sentido de la realidad.

- ✔ **Reestructurar mentalmente la situación:** Mirar la situación desde una perspectiva diferente, tratando de verle los aspectos positivos.

- ✔ **Aceptar la responsabilidad:** Reconocer la parte que nos corresponde en la situación y asumirla.

- ✔ **Buscar orientación y apoyo:** Pedir ayuda (ver la sección "Aprovechemos nuestros recursos", más adelante en este capítulo).

- ✔ **Solucionar el problema:** Plantear alternativas, tomar una decisión y evaluar el resultado.

- ✔ **Recopilar información:** Buscar información adicional sobre el factor estresante para tener elementos que permitan afrontarlo más fácilmente.

Las estrategias de afrontamiento que se basan en la evitación son menos activas y directas. Entre ellas están:

✔ **Negación:** No aceptar la existencia del problema.

✔ **Evasión:** Evadirse de la realidad utilizando, por ejemplo, sustancias psicoactivas, alcohol, sexo o comida.

✔ **Distracción o búsqueda de gratificación alternativa:** Procurar obtener satisfacción por otros medios, como ver una película divertida cuando estamos tristes, o dedicar los fines de semana a algún entretenimiento para poder afrontar la realidad de un trabajo que no nos satisface.

✔ **Dar rienda suelta a las emociones:** Gritar, deprimirse, preocuparse.

Aprovechemos nuestros recursos

Afrontar una situación que produce estrés no depende solamente de nuestras acciones. También depende de nuestros recursos. Si un archimillonario pierde su empleo, con seguridad experimentará mucho menos estrés que un operario que pierde el suyo. Las respuestas ante las fuentes de estrés son reacciones complejas que dependen de las habilidades de afrontamiento y de los recursos tanto personales como ambientales. Además, la evaluación cognitiva que hacemos del estresor influye en nuestra salud y bienestar tanto positiva como negativamente. La interacción entre los factores estresantes, el apoyo social, las características demográficas y los recursos personales determinan nuestra reacción frente a los sucesos estresantes.

La capacidad para resistir el estrés se llama *flexibilidad*. La flexibilidad es producto de la interacción entre los recursos personales y sociales, por una parte y los esfuerzos que hace el individuo por afrontar la situación, por la otra. Entre los recursos personales que contribuyen al afrontamiento se cuentan los rasgos estables de la personalidad, las creencias y la actitud hacia la vida:

✔ **Percepción de autoeficacia:** Es creer, de acuerdo con la experiencia, que somos capaces de solventar la situación.

✔ **Optimismo:** Es tener una actitud positiva frente al futuro y esperar resultados favorables.

✔ **Locus de control interno:** Es creer que ciertas situaciones están bajo nuestro control y no bajo el control de otras personas o de circunstancias ajenas a nosotros.

Entre los recursos ambientales, los sociales son definitivos a la hora de afrontar una situación estresante. Los familiares, los amigos, los compañeros de trabajo y hasta las organizaciones religiosas son fuente de apoyo, información y sugerencias para resolver el problema. Otros recursos ambientales son el dinero, los servicios de salud y las facilidades de transporte. Todo esto es decisivo para enfrentarse a una circunstancia particularmente estresante.

Más allá del estrés: la psicología de la salud

Hasta ahora la relación entre el estrés, el afrontamiento y los problemas de salud es clara. Pero los profesionales que trabajan en el campo de la *psicología de la salud* (el estudio de la salud y la enfermedad desde la perspectiva psicológica) han ido mucho más allá al utilizar sus conocimientos sobre la conducta y los procesos mentales para ayudar a la gente a conservar la salud física y evitar los comportamientos que contribuyen a la enfermedad.

Los psicólogos de la salud trabajan en diferentes ámbitos, desde universidades (haciendo investigación) hasta clínicas y hospitales, donde tienen contacto directo con los pacientes. Entre sus principales actividades encontramos ayudar al paciente y a su familia a afrontar la enfermedad, desarrollar programas de prevención y promover cambios de conducta beneficiosos para la salud y que conduzcan a un estilo de vida más sano.

La prevención

Los psicólogos de la salud trabajan en tres tipos de prevención:

✔ **Primaria:** Se centra en la prevención de las enfermedades antes de que se presenten. Por ejemplo, campañas de vacunación, de uso del preservativo y de información sobre el sida.

✔ **Secundaria:** Se centra en la identificación precoz y el tratamiento de las enfermedades en etapas tempranas. Ejemplos de prevención secundaria son las campañas de información sobre el cáncer de mama y la promoción del autoexamen para el cáncer de testículo.

✔ **Terciaria:** Se dirige a ayudar a quienes ya sufren de alguna enfermedad y a evitar que su estado empeore. Las campañas para combatir la obesidad, la hipertensión arterial y el tabaquismo son ejemplos de prevención terciaria.

Tome decisiones sanas

Al comienzo de cada año mucha gente toma una u otra decisión para mejorar su salud; por ejemplo, hacer ejercicio regularmente, asistir a clases de yoga, alimentarse equilibradamente y trabajar menos horas. Pero la mayoría de la gente olvida pronto sus decisiones. ¿Por qué?

Un problema frecuente con las conductas que repercuten en mejorar la salud es que no nos comprometemos seriamente con ellas y por eso no seguimos las recomendaciones de los médicos ni nuestros propios planes. Pero ¿de qué depende que tomemos en serio el cambio de hábitos a fin de disfrutar de una mejor salud? Al parecer, para algunos es muy fácil. Van al gimnasio. Se alimentan correctamente. No fuman. Hay muchas razones que explican por qué el estilo de vida de algunas personas es más sano que el de otras.

Para comenzar, mucha gente no toma la decisión, o no se ajusta a ella, porque encuentra obstáculos. Es muy fácil darse por vencido cuando algo o alguien se nos atraviesa en el camino. No vamos al gimnasio porque es demasiado caro. No dormimos lo suficiente porque dan un programa de televisión que nos interesa. El dinero es una disculpa frecuente para no llevar un estilo de vida sano. Otro obstáculo es que actividades más divertidas o necesarias compiten con las conductas saludables. Si decidimos ir al gimnasio, dejaremos de ver nuestro programa de televisión favorito. Si decidimos alimentarnos correctamente, tendremos que comprar alimentos frescos y cocinar y no nos quedará tiempo para hacer las demás tareas del hogar.

Las personas que creen que pueden obtener buenos resultados si modifican ciertas conductas tienen más probabilidades de comprometerse con el cambio. Desafortunadamente muchos tienen una actitud fatalista hacia su salud física ("cuando a uno le toca morirse, se muere"). No ven qué relación puede haber entre su comportamiento y tener mejor salud y, por lo tanto, no se molestan en cambiar. Esto se conoce como *locus de control externo*, o sea, atribuir a factores externos el control de lo que nos sucede. En cambio, creer que tenemos la capacidad de controlar y cambiar las cosas se llama *locus de control interno*. Esta manera de pensar aumenta la probabilidad de que actuemos en aras de lograr cambios positivos.

Después de modificar algunas conductas, ya sea por las recompensas externas o porque creemos que podemos obtener un resultado positivo, ¿qué debemos hacer para mantener los cambios? Por ejemplo, es fácil dejar de fumar, pero no volver a caer en la tentación es otra historia. Tras tomar la decisión, examinar los pros y los contras tanto de dejar el hábito como de no dejarlo es una buena manera de permanecer fieles a nuestra decisión. Pero esto depende en gran medida de la información que tengamos. Es más probable que nos mantengamos sin fumar cuando la información es veraz y se presenta de una manera clara. Los mensajes sobre la salud que son confusos o poco claros no dan buenos resultados.

Varios factores influyen en nuestra tendencia a creer a una fuente particular de información. Los estudios sobre la *persuasión,* o sea, conseguir con razones que alguien haga algo que no haría espontáneamente, han revelado que para que un mensaje tenga la capacidad de persuadir debe llamar la atención y ser útil y fácil de comprender. También debe ser fácil de recordar. Un argumento persuasivo debe plantearse de forma tal que parezca justo y objetivo. Por ejemplo, ¿qué piensa de esos mensajes horribles y atemorizantes de algunas campañas contra el tabaquismo? Funcionarían mejor si, además, mencionaran los pasos necesarios para dejar el hábito de fumar.

La decisión de reemplazar las conductas perjudiciales por conductas saludables depende de diversos factores, entre ellos nuestras creencias sobre la conducta perjudicial y nuestro locus de control. En 1974 y 1988, respectivamente, Becker y Rosenthal propusieron el *modelo de creencias sobre la salud,* que explica los procesos psicológicos por los que pasamos al tomar decisiones relacionadas con la salud. El modelo se basa en nuestras creencias sobre los siguientes aspectos:

✔ **Gravedad:** ¿Cuánto puede agravarse mi enfermedad o mi problema de salud si no hago nada al respecto?

✔ **Susceptibilidad:** ¿Qué probabilidad hay de que me enferme si no adopto conductas saludables?

✔ **Relación costo-beneficio:** ¿Qué gano? ¿Vale la pena?

✔ **Eficacia:** ¿Será eficaz mi esfuerzo por cambiar? No quisiera esforzarme en vano.

La probabilidad de que adoptemos o no un estilo de vida saludable depende de nuestras respuestas a estas preguntas. Si mis respuestas son alta gravedad, alta susceptibilidad, más beneficios que costos y alta eficacia, la probabilidad de que decida cambiar de hábitos aumenta. De lo contrario, será muy difícil que tome esa decisión.

Intervención

Después de tomar la decisión de abandonar los hábitos insanos, ¿qué debemos hacer? Para no quedarnos en las buenas intenciones, los psicólogos y otros profesionales de la salud diseñan programas de intervención que buscan ayudar a cambiar nuestro estilo de vida y a mantenerlo.

La *modificación de la conducta* es un poderoso enfoque metodológico para lograr cambios conductuales. Una técnica simple de la modificación de la conducta, pero no por eso menos eficaz, es utilizar recompensas para establecer conductas deseables y castigos para eliminar las indeseables. Si decido correr tres veces por semana a las cinco de la tarde y no lo hago, tendré que limpiar la cocina y el baño esa noche. Pero si salgo a correr, entonces me daré una recompensa zambulléndome en el *jacuzzi*. La clave para que esta técnica funcione es conseguir un "aliado" que colabore con nosotros impidiendo que hagamos trampa con los castigos y las recompensas. Porque, por ejemplo, sin haber corrido podemos meternos en el *jacuzzi* o dejar de limpiar la cocina. Para eso es importante el aliado: para ayudarnos a mantenernos firmes en nuestra decisión.

El *cambio cognitivo* es el proceso mediante el cual evaluamos si lo que nos decimos mentalmente es un obstáculo para cambiar de conducta o mantener el cambio. Todos tenemos *pensamientos automáticos,* o sea, pensamientos que pasan por nuestra mente en diversas situaciones sin que nos percatemos de ellos. Por ejemplo, me digo y le digo a mi esposa que realmente quiero salir a correr tres veces por semana, pero mientras tanto tengo este pensamiento automático: "Nunca lo lograrás; nunca cumples lo que te propones". La buena noticia es que los pensamientos automáticos se pueden reemplazar por autoafirmaciones positivas. Este proceso exige bastante práctica y estímulo de otras personas, pero vale la pena.

Aunque he tocado muy superficialmente los temas de la psicología de la salud y el estrés, espero que este capítulo haya despertado en los lectores el interés por aprender más acerca de la manera de llevar una vida menos estresante y más sana. Recuerde: relájese, no evite las cosas y crea en usted. Y recompénsese cuando haya logrado seguir este consejo.

Índice

• F •

• G •

• H •

• T •

• *Y* •

• *Z* •

MANAGEMENT Y AUTOAYUDA

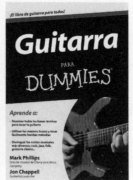

SALUD

RELACIONES

INFORMÁTICA

ESPIRITUALIDAD

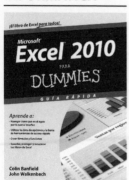